Julian Bartosz/Hannes Hofbauer
SCHLESIEN

Druck gefördert vom Bundesministerium für Bildung, Wissenschaft und Kultur

Die Deutsche Bibliothek – CIP-Einheitsaufnahme
Bartosz, Julian:
Schlesien : europäisches Kernland im Schatten von Wien, Berlin und Warschau / Julian Bartosz, Hannes Hofbauer. – Wien : Promedia, 2000.
  (Brennpunkt Osteuropa)
  ISBN 3-85371-163-4

© 2000 Promedia Druck- und Verlagsges.m.b.H., Wien
Alle Rechte vorbehalten
Lektorat: Erhard Waldner
Druck: WB-Druck
Printed in Austria
ISBN 3-85371-163-4

Fordern Sie einen Gesamtprospekt des Verlages an:
Promedia Verlag, Wickenburggasse 5/12
A-1080 Wien, Fax: 0043/1/405 715 922
E-Mail: promedia@mediashop.at

Julian Bartosz / Hannes Hofbauer

Schlesien

*Europäisches Kernland
im Schatten von Wien, Berlin
und Warschau*

PROMEDIA

Die Autoren

Julian Bartosz, geboren 1934 in Kraków, beschäftigt sich seit 40 Jahren mit der Problematik der deutsch-polnischen Beziehungen. Er ist Historiker und Journalist. Von 1955 bis 1957 war er Chefredakteur der in Wrocław/Breslau erschienenen deutschsprachigen „Arbeiterstimme", anschließend leitete er die „Gazeta Robotnicza". Seit 1990 Mitarbeiter verschiedener polnischer und deutscher Zeitungen.

Hannes Hofbauer, geboren 1955 in Wien, ist Historiker und Publizist. In den vergangenen Jahren bereiste er mehrmals die südlichen Woiwodschaften Polens. Von ihm erschienen zuletzt „Transsilvanien – Siebenbürgen. Begegnung der Völker am Kreuzweg der Reiche" (1996) und „Bukowina – Bessarabien – Moldawien. Vergessenes Land zwischen Westeuropa, Rußland und der Türkei" (1997; beide Bücher gemeinsam mit Viorel Roman). Zum Krieg der NATO gegen Jugoslawien brachte er 1999 das Buch „Balkankrieg. Die Zerstörung Jugoslawiens" heraus.

INHALTSVERZEICHNIS

Vorwort 7

GESCHICHTE

DIE ANFÄNGE (960-1370) 9

DER ÜBERGANG (1370-1526) 16
Die Luxemburger: Schlesien wird böhmisch 17
Die Jagellonen: von Litauen bis Breslau 18
Der Hunyadi: Corvinus versucht die schlesische Einigung 22
Jagellonisches Schlesien 24

DAS HABSBURGISCHE SCHLESIEN (1526-1740) 26
Wiens Machtzuwachs 26
Das feudale Schlesien 30
Habsburgs Ringen um die Oberherrschaft (1526-1564) 31
Das wirtschaftliche Leben in Schlesien vor 1618 36
Religiöse Widersprüche vor dem Dreißigjährigen Krieg 42
Deutsche, Polen, Wenden, Tschechen 44
Die fehlgeschlagene Revolte der Stände (1618) 46
Die Verheerungen des Dreißigjährigen Krieges (1618-1648) 48
Zwischen Dreißigjährigem Krieg und Preußens Landnahme (1648-1740) ... 52
Karl VI. ohne Sohn: die „Pragmatische Sanktion" 57
Die Kriege um Schlesien 59
Krieg zum dritten: der siebenjährige 65

DAS HOHENZOLLERISCHE SCHLESIEN (1740/63-1918) ... 69
Großmacht nach drei Jahrhunderten 69
Der Zwang zum Fortschritt 75
Deutsche und Polen links und rechts der Oder 77
Das zweitgrößte Wirtschaftszentrum nach Berlin 79
Einfach Untertanen 81
Napoleon, die Preußen und die Schlesier 83
Die soziale Frage in der unruhigsten Provinz 86
Bismarcks Zeiten 90

POLENS EXISTENZKAMPF (1918-1939) 96
Selbstbestimmung als Instrument 97
Drei Aufstände 101
Polen, Deutsche, Schlesier 106
Minderheiten in geopolitischer Großwetterlage 112

DER ZWEITE WELTKRIEG UND DIE SCHLESISCHE NIEDERLAGE
(1939-1945) 115
Die deutsche Volksliste 118
Vertriebene werden Vertreiber 121
Die „Verifizierungsaktion" 122
Familienzusammenführung oder Kuhhandel? 124

DIE KOMMUNEZEIT (1945-1989) 126
Oberschlesien: der Stachanowist für Kohle und Stahl 128
Niederschlesien: ja zu Polen 134

GEGENWART

Die nationale Frage
DAS NEUE SCHLESIERTUM 139
Drei Woiwodschaften – ein Schlesien? 141
Die schlesische Identität 144
Das Jahrhundert des polnisch-deutschen Kampfes 149
Die Wiederentdeckung des Deutschtums 155
Das neue Schlesierbewußtsein 171

Die soziale Frage
DIE NEUE ARMUT 173
Euroregion oder Sonderwirtschaftszone? 174
Krisenregion Katowice 176
Katowice – ein soziales Minenfeld 178

Ein literarischer Seitensprung
„ENDLICH ZUGELASSEN" 184
von Kazimierz Kutz

Zeittafel 192
Literatur 199
Landkarten 203

Vorwort

Dolnośląskie, Opolskie und Śląskie heißen aktuell jene Woiwodschaften, die im allgemeinen deutschen Sprachgebrauch unter dem Namen Schlesien bekannt sind. Das Land am Oberlauf der Oder liegt seit jeher zwischen den Kernen des slawischen und des germanischen Kulturkreises. Beiden gleichermaßen zugehörig bzw. abgewandt, haben seine Bewohner entsprechend der jeweiligen geopolitischen Großwetterlage über die Jahrhunderte eine sonderbar wechselhafte Identität entwickelt, die ethnisch definierten Vorstellungen von Volk und Raum widerspricht. Im Zeitalter nationaler Homogenisierungen führte diese Anpassungsfähigkeit geradewegs in die Katastrophe. Mitte des 20. Jahrhunderts folgte dem deutschen Rassenwahn die (Re-)Polonisierung des Landstriches. Heute, nach der Wende des Jahres 1989, zeigt sich, daß auch diese nichts Endgültiges an sich hatte.

Schlesien, ein geographisches Kernland Europas, war historisch gesehen immer Schnittstelle zwischen den unterschiedlichen Einflußsphären und Spielball von Großmachtinteressen. Seit Jahrhunderten sehen sich die Menschen im Oderland wechselnden politischen und ökonomischen Zugriffen ausgesetzt, deren Zentren einmal im Osten, ein anderes Mal im Süden, im Norden oder im Westen liegen. Bekehrungen, Vertreibungen und Säuberungen finden für große geopolitische Ziele und wirtschaftliche Bereicherung statt; um sehr wenig wurde hier sehr viel gelitten. Und immer liegt das Zentrum der jeweiligen Interessen außerhalb der Region. Das europäische Kernland Schlesien ist politische Peripherie.

Mit dem piastischen Zeitalter wird im vorliegenden Buch der Faden der Geschichte aufgenommen und bis in unsere Tage entrollt. Nach tausend Jahren finden sich die Abdrücke piastischer Spuren im nationalen polnischen Mythos wieder. Dazwischen huldigten die lokalen Fürsten luxemburgischen, jagiellonischen, ungarischen, böhmischen Dynastien, bevor zwei prägende Epochen das Oderland habsburgischem bzw. hohenzollerischem Einfluß unterstellten. Die österreichische und – um vieles stärker – die preußische Landnahme begründeten den deutschnationalen Mythos Schlesiens, der bis heute einen Großteil der deutschsprachigen Historiographie durchdringt.

Die Kapitalisierung der Wirtschaft in den Bereichen Textil und Bergbau hat in den vergangenen 200 Jahren frühzeitig eine starke Arbeiterbewegung entstehen lassen. Ihre Schwäche zeigte sich allerdings, als es nach dem Zerfall des deutschen Kaiserreiches darum hätte gehen müssen, den Kampf um Schlesien mit sozialen Argumenten zu führen. Statt dessen verstrickten sich die Arbeiterparteien – mit Ausnahme der Kommunisten – zwischen den beiden Weltkriegen in nationale Kämpfe zwischen Deutschland und Polen. Die Folgen dieser Auseinandersetzungen fanden nach 1945 ihren Ausdruck sowohl in der revanchistischen Politik der kapitalistischen BRD als auch in der nationalen Sturheit des kommunistischen Polen.

Aktuelle Reportagen über die ökonomische und soziale Lage nach 1989 sind einer journalistischen Neugier geschuldet, die in den vergangenen zehn Jahren der Lebens- und Arbeitswelt in den südlichen Woiwodschaften Polens nachgespürt hat. Die hinter den Kulissen neu entflammte und brodelnde nationale Frage in Opole entwirft dabei ein gänzlich anderes Bild Schlesiens als das soziale Minenfeld, welches im Kattowitzer Revier jederzeit explodieren kann. Beide Einsichten verbieten es, einer in manch kunst- oder kulturhistorischer Abhandlung über Schlesien vorkommenden Beschaulichkeit Platz zu geben. Das Oderland blieb auch nach der Wende ein Ort nationaler und sozialer Auseinandersetzungen.

Unsere Annäherung an Schlesien ist von zwei Blickwinkeln getragen, die der Herkunft der beiden Verfasser entsprechen. Als polnisch-österreichisches Autorenteam haben wir freilich keine Geschichte der Deutschen im Osten geschrieben; nicht nur, weil fast jedem Schlesien-Buch im deutschen Sprachraum diese Wahrnehmung zugrunde liegt, sondern auch, weil eine solche Sichtweise von Wien oder Warschau aus als viel zu eng und einseitig erkannt wurde. Im Prozeß des gemeinsamen Schreibens hatte jeder von uns beiden seine Schwerpunkte – während Julian Bartosz das Hauptaugenmerk auf die piastische Epoche und das preußische Schlesien legte, arbeitete Hannes Hofbauer vornehmlich an den böhmischen und habsburgischen Jahrhunderten. Das gemeinsam verfertigte Buchmanuskript hat uns bei heftigen Diskussionen jene Spannung spüren lassen, die dem Landstrich Schlesien eigen ist. Wir wünschen den interessierten Lesenden, daß diese „Interkulturalität" bei der Lektüre auch sie erfassen möge.

Eine Vielzahl von Gesprächspartnern, Archivaren und Bibliothekaren hat uns bei der Arbeit geholfen. Stellvertretend für sie sei Andrea Komlosy und Markus Cerman gedankt, deren kritischer Blick auf die Rohfassung des Textes dem Endresultat äußerst gut getan hat; Dank auch an die Bibliothek des Goethe-Instituts in Wrocław für die gewährte Kooperationsbereitschaft. Der leichteren Handhabbarkeit wegen wurden im Anhang eine Zeittafel, bibliographische Hinweise und fünf eigens gefertigte Landkarten angefügt, die der schnellen historischen und geographischen Orientierung dienen sollen.

Julian Bartosz, Hannes Hofbauer
Wien, Wrocław, im August 2000

Die Anfänge (960-1370)
Wozu taugt die Piastentradition?

„Byliśmy, jesteśmy, będziemy!" Diese drei Worte, in die deutsche Sprache mit „Wir waren hier, wir sind hier, wir bleiben hier" zu übersetzen, verkündeten in den 1960er Jahren auf Plakaten, Straßenschildern und Mauerinschriften das neue polnische Selbstwertgefühl. Mit den Potsdamer Beschlüssen vom 2. August 1945 ließen die Alliierten in den sogenannten West- und Nordgebieten ein Polen entstehen, dessen Identitätssuche sich auf längst vergangene Traditionen berief. Mit diesen drei Sätzen wurde damals, als von der Bundesrepublik Deutschland die End- und Rechtsgültigkeit der polnischen Grenze an der Oder und der Lausitzer Neiße und somit die ganze territoriale Ordnung in Europa in Frage gestellt war, der Wille der polnischen Gesellschaft ausgedrückt, keine Revision der nach dem Krieg erfolgten Ost-West-Verschiebungen zuzulassen. Nicht nur Polens Politiker und Wissenschaftler, sondern auch die in der „Gesellschaft für die Entwicklung der Westgebiete" organisierten Bürger gedachten mit dem „byliśmy" („wir waren hier") einer tausend Jahre alten Piastenherrschaft, die über drei Jahrhunderte – vom Ende des 10. bis zur Mitte des 14. Jahrhunderts – dauerte. Die Piasten galten als Gründerstamm der polnischen Staatlichkeit.

Zu Beginn des 21. Jahrhunderts muß man sich allerdings die Frage stellen, was sich aus dem historischen Geschehen vor tausend Jahren für die heutige Zeit herleiten läßt. Mit anderen Worten: Was besagen und bezeugen diese Piastentraditionen? Wofür taugen sie, wenn man im Jahr 2000 ein Buch über Schlesien schreibt?

An der Tatsache, daß es die Piasten waren, die ab der Mitte des 10. Jahrhunderts im steten Ringen mit böhmischen Stämmen im Süden und germanischen Stämmen im Westen erfolgreich mehrere westslawische Stämme – Polanen, Wislanen, Masowier, Kujavier, Pomeranen und Slensanen – in eine einheitliche staatliche Struktur zusammenzufügen vermochten, gibt es keinen Zweifel. Die „Polanen" – pole heißt zu deutsch Feld – waren für Polen namengebend. Ebenso unbestritten ist, daß sich die ersten Herrscher aus diesem Geschlecht, Mieszko I. (960-992) und sein Sohn Bolesław Chrobry, der Tapfere (992-1025), in kriegerischen Auseinandersetzungen gegen die westlichen wie südlichen Nachbarn behaupten konnten. Mit wechselndem Kriegsglück erweiterten sie durch in mittelalterlichen Zeiten übliche Expansionen ihren Besitzstand – im Westen zeitweilig bis in die Lausitz; im Süden, ebenfalls vorübergehend, in Richtung Böhmen und Mähren; im Osten über Ruthenien bis an die Pforte von Kiew. Unter diesen beiden Herrschern konsolidierte sich das Land.

Die Länder entlang des oberen und mittleren Oderlaufes waren nach der Völkerwanderung im 7. und 8. Jahrhundert von westslawischen Stämmen besiedelt. Sie wurden zuerst durch das Großmährische Reich (830-907) politisch erfaßt und geeint, um gegen Ende des 10. Jahrhunderts – im Jahr 990 – dem Piastenbesitz angegliedert zu werden. Zu dieser Zeit war Polen bereits „getauft" (966), und zwar anläßlich der Verheiratung Mieszkos I. mit der böhmischen Fürstentochter Dubrawa aus dem Geschlecht der Přemysliden durch eine römisch-katholische Mission aus Prag. Wie damals wird auch heute dieses Faktum in Polen als wichtig erachtet: Die Christianisierung von Prag aus galt und gilt als Beweis für eine Piastentradition. Diese, so heißt es, war nicht von den ottonischen Ostfranken abhängig, den „Deutschen", die das heidnische Land im Osten für sich beanspruchten. Daß gerade damals Böhmen – um dem Druck des mächtigen Ungarn Paroli bieten zu können – ein besonderes Verhältnis zum ostfränkischen Reich eingegangen war und seit 929 „deutsche" Oberlehensherrschaft akzeptierte, schien für den polnisch-slawischen Mythos keine ausschlaggebende Rolle zu spielen. Wichtiger in diesem Kontext war, daß der tributverpflichtete Mieszko die ottonischen Missionare überlisten konnte. Auch daraus wird ersichtlich, wie wichtig seit jeher die ideologische Begründung für politisches Handeln, für Machtansprüche gewesen ist. Zwar blieb der erste, 968 etablierte Bischofssitz Polens in Posen noch vom Missionsbistum Magdeburg kirchlich abhängig; seit dem Treffen von Kaiser Otto III. mit Fürst Bolesław im Jahr 1000 war allerdings die politisch-ideologische Selbständigkeit Polens im damaligen Europa hergestellt. Otto III. und Bolesław hatten sich in Gnesen am Grabmal des von heidnischen Pruzzen ermordeten Adalbert getroffen, eine Synode abgehalten und dabei die kirchliche Metropole Gnesen mit Bistümern in Breslau und Krakau aus der Taufe gehoben. Damit war das Ideal der römisch-einheitlichen universellen Welt im Ansatz gesprengt. Gnesen wurde zum Wahrzeichen für ein selbständiges Polen, weströmisch im Glauben, jedoch polnisch in der politischen Interpretation. Anders als die südlichen Nachbarn, die sich an die deutschen Herrscher anlehnten, stellte die polnische Nationalmonarchie der Piasten den politischen Hegemonialanspruch des römischen Kaiserreiches in Mitteleuropa in Frage und machte die Zusammenfassung aller christlichen Länder dieses Raumes unter einer Zentralgewalt unmöglich.

Für die Piasten in Polen und die Arpaden in Ungarn war gerade die Übernahme eines einheitlichen geistigen Prinzips, nämlich jenes der weströmischen Kirche, sehr hilfreich. Was man heute als Erbe der römisch-lateinischen Kultur oder – andersherum – als Auftrag des päpstlichen Christentums begreift, konnte von den jeweiligen Herrschern der sich herausbildenden selbständigen staatlichen Strukturen eigenständig verwaltet und weiterentwickelt werden. Otto III. als absoluter Ausnahmefall – oder, wie es meistens in der deutschen Historiographie behauptet wird, als „Betriebsunfall" – anerkannte dies in Zusammenhang mit der Ernennung Gnesens zur geistigen Kapitale Polens. Damit unterschied er sich sowohl von seinen zwei ottonischen Vorgängern wie auch von sämtlichen Nachfolgern aus dem Geschlecht der Salier. Er hoffte, eine Erneuerung des römischen-deutschen Reiches unter geänderten Vorzeichen ins Werk setzen zu können. In Papst Sylvester II., seinem Lehrer, fand er für die renovatio imperii Romanorum einen konsequenten Mitstreiter, bis ein Aufstand der Bewohner Roms den Kaiser, Otto III., aus der Stadt warf.

Der Piast Bolesław galt als amicus imperatoris, als Freund des Kaisers. Es war dies für die frühe polnische Staatlichkeit von nicht zu unterschätzender Bedeutung. Und gerade die Tatsache, daß eine der Hauptresidenzen der Piasten, Breslau, ihren Namen vom böhmischen Gründer Vrotislav (daher Wratislavia – Wrocław) herleitet, bestätigt die Piastensouveränität über dieses Landstück.

Schlesien, das Land nördlich der Sudeten und Beskiden entlang der Oder, war nicht nur groß, es hatte auch im Dreieck Polen–Böhmen–Ostfranken militärstrategische und wirtschaftliche Bedeutung. Hier kreuzten sich mehrere Handelswege sowohl auf der Süd-Nord-Achse (Bernsteinstraße) als auch im West-Ost-Verkehr. Mit der für jene Zeiten angemessenen Technologie wurde in Schlesien zudem Gold geschürft, Silber geschmolzen, Kupfer, Nickel und Eisen gewonnen sowie Kohle abgebaut. Wie ökonomisch bedeutsam die Vorkommen von Bodenschätzen damals waren, kann heute nur schwer rekonstruiert werden. Die Bevölkerung läßt sich um das Jahr 1000 jedenfalls auf etwa 260.000 Menschen schätzen. In manchen Gegenden, etwa in Breslau oder Oppeln, betrug die Bevölkerungsdichte etwa 14 bis 16 Menschen pro Quadratkilometer: Es lebten dort drei- bis viermal soviel Menschen wie in benachbarten Gegenden. In zahlreichen den Stammesoberen untergeordneten „civitates" zusammengefaßt, gingen die Bewohner Schlesiens ihren Pflichten auf der Scholle, im Urwald oder in den Ansiedlungen und Burgen nach. Mit der Eroberung dieses Landstückes bereicherten sich die Piasten durchaus, zumal sie es bewerkstelligen konnten, Tribute einzuholen.

Doch die Konsolidierungszeit des frühen Polen unter den ersten Piasten dauerte nicht lange. Obwohl das Herrschergeschlecht über Polonia erst mit dem Tod Kasimirs des Großen im Jahr 1370 erlosch, traten bereits kurz nach dem Tod des zum König gekrönten Bolesław des Tapferen (1025) Zerfallserscheinungen ein. Diese betrafen u.a. das Regiment über Schlesien. Zwar blieben die Piasten dort noch lange, aber ihre „nationale" oder „staatliche" Zugehörigkeit kann – mit wenigen Ausnahmen – nicht als Argument für das „byliśmy", als ein historischer Beweis eines „ewigen", uralten Anspruchs des Polentums auf Schlesien in Anspruch genommen werden. Abgesehen von der späteren Entwicklung stehen dem polnisch-nationalen Mythos die Auswirkungen des dynastischen Prinzips in der feudalen Lehens- und Vasallenstruktur des Mittelalters dezidiert im Weg. Daß die Familieninteressen von einzelnen in die Streitigkeiten zwischen Polen, Böhmen und Deutschland verwickelten schlesischen Piasten gewichtiger waren als irgendwelche damals doch kaum erkennbaren „patriotischen Loyalitätsgefühle", ist historisch belegbar. Die seit 1024 im Kaiserreich regierende Salier-Dynastie sowie die westlich orientierte Heiratspolitik der Piasten gaben für die feudalen Herrschaftsverhältnisse und Abhängigkeiten in Schlesien viel eher den Ausschlag als irgendwelche nachträglich in die Geschichte hineininterpretierten nationalen oder patriotischen Gefühle. Das traditionelle polnische Selbstverständnis, das sich während der Epoche der Unfreiheit im 19. Jahrhundert als Trotzreaktion gegen die nationale Unterdrückung herausbildete und dem romantisch-nationalen Geist jener Epoche entsprach, verschließt sich dem Wissen über die Prinzipien des feudalen Hochmittelalters.

Auf der anderen Seite spukt auch im deutschen Schrifttum bis heute die Mär von „Schlesien als deutschem Kernland" oder – noch schlimmer – als „nordisch-germanischem Schutzwall" gegen das „asiatische Slawentum" herum. Zwar sei der „deutsche Kulturboden", heißt es in der einschlägigen deutschnationalen Literatur, vorübergehend von „artfremden" Stammesgruppen besetzt worden, wodurch ein „Kulturverfall" entstanden sei. Zum Glück habe jedoch die germanisch-deutsche Führungsschicht die Gefahr einer Slawisierung gebannt. Derartige Erkenntnisse – etwa im „Schlesierbuch. Ein Zeugnis ostdeutschen Schicksals" formuliert – werden in den 1990er Jahren etwas milder dargestellt, indem nun die Rede vom „Landesausbau" ist, der sämtlich auf die Leistungen der deutschen Ostkolonisten zurückzuführen sei, wie es z.B. im Vorwort zu dem von Heinrich Trierenberg herausgegebenen Buch „Schlesien heute" zu lesen ist.

Worauf es bei deutsch-polnischen bzw. polnisch-deutschen Diskussionen über die Piastenzeit in Schlesien ankommt, ist, eine Synthese der verschiedenen historischen Bausteine dieses europäischen Kernlandes zu formulieren, einschließlich des böhmischen Anteils an der Region und ihrer Entwicklung. Ansätze dafür gibt es schon, wie etwa im „Abriß der schlesischen Geschichte bis 1945" von Norbert Conrads im Katalog zur Ausstellung „Wach auf, mein Herz, und denke". Dort heißt es z.B. über die Errichtung des von der Gnesener Metropole abhängigen Bistums Breslau im Jahr 1000, diese steckte „ungefähr den Raum ab, innerhalb dessen sich in der Folge das politische Territorium Schlesien entwickeln sollte" – die Rolle der ersten „gesamtpolnischen" Piasten-Hauptstadt wird also gewürdigt.

Mit Mieszko II., dem jüngeren Sohn des 1025 verstorbenen ersten polnischen Königs Bolesław Chrobry, stellten sich zum ersten Mal innere Wirren in Polen ein. Mieszko II. verlor nicht nur die eroberten Gebiete im Westen und Süden, sondern auch de facto die gesamte Kontrolle über Schlesien und darüber hinaus die formelle Unabhängigkeit vom Kaisertum einschließlich des polnischen Königstitels. 100 Jahre später wurde das Land in einem vom Kaiser erzwungenen Testament aufgeteilt, Bolesław Krzywousty/Schiefmund und dessen Sohn Władysław II. Wygnaniec/der Verbannte wurden in dieser Akte im Jahr 1138 mit der Provinz Schlesien (und mit Krakau) bedacht. Trotz militärischer und politischer Unterstützung des Staufer-Kaisers Konrad III. sowie Friedrichs I. Barbarossa gelang es Schiefmund nicht, sich als Gesamtlandesherr gegen seine drei Brüder durchzusetzen. Bereits 1141 fand er sich mit dem Bruch der Verfassung ab. Er selbst mußte fünf Jahre später aus seinem fürstlichen Besitz an den Hof von Konrad III. fliehen, mit dessen Schwester Agnes er verheiratet war. Konrad und dann, ab 1152, Friedrich I. Barbarossa waren hauptsächlich mit Problemen im italienischen Teil des Imperiums beschäftigt und betrachteten den „schlesischen Winkel" am anderen Ende des Reiches als nicht so wichtig. Der rotbärtige Kaiser Barbarossa ließ sich vom piastisch-polnischen Nachkommen Bolesław Kedzierzawy – dem Landesherrn über Masowien und Kujawien, der auch das sogenannte großpolnische Gebiet mit Gnesen und Posen beanspruchte – 1157 in Krzyszków in der Nähe von Gnesen huldigen. Der verbannte Władysław schmachtete indes dahin. Nach seinem Tod im Jahr 1159 begannen zwischen seinen beiden Söhnen harte, durch unterschiedliche innerpolnische Allianzen bedingte Kämpfe um die schlesische Scholle. Die Gründung von drei Teilherzogtümern in Schlesien – Breslau, Glogau und Ratibor – löste daraufhin eine Sonderentwicklung des Oderlandes aus. Die hiesigen Piasten zweigten sich faktisch von der Linie des polnischen Königshauses ab. Das Schiefmund-Testament bedeutete damit einerseits die feudale Zerstückelung Polens, der erst 1320 mit dem wieder zum König gekrönten Władysław Łokietek, dem vorletzten Herrscher aus diesem Geschlecht, ein Ende bereitet werden konnte. Andererseits leitete die Akte von 1138 mit den Konsequenzen weiterer Erbteilungen de facto das Abdriften des Schlesierlandes in die Abhängigkeit vom böhmischen Königshaus und später vom römisch-deutschen Kaisertum ein. Zu Beginn des 14. Jahrhunderts standen 18 schlesische Herzogtümer unter böhmischer Lehenshoheit. Mit dem Aufstieg des böhmischen Königs Karl zum deutschen Kaiser Karl IV. im Jahr 1355 wurde der Angliederungsprozeß an das Reich politisch vollendet. Der vowiegend mit der Erneuerung und Modernisierung Polens sowie mit dem aggressiven Deutschen Orden im Norden beschäftigte letzte Piast auf dem polnischen Thron, Kazimierz III. Wielki/Kasimir der Große, 1370 ohne männlichen Nachkommen verstorben, hatte den Verlust Schlesiens bereits 1335 im Vertrag zu Trenčín/Trentschin formell anerkannt. 1348 zum böhmischen Kronland erklärt, zählte Schlesien fortan bis 1921/1945 zum nicht-polnischen Herrschaftsbereich. Die Piasten blieben in feudal zersplitterter Form in mehreren herzöglichen Linien bis ins Jahr 1675 grundherrschaftlich verankert.

Die Abtrennung Schlesiens von der polnischen Krone verlief parallel zu einer massiven wirtschaftlichen und kulturellen Entwicklung dieses Landstükkes. Bevor die Söhne des verbannten Władysław nach dem Tod ihres Vaters wieder nach Schlesien kommen konnten, begleiteten sie die Stauferkaiser auf ihren Zügen in den Süden und lernten die höher entwickelten Länder des Reiches kennen. Folglich waren sie an der Zivilisierung ihres wie auch immer umstrittenen Erbteils interessiert. Also unterstützten sie ihrerseits die auch objektiv einsetzende deutsche Kolonisierungspolitik. Unter den Enkeln des Verbannten, den schlesischen Herzögen Henryk/Heinrich Brodaty, dem Bärtigen (1201-1238), und dessen Sohn, Henryk/Heinrich Pobożny, dem Frommen (1238-1241), der seinen Heldentod in der Schlacht auf der Wahlstatt bei Liegnitz fand, wurden Angleichungen an europäische Kultur- und Rechtsnormen durchgeführt. Aus dem Westen kommende Siedler und Kolonisten brachten modernere Akkerbaumethoden und fortschrittliche Handwerksfertigkeiten wie auch die rechtliche Selbstverwaltung in den Städten zur Anwendung. Von dem bereits Ende des 12. Jahrhunderts angelegten Zisterzienserkloster in Leubus/Lubiąż wie auch von der späteren Schwesterstiftung in Trebnitz/Trzebnica und schließlich von ihren Nebengründungen in Heinrichau/Henryków (1227) und Grüssau/Krzeszów aus belebte sich das geistige und kulturelle Leben Schlesiens. Die nach dem Magdeburger Recht (mit örtlichen Varianten von Neumarkt/Środa Śląska) erbauten Städte und Siedlungen trugen zur Urbanisierung des Landes bei. Die im 13. Jahrhundert einsetzende intensive Entwicklungsphase wurde in den 1240er Jahren durch den Mongolensturm unterbrochen. Die Tataren – wie sie in der polnischen Sprache heißen – konnten 1241 in der Schlacht auf der Wahlstatt zurückgeschlagen werden.

Beides – die Erfolge der wirtschaftlichen und kulturellen Kolonisierung nach deutschem Recht sowie die siegreiche Schlacht gegen die Mongolen – bildete fortan eine eigenartige „schlesische Mythologie". An deren Bewertung scheiden und einigen sich zugleich die historischen Geister. Der eigentlich erst im 19. Jahrhundert aufgekommene Sinn besteht – ähnlich wie bei der Überbewertung der Rolle Sobieskis anläßlich der Verteidigung Wiens gegen die Türken im Jahr 1683 – in der Glorifizierung des Heldentums der christlichen Verteidiger Europas gegenüber dem Ansturm asiatischer Horden. Im polnischen historischen Schrifttum wird die Bedeutung des gefallenen Piastenfürsten hervorgehoben. Die Geschichtsklitterung über die Schlacht an der Wahlstatt kommt so in die Nähe der deutschen Legendenbildung über die Schlacht im Teutoburger Wald oder der serbischen über jene auf dem Amselfeld. Nach deutscher Geschichtsschreibung gehört die Verehrung der siegreichen christlichen Ritter zum deutschen Ruhm, obwohl sie wohlgemerkt in der im 19. Jahrhundert von den Wittelsbachern errichteten Walhalla bei Regensburg mit keinem Wort erwähnt werden. Beide Versionen, sowohl die polnische (Piastenfürst Heinrich der Fromme als lichte polnische Gestalt des christlichen Abendlandes) als auch die deutsche (das schlesische Heer als Synonym für wahres deutsches Rittertum) beschreiben die Schlacht im Jahr 1241 wie ein Jahrhundertereignis. Genau das wird jedoch von einigen jüngeren polnischen Historikern in Frage gestellt: Weder seien die umherstreifenden Tatarenhorden ausreichend stark und zahlreich gewesen, um Europa zu bedrohen, noch war der gefallene Fürst ein militärstrategisches Genie: Beten hätte er in der Schloßkapelle besser können als auf dem Schlachtfeld im Hagel der Tatarenpfeile. Was auch immer auf der Wahlstatt geschah – Hauptsache, die heraufbeschworenen geschichtlichen Bilder passen in die romantisch anmutenden Vorstellungen über den christlichen Schutzwall gegen die asiatische Gefahr. Für Polen ein historisches Argument mehr angesichts einer von vielen ersehnten Aufnahme in die Europäische Union.

Ein anderer Aspekt der schlesischen Mythologie ist politisch-rechtlicher Natur. Erst mit der westlichen – soll heißen: deutschen – Kolonisierung im 18. Jahrhundert sei zivilisiert worden. Davor soll es hier an Organisation und Staatlichkeit nichts gegeben haben. Bei aller Achtung vor dem westlichen, tatsächlich großteils deutschen Beitrag zur Kolonisierung ist die totale Verkennung der bodenständigen Leistungen und Stammesinstitutionen inakzeptabel.

Im erwähnten Kloster zu Grüssau/Krzeszów befindet sich ein – in polnischer Sprache „Ksiega Henrykowska" genanntes – Dokument aus dem 14. Jahrhundert, in dem in lateinischer Schrift der erste schriftlich festgehaltene polnische Satz zu finden ist, der besagt: „Gib her, ich zermahle die Körner, du kannst ausruhen." Diese Worte soll ein Bauer zu seiner Frau gesagt haben. In welcher schlesischen Gegend die beiden gelebt haben mögen, geht aus dem Dokument nicht hervor. Ohne Zweifel nahm mit der westlichen Siedlungswelle im Hochmittelalter das deutsche Element in Schlesien gewaltig zu. Die Folge war gewiß auch eine hochgradige Assimilierung der ansässigen slawisch-polnischen Bevölkerung an das Deutschtum, zuerst in den Städten, später auch auf dem sogenannten flachen Land. Bereits zu jener Zeit zeichnete sich eine quasi-ethnische Sprachgrenze ab: Zwischen Riesengebirge und Sudetenkamm bis zu Oder, also auf deren linkem, westlichen Ufer bildete das Deutschtum eine starke Mehrheit, während östlich, auf dem rechten Ufer, sich das Polnische bewahren konnte. Die östliche Oderseite wurde jahrhundertelang die polnische genannt. In diesem Teil des Landes, den man später Oberschlesien taufte, sog die vorherrschende polnische Sprache die deutsche Mundart auf und brachte einen bis in die heutigen Tage gesprochenen eigenartigen Dialekt hervor. Wenn man es so interpretieren will, ist diese polnisch-deutsche Melange die eigentliche Überlieferung aus der piastischen Zeit.

DER ÜBERGANG (1370-1526)
Luxemburger, Hunyadi, Jagellonen ...

In der Auseinandersetzung polnischer und deutscher respektive auch österreichischer Historiographie um Schlesien bleibt gewöhnlich eine Epoche ausgespart oder zumindest unterbelichtet. Jene eineinhalb Jahrhunderte nach dem Tod des letzten Piastenkönigs Kasimir des Großen und der Huldigung des Habsburgers Ferdinand I. durch die schlesischen Fürsten sind eine Zwischenzeit in der schlesischen Geschichtsschreibung. Auch in unserer Darstellung können wir uns diesem lange andauernden Übergang von mittelalterlich verfaßten Gesellschaften zu protokapitalistisch-neuzeitlichen Herrschafts- und Lebensweisen nur in Bruchstücken widmen. Für Schlesien bestimmend war in dieser Zeitspanne vor allem die Regentschaft des Ungarnkönigs Matthias Corvinus aus dem Haus der Hunyadi/Hunedoara. Seine Bemühungen um einen einheitlichen Landesaufbau gegen Ende des 15. Jahrhunderts waren für diese Zeit prägend. Die daraus entstandene Stärkung der schlesischen Identität im Adelsstand machte in der Folge den Habsburgern noch lange zu schaffen.

Schlesiens „Zwischenzeit" umfaßt also die Jahre zwischen 1370, dem Ende des piastischen Zeitalters in Polen, und 1526, als die Habsburger erbrechtliche Ansprüche auf das Oderland durchsetzen konnten. Piastische Traditionspflege dient heute, wie bereits im vorherigen Kapitel beschrieben, der polnisch-nationalen Geschichtsschreibung als Verankerung eines Mythos. Zur polnischen Identitätsfindung in Schlesien sind tausend Jahre ein scheinbar leicht überwindbarer Zeitensprung. Ein deutsches Schlesien wiederum bezieht die Requisiten seiner Ansprüche vornehmlich aus der Siedler- und Kolonisationsgeschichte, die ebenfalls im piastischen Mittelalter ihre Ursprünge hatte. Die habsburgische und die hohenzollerische Oberherrschaft, die das Land zwischen 1526 und 1918 bestimmte, wird in dieser Wahrnehmung zu einer wohlwollend betrachteten Germanisierung, an der die Weimarer Republik und Hitlers Drittes Reich ansetzen konnten. Doch welchen Schlüssel für retrospektiv angewandte und gegenwartsbezogen durchgeführte Geschichtsforschung – und eine andere existiert wohl nicht – gibt uns diese „Zwischenzeit" vom Ende des 14. bis zum Beginn des 16. Jahrhunderts für Schlesien in die Hand? Der ewig anmutende germanisch-slawische Streit um dieses europäische Kernland gerät vor der herrschaftlichen Wirklichkeit dieser Epoche in einen anderen Blickwinkel. Man könnte diese Periode die „böhmische" bzw. „tschechische Epoche" nennen, und in Anbetracht der indirekten hussitischen Ausläufer in Schlesien hätte dies auch eine gewisse Berechtigung. Oder man spricht von der „ungarischen Epoche", deren Grundlage in der Person des aus einer madjarisch-rumänischen Adelsfamilie aus Transsilvanien stammenden Corvinus zu finden wäre. Und schließlich wäre da noch die Interpretationsmöglichkeit unter der Kurzformel „litauisch-jagellonische Epoche", die das Bild der „Königin von Polen", Jadwiga/ Hedwig, für kurze Zeit auch ins schlesische Bewußtsein rückte. Die herrschaftlichen Wirren jener Jahrzehnte lassen es jedoch alles in allem ratsamer erscheinen, keinen neuen historischen Mythos zu erschaffen, sondern von einer Zwischenzeit zu sprechen. Ihre Chronologie soll Hinweise für diese Einschätzung liefern.

Die Luxemburger: Schlesien wird böhmisch

Die Männer des Hauses Luxemburg herrschten ab 1310 in Böhmen. Johann von Böhmen wurde 1339 von Ludwig IV., dem Wittelsbacher aus Bayern, der sich deutsch-römischer König und – gegen den Willen des Papstes – auch Kaiser nannte, mit großen Teilen Schlesiens belehnt. Breslau, Cosel, Glogau, Jauer, Liegnitz-Brieg, Münsterberg, Neisse, Oels, Oppeln, Oppeln-Falkenberg, Ratibor, Sagan, Schweidnitz, Steinau, Teschen und Troppau ... so hießen in jenen Tagen die wichtigsten Fürstentümer des Oderlandes. Die böhmische Landnahme umschloß – mit Ausnahme von Jauer und Schweidnitz – die meisten von ihnen. Johanns Oberherrschaft reichte damit nicht mehr nur über Böhmen, er erhielt – wie es in alten Quellen heißt – „lant in Polan" hinzu. In der wenige Jahre später in lateinischer Sprache ausgestellten Urkunde, die den Belehnungsvorgang des Böhmenkönigs mit den schlesischen Erbfürstentümern bestätigte, ist von den „duzes Slezie et Polonie" die Rede, womit die eben neu an Böhmen abgetretenen schlesischen Länder gemeint sind. Johanns Sohn Karl, als Karl IV. später in Rom zum Kaiser gekrönt, bestätigte am 7. April 1348 als römischdeutscher König die Lehensnahme Schlesiens durch den Böhmenkönig. Damit konnten die schlesischen Fürstentümer – vermittelt über ihre böhmische Oberhoheit – ins Reich integriert werden. Für die weitere geopolitische Ausrichtung des Oderlandes war freilich die Unterordnung unter die böhmische Königswürde von größerer Bedeutung. Diese sollte die kommenden Jahrhunderte bis zur preußischen Ordnung Mitte des 18. Jahrhunderts andauern.

Indirekt war die Ausrichtung Schlesiens als Nebenland der böhmischen Krone bereits vom letzten Piastenkönig Kazimierz III. Wielki/Kasimir dem Großen eingeleitet worden. Seiner für das Spätmittelalter so typischen „Landvermehrung" standen als Haupthindernisse im Norden der imperial und ideologischuniversalistisch agierende Deutsche Orden und im Süden die eben mit Böhmen belehnten Luxemburger in Gestalt von Johann von Böhmen entgegen. Beide gleichzeitig in Schach zu halten, dafür waren in jenen Tagen weder die logistisch-militärischen noch die diplomatisch-politischen Mittel gegeben. Kurzlebige Koalitionen entsprangen dem Bedarf mittelalterlicher Landesvereinheitlichung. Nichts anderes hatte auch Kasimir für „sein" Polen im Sinn. Von Krakau aus, wo er die Residenz seines polnischen Königreiches aufgeschlagen hatte, schien die luxemburgische Gefahr näher, gefährlicher, dringend einer Lösung harrend. Dem Deutschen Orden, der indes missionierend und brandschatzend dem nördlichen Europa – Brandenburg und Litauen inbegriffen – seine politische Räson aufzuzwingen suchte, mußte aus Kasimirs Sicht dennoch Einhalt geboten werden. Es lag also nahe, daß sich der Polenkönig mit dem Böhmenkönig zu einem Bündnis verabredete. Die bestehende politische Liaison zwischen den Luxemburgern und den Deutschordensrittern sollte damit gesprengt werden. Im Vertrag von Trentschin wurde am 24. August 1335 auf Vermittlung des ungarischen Königs eine Vereinbarung getroffen, die sowohl Kasimir, dem Piasten, als auch Johann, dem Luxemburger, dabei half, ihr jeweiliges Königreich, Polen bzw. Böhmen, zu konsolidieren. Im Zuge dessen verzichtete Kasimir auf seine Schlesien betreffenden Ansprüche, was Johanns Sohn Karl, dem späteren Karl IV., ein um die schlesischen Länder vermehrtes Böhmen bescherte. Im Gegenzug dazu wurde das bislang böhmisch regierte Masowien – ein um den Bug und die Weichsel mit Warschau als Zentrum gelegenes, an den Deutschordensstaat im Norden angrenzendes Territorium – aus der böhmischen Oberherrschaft entlassen und unter polnische Königsherrschaft gestellt. Feudaler Tauschhandel brachte also Schlesien unter das Prager Regiment.

Die Jagellonen: von Litauen bis Breslau

Während in Mitteleuropa die böhmische Landvermehrung Schlesien inkorporiert hatte, stellte sich im Norden des Kontinents eine neue Macht imperialen Aufgaben. Der baltische Stamm der Litauer versagte sich konsequent und ausdauernd den Missionierungsbemühungen durch den Papst und den Deutschen Orden, dessen Staat noch zu Beginn des 15. Jahrhunderts von Danzig über Königsberg bis weit hinter Riga reichte. Von einem gewissen Olgierd oder Algirdas – darüber ist sich die einschlägige Wissenschaft nicht einig – übernahm sein Sohn Jagaila, polnisch: Jagiełło, im Jahr 1377 ein litauisches Großfürstentum, dessen Ländersammlung seine Kämpfer bis an die Tore Kiews geführt hatte. Im Westen griffen die Deutschordensritter das litauische Reich an. Eine Koalition gegen diese fanatischen „Marienburger" schien angebracht. Und was lag näher, als selbige mit Polen einzugehen. Diesem war vor wenigen Jahren, 1370, sein letzter Piastenkönig Kasimir gestorben, ohne einen Sohn hinterlassen zu haben. Die Königswürde übernahm der aus dem Hause Anjou-Neapel stammende Ungarnkönig Ludwig der Große. Er glaubte sich aufgrund eines 1339 mit Kasimir vereinbarten Erbvertrages, der dem Haus der Anjou die Piastennachfolge in Polen sicherte, dazu berechtigt. Seine von ihm als Statthalterin eingesetzte Mutter

Elisabeth war beim polnischen Adel schon deshalb unbeliebt, weil es sich um eine Frau handelte. Jörg Hoensch geht in seinem Standardwerk „Geschichte Polens" davon aus, daß die Herrschaft über Polen für den Ungarnkönig Ludwig in erster Linie den Sinn hatte, eine wertvolle Mitgift für eine seiner beiden Töchter, Maria oder Hedwig/Jadwiga, in sicheren Beschlag zu nehmen. Wie dem auch sei – die Begründungen mittelalterlicher Machtpolitik sind im heutigen Diskurs ohnedies nicht gänzlich erklärbar. Jadwiga genoß die Sympathie der kleinpolnischen Szlachta, des Adels rund um Krakau, der unter Kasimir seinen Einfluß ausgebaut hatte. Obwohl bereits einem Habsburger versprochen, wurde Jadwiga aus geopolitischen Gründen wie aus Gründen der herrschaftlichen Reproduktion dem litauischen Fürsten Jagaila/Jagiełło angeboten. Dies schien Jadwiga nicht zu begeistern, war doch Jagiełło eine Generation älter als sie selbst. Das Größere, also Polen, vor Augen, spielte diese Kleinigkeit freilich keine Rolle. Am 2. Februar 1386 wählten die polnischen Adeligen in Lublin den Litauer zu ihrem König, die litauisch-polnische Union war entstanden, Litauen hatte sich an Polen angegliedert.

Voraussetzung für diesen Schritt war allerdings die Taufe Jagailas/Jagiełłos, auf die die polnische Geistlichkeit gedrängt hatte. Eine orthodoxe Christianisierung, die dem Litauer wenige Jahre zuvor von Moskau angeboten worden war, hatte dieser ausgeschlagen. Nun akzeptierte er die weströmische Mission, nahm den Christennamen Władysław/Ladislaus an und wurde unter der Bezeichnung Władysław II. Jagiełło polnischer König. Es dauerte nur wenige Monate, bis römische Missionare in Form von Massentaufen daran gingen, die litauischen Heiden zu bekehren.

Die Ironie dieser Christianisierung Jagailas/Jagiełłos bestand darin, daß der Litauer ja gerade aufgrund seiner Feindschaft zum Deutschen Ordensstaat in die Hände der kleinpolnischen Adeligen getrieben wurde. Diese waren, wie auch der Anjou-Sprößling Ludwig für seine Tochter Jadwiga, auf der Suche nach einem potenten Thronnachfolger. Im Rücken den Deutschen Orden, fiel Jagaila am 15. Februar 1386 in Krakau vor dem Christenkreuz auf die Knie, um sich dem universellen Anspruch des römischen Papsttums zu ergeben. Drei Tage später ehelichte er Hedwig/Jadwiga, die bis heute als „Mutter aller Polen" eine mythologische Ausstrahlung sondergleichen besitzt. Zwei Wochen darauf, am 3. März 1386, wurde Jagiełło als Władysław II. zum „Gubernator Regnis Poloniae" ausgerufen. Die polnisch-litauische Großmacht war – mit Hilfe Roms – ins Werk gesetzt. Ränkespiele der römischen Missionskraft sollte Polen auch noch 800 Jahre später zu spüren bekommen. Władysław II. starb nach fast 50jähriger Regentschaft im Jahr 1434 als 80jähriger.

Auch der Böhmenkönig Wenzel aus dem Hause Luxemburg, der Sohn Kaiser Karls IV., war inzwischen (1419) verstorben. Seit Jahren herrschte eine unruhige gesellschaftliche Atmosphäre im Land. Der Rektor der Prager Universität, Jan Hus, hatte sich zum Sprachrohr der ständischen Unzufriedenheit gemacht. Immer drückender bestimmten die Allmachtsphantasien der katholischen Kirche das Leben in Böhmen. Ablaßhandel und zunehmende Germanisierungsbestrebungen stießen allenthalben auf Widerstand. Hus lehrte und schrieb dagegen an. Als ihn der römisch-katholische Klerus am 6. Juli 1415 in Konstanz den angeblich reinigenden Flammen des Scheiterhaufens übergab, schlug die bislang eher intellektuelle Auseinandersetzung zwischen Ständen und Volk auf der einen und dem Reich auf der anderen Seite in Wut um. Die von den Hussiten geäußerten Forderungen nach freiem Wort, Bibeltreue und tschechischer Liturgie stießen bei Kaiser Sigismund auf harsche Ablehnung. Hussitenaufstände waren die Folge. Ihre Führer, Žižka und Prokop, beherrschten in den kommenden zwei Jahrzehnten die mitteleuropäischen Schlachtfelder; die radikalste Bewegung machte sich unter der Bezeichnung Taboriten einen weithin gefürchteten Namen. In dieser Situation verweigerten die böhmischen Stände am 20. April 1420 dem Luxemburger Sigismund, Wenzels Bruder, die Huldigung. Seine Mitverantwortung für den Märtyrertod von Jan Hus verzieh ihm der böhmische Adel nicht. In einem historisch nicht gerade alltäglichen Vorgang hatte damit eine sozial-religiöse Bewegung das dynastische Erbfolgerecht durchbrochen. Die schlesischen Stände distanzierten sich von diesem revolutionären Akt und akzeptierten die inzwischen klammheimlich erfolgte Krönung des Luxemburgers. In Breslau huldigten 18 schlesische Fürsten dem neuen luxemburgischen Böhmenkönig, der im Kernland auf so wenig Gegenliebe gestoßen war.

Dort, im böhmischen Kernland, stand man ganz unter dem Eindruck der Hussitenrevolte. Als Landesherrn konnten sich die Stände den Jagellonen Władysław II. vorstellen. Dieser mittlerweile altehrwürdig ergraute Mann stand allerdings zeit seines Lebens unter dem Schock der Mission. Von hussitisch eingestellten böhmischen Ständen wollte er keine Krone entgegennehmen. Er getraute sich offensichtlich gegenüber Rom und den in seinen Landen missionierend tätigen Franziskanern nicht, die abtrünnigen Hus-Gläubigen zu unterstützen. Sein von ihm nach Prag geschickter Neffe wurde dort bald aus der Stadt gejagt.

Währenddessen hatte sich eine gemäßigte posthussitische Strömung, die Utraquisten, gegen die radikalen Taboriten durchgesetzt. In den Jahren nach 1428 gewannen die kompromißbereiten Utraquisten zunehmend die Oberhand. Anfang der 1430er Jahre nahmen sie mit dem Luxemburger Sigismund Kontakt auf und boten ihm ihre Huldigung an – allerdings unter einer Reihe von Bedingungen: Böhmen sollte als Ständestaat funktionieren, mit Tschechisch als Amtssprache. Und noch einer „national-demokratischen" Forderung des utraquistischen Adels mußte der zukünftige Landesherr nachkommen: Als böhmischer

König durfte er niemals gegen die Fürsten, sondern immer nur mit ihnen regieren. Zudem sollte darauf Bedacht genommen werden, daß ausschließlich tschechische Adelige mit Land belehnt würden. Für Schlesien, das nach wie vor im böhmischen Verband stand, Sigismund jedoch längst anerkannt hatte, wurden die Tschechisierungsforderungen ausgesetzt. Sigismund willigte in die utraquistischen Vorstellungen ein und anerkannte in seinem Majestätsbrief vom 20. Juli 1436 ausdrücklich die Bedingungen der böhmischen Stände. Ein Jahr später war der letzte Luxemburger tot. Versuche, Habsburger und Jagellonen zu krönen, scheiterten, sodaß die Stände zwei Jahrzehnte später, am 2. März 1458, einen der Ihren, Georg von Poděbrad, zum König wählten. Dieser ebenfalls utraquistisch, also post-hussitisch gesinnte Adelige hatte keinen großen europäischen Stammbaum aufzuweisen. Und, was ihm noch schlechter bekam, er war in den Augen Roms ein Ketzer. Die schlesischen Stände, gewohnt, päpstlicher als der Papst zu sein, verweigerten Poděbrad die Gefolgschaft. Statt dessen ließen sie auf schlesischem Grund die katholischen Prediger wüten, die, von Rom gesandt, das Ketzertum bekämpften. Einer der Radikalsten unter ihnen, der italienische Franziskaner Capestrano, rief landauf, landab zur Ausrottung alles Hussitischen, Türkischen und – weil er schon dabei war – Jüdischen auf. Hussiten konnten in Schlesien ohnedies niemals Fuß fassen; die Warnung vor der türkischen Gefahr war man bereits gewohnt, sie diente intern wohl auch als religiöse und soziale Disziplinierungsmaßnahme; Juden als Feindbilder der schlesischen Gesellschaft wurden ebenfalls rhythmisch ausgemacht. Im Gefolge der hetzerischen Reden des italienischen Franziskaners kam es im Jahr 1453 zu einem Pogrom gegen die Breslauer Judengemeinde, das über 40 Tote forderte.

Die schlesischen Stände blieben papsttreu. Auf die Idee, sich von Böhmen loszutrennen, kamen sie nicht.

Am Vorweihnachtstag des Jahres 1466 sprach der Papst den Bann über Poděbrad aus. Als posthussitisches Element war dieser zwar gottes-, aber nicht papstfürchtige Herrscher Rom ein Dorn im Auge. Der Bann war gleichbedeutend mit einer Aufforderung zum Ungehorsam gegenüber dem Landesherrn. Der Papst entband mit diesem seinem schärfsten diplomatischen Mittel alle Untertanen Poděbrads von der Treuepflicht gegenüber ihrem Herrn. Die schlesischen Stände nahmen dies mit Freude zur Kenntnis und huldigten der ersten personellen Alternative, die sich anbot. Am 3. Mai 1469 wurde der Ungarnkönig Matthias Corvinus aus dem Geschlecht der Hunyadi/Hunedoara zum böhmischen König gewählt. Und während die böhmischen Stände dieser Wahl großteils skeptisch bis ablehnend gegenüberstanden, frohlockten die katholischen Bischöfe und die Stadt Breslau ob des neuen Machthabers von Roms Gnaden.

Der Hunyadi: Corvinus versucht die schlesische Einigung

„Wir burgermeister ratmanne und die ganncze gemeine der stat Breslow sweren und geloben vor uns und alle unsir nochkomen, das wir ... herrn Mathiaschen konige von Behem ... allczeit getreu und gehorsam sein wellen." Mit dieser Huldigungsformel vom 31. Mai 1469 anerkannten die schlesischen Stände den Ungarnkönig, der wenige Tage zuvor in Olmütz zum böhmischen König gekrönt worden war, als ihren Landesherrn.

Gleichzeitig mit dem Bann gegen den posthussitischen Böhmenkönig Georg von Poděbrad beauftragte Papst Paul II. den Hunyadi Matthias Corvinus mit der Vollstreckung dieser Ächtung. Die Logik war klar: Im Reich – dem römischen Reich – durfte ein Ketzer wie Poděbrad keine landesherrliche Gewalt ausüben. Der Papst hatte den Ungarnkönig Corvinus, Schwiegersohn des geächteten Poděbrad, mit der Führung dieses „heiligen Krieges" beauftragt, unter anderem deswegen, weil Rom in Ungarn seit Jahrhunderten einen festen Bündnispartner wußte. Seit die madjarischen Horden in der Schlacht auf dem Lechfeld im Jahr 955 von König Otto I. besiegt worden waren, fühlten sich ihre Führer als Vorposten der römisch-westlichen Welt. Auf das Lechfeld waren ihre Heerführer Bulcsu und Giula noch als byzantinisch getaufte „Oströmer" gekommen. Ihr Schlachtengang stellte die erste Konfrontation zwischen den beiden Roms – Rom und Byzanz – dar, noch hundert Jahre vor dem großen Schisma des Jahres 1054. Die überlebenden madjarischen Reiter dieser Schlacht wurden jedenfalls westlich getauft und zogen sich nach Osten zurück, in ihre späteren Siedlungsgebiete im Karpatenbogen und in der Pußta. Seit damals verstehen sich die Eliten der Ungarn im Dienst der apostolischen Mission – ein Aggregatzustand, der helfen kann, Ungarns Rolle bis ins 20. Jahrhundert hinein verständlicher zu machen.

1466 war es wieder einmal soweit. Der Kaiser von Rom, Papst Paul II., beauftragte Corvinus mit dem Heiligen Krieg. Schnellen militärischen Schrittes eilten die ungarischen Heerscharen nach Westen. Dem in Olmütz 1469 gekrönten und im schlesischen Breslau gehuldigten Corvinus gestaltete sich der Kampf um das böhmische Kernland indes langwierig. Sein posthussitischer König Georg von Poděbrad hatte inzwischen mit dem polnischen Jagellonen Kasimir/Kazimierz IV., einem Nachfahren des legendären Władysław II. Jagiełło, eine Koalition geschlossen, einen jener typisch dynastischen Erbverträge, die im Fall des Ablebens den einen Vertragspartner in die Rechte des anderen einsetzten. Poděbrad starb im März des Jahres 1471. Auf der Basis des Erbvertrages mit Poděbrad übergab Polenkönig Kazimierz IV. die Insignien der böhmischen Königswürde seinem Sohn Władysław. Wieder einmal war ein für feudale Herrschafts- und Verwaltungsstrukturen nicht ungewöhnlicher Zustand eingetreten – Böhmen hatte zwei Könige: den Hunyadi Matthias Corvinus und den Jagellonen Władysław. Letzterer belagerte im Jahr 1474 Breslau, das ja – wie ganz Schlesien – Corvinus anerkannte. Nach monatelangen Scharmützeln zog sich der Jagellone zurück.

Vom Schlachtfeld, auf dem die Auseinandersetzung nicht entschieden werden konnte, ging es in den Verhandlungssaal. Im Frieden von Olmütz 1479 einigten sich beide Seiten auf einen Kompromiß. Dem Jagellonen verblieb das Kernland Böhmen, während sich Corvinus mit den Nebenländern Schlesien, Lausitz und Mähren zufriedengab. Beide führten übrigens den Titel „Rex Bohemiae" weiter in ihrem Namen. Genaugenommen verblieb auch Böhmen als Pfandbesitz mit einem Wert von 400.000 Gulden unter der Oberherrschaft der Hunyadi.

Die Stellung Schlesiens im dynastischen Ränkespiel jener Jahre hat Spezialisten der Geschichtswissenschaft intensiv beschäftigt. War es ein ungarisches Lehen oder ein böhmisches Land geworden? War es Corvinus als böhmischem König verpfändet oder als ungarischem König untertan? Wie so oft in Geschichte und Politik gibt es auf diese Frage mehrere Antworten. Gernot von Grawert-May ist überzeugt davon, daß die schlesischen Stände ein ausschließlich böhmisches Herrschaftsverständnis aufbrachten, daß also Corvinus nur als böhmischem König gehuldigt wurde und seine ungarische Königswürde für Schlesien keine Bedeutung hatte. Für ihn sind beide böhmischen Könige gleichberechtigte Teilnehmer im Ringen um feudale Macht in Mitteleuropa. Anders Ernst Bednara, der – wie manche seiner Kollegen – die Oberherrschaft des ungarischen Königshauses über die böhmische Krone für ein Faktum hält. Als Beweis dafür gelten ihm die 400.000 Gulden, mit denen der Jagellone bei seinem Widerpart Corvinus in der Kreide stand. Schlesien war – seiner Interpretation nach – in der zweiten Hälfte des 15. Jahrhunderts ein ungarisches Pfandlehen. Die relative Eigenständigkeit, die Schlesien in den kommenden Jahren unter hunyadischer Regentschaft erfahren sollte, spricht übrigens für diese These.

Tatsächlich war Corvinus daran gelegen, Schlesien eine gegenüber dem böhmischen Kernland sich emanzipierende politische und territoriale Eigenständigkeit zu verpassen. Die Stände des Oderlandes unterstützten dies, ihre Sympathie gehörte vorerst Corvinus. Zum einen schon deshalb, weil der Hauptsitz des neuen Landesherrn, Ofen (Buda), weiter entfernt lag als Prag. Und je weiter entfernt die oberherrschaftlichen Agenden ausgeübt wurden, desto weniger schienen sie den lokalen Ständen bedrohlich. Zudem ließ der Ungar Corvinus römisch beten und verachtete die utraquistischen Ketzer. Auch damit punktete Corvinus in Schlesien. Am wichtigsten jedoch war seine moderne, dem Handelsstand gegenüber offene Einstellung. Corvinus war der Mann der Städte, förderte ihre Wirtschaftskraft und hätschelte die deutschen Handelshäuser. Beides – seine Mission gegen die tschechischen Utraquisten und seine Unterstützung der Kaufmanns- und Handwerkerstädte – machte ihn zu einem Freund der Deutschen. Wie beliebt er beim Stadtbürgertum war, hatte sich übrigens auch in Wien gezeigt, wo ihm im Jahr 1485 die Bürger euphorisch die Tore öffneten und damit die habsburgischen Landesherren brüskierten.

In Schlesien deklarierte Corvinus im Jahr 1474 den Landfrieden, womit er die Auswirkungen der Hussitenkriege ein für allemal für abgeschlossen erklären wollte. Einen solchen Landfrieden muß man sich als Versuch vorstellen, die in jenen Jahren herrschenden chaotischen Verhältnisse zu kontrollieren. Räubertum und selbstherrlich agierenden Grundherren wurde damit der herrschaftliche Kampf angesagt. Auch verbot Corvinus mit selbigem Dekret den schlesischen Fürsten eigenmächtiges Kriegführen und erstellte zwecks besserer Steuereintreibung erstmals eine Art Kataster, indem er ein Verzeichnis der grundherrschaftlichen Verhältnisse – eine Hufen-Aufstellung – anfertigen ließ.

1490 starb Matthias Corvinus. Laut Erbvertrag von Olmütz aus dem Jahr 1479 trat der jagellonische Böhmenkönig Władysław II. in seine herrschaftlichen Fußstapfen. Er wurde ungarischer König; Schlesien, Mähren und die Lausitz fielen nun ebenfalls unter seine Herrschaft. Zur Blütezeit der Jagellonen nahm dieses ursprünglich litauische Geschlecht vier Königsthrone ein, sein Einflußgebiet reichte von der Lausitz bis zum Schwarzen Meer.

Jagellonisches Schlesien

Um 1500 lebten geschätzte 750.000 Menschen auf einem Gebiet von 41.000 km², in Schlesien eben. Das Land links und rechts der Oder war allem historischen Kenntnisstand zufolge zweisprachig. Norbert Conrads streicht in seinem Schlesien-Buch diese Zweisprachigkeit – deutsch und polnisch – heraus. Er spricht in diesem Zusammenhang von „einem schlesischen Volk", ausgezeichnet durch diese zweisprachige Besonderheit, und zitiert den schlesischen Gelehrten Barthel Stein, der 1512 schrieb: „Den nach Westen und Süden gelegenen besser angebauten Teil nehmen die Deutschen ein, den waldreicheren, schlechteren Teil nach Osten und Norden zu die Polen." Eine klare Sprachtrennung zwischen den „Deutschen" und den „Polen" darf man sich dennoch nicht vorstellen. Die deutsche Sprache war zudem vor der lutherischen Bibelübersetzung kaum kodifiziert, regionale Dialekte mischten sich mit slawischen Begriffen zu einem mehr oder weniger schlesischen Idiom. Dazu kam, daß im Osten Schlesiens ein mährischer Dialekt, also Tschechisch, gesprochen wurde. Erst die Habsburger führten in diesem Teil des Landes Deutsch als zweite Amtssprache ein.

Breslau war in jenen Jahrzehnten eine großteils deutsche Stadt mit Polnisch und wohl auch Tschechisch sprechenden Saisonarbeitern, die vor allem im ländlichen Umland tätig waren. Etwa 20.000 Einwohner werden für die schlesische Hauptstadt angenommen.

Die oberherrschaftlichen Ränkespiele um Schlesien nahmen auch nach dem Eintritt des Jagellonen Władysław II. in das Amt des ungarischen Königs kein Ende. Im Selbstverständnis des ungarischen Adels standen die böhmischen Nebenländer inklusive Schlesien seit dem Vertrag von Olmütz unter ungarischer Dominanz. Solange die Pfandsumme von 400.000 Gulden nicht bezahlt war, konnte auch Władysław II., der ohnedies gleichzeitig auch böhmischer König war, Schlesien nicht aus der ungarischen Obhut entlassen. Schlesiens Stände sollten also die Macht der ungarischen Magnaten gerade nach dem Tod von Corvinus zu spüren bekommen. Als es 1511 zur Huldigungstour von Władysławs Sohn Ludwig kam – Władysław war inzwischen verstorben –, versagten ihm die schlesischen Stände ihre Gefolgschaft. Ludwig wollte nämlich – von seinen Magnaten getrieben – als ungarischer König anerkannt werden, das schlesische Landesverständnis war indes böhmisch. Es wurde also, wie einer zeitgenössischen Quelle zu entnehmen ist, „häfftig gestritten, wegen der Huldigung, und konten sich die Behemischen und Ungerischen Herren hierüber nicht vergleichen, Dann die Ungern warn über die mas hochmütig und stolz ..." Im entscheidenden Augenblick verweigerten die schlesischen Stände jedenfalls dem jungen Jagellonen Ludwig den Treueeid. Auch zwischen den lokalen Fürsten war Streit um die Huldigung ausgebrochen. Während Teschen für den Ungarn war, hielt Glogau zu Böhmen. Glatz wiederum scherte überhaupt aus dem böhmischen Verband aus und konnte sich ab 1501 als formal selbständiges Gebiet positionieren, allerdings mit enger Anbindung an Schlesien. Die Tatsache, daß es sich beim ungarischen und böhmischen König um ein und denselben Jagellonen handelte, den noch im Kindesalter befindlichen Ludwig, tat dem Streit um die Huldigung vorerst keinen Abbruch. Mit dem Tod des jungen Ludwig in der Schlacht von Mohács gegen die Osmanen (1526) erübrigten sich weitere böhmisch-ungarische Zwistigkeiten. Sowohl die Wenzels- als auch die Stephanskrone fielen an den Habsburger Ferdinand. In Schlesien begann das österreichische Zeitalter.

Das habsburgische Schlesien (1526-1740)

Wiens Machtzuwachs

Am Beginn der habsburgischen Landnahme Schlesiens stand der triumphale Sieg osmanischer Heerscharen im ungarischen Mohács. Die christliche Streitmacht hatte unter dem Jagellonen-Sprößling Ludwig, dem König von Böhmen und Ungarn, Ende August 1526 ihre wohl bitterste Niederlage in Mitteleuropa erlitten. Sultan Suleimans Truppen waren, von Peterwardein* kommend, die Donau entlang nach Nordwesten marschiert, wo sie in Mohács** die entscheidende Schlacht schlugen – und gewannen. König Ludwig blieb zusammen mit 20.000 seiner Soldaten tot im Feld zurück. Der junge, kinderlose Monarch war ohne direkte Nachfolge geblieben. Die Prager Wenzelskrone und die ungarische Stefanskrone wurden damit zum Spielball einflußreicher Mächte.

In Ungarn fanden kurz hintereinander zwei Königswahlen statt. Der siebenbürgische Woiwode Johann/János Zápolya organisierte am 17. Oktober 1526, während sich der Großteil der osmanischen Armee ins Winterlager nach Stambul/Konstantinopel begeben hatte, eine Versammlung in Székesfehérvár/Stuhlweißenburg, wo er sich vom versammelten Kleinadel zum Nachfolger Ludwigs krönen ließ. Zápolya übernahm damit die apostolischen Würden des ungarischen Königtums. Enge Kontakte zu Suleiman II. in Konstantinopel und zum Franzosenkönig Franz I. sicherten seine Wahl ab. Davon alarmiert, trommelten habsburgische Verwalter die Vertreter des ungarischen Großadels in Preßburg/Poszony zusammen. Am 17. Dezember 1526 wählten diese Ferdinand I., Erzherzog von Österreich, zum König aller Ungarn. Damit besaß Ungarn zwei gekrönte Häupter: den siebenbürgischen Zápolya und den österreichischen Ferdinand. Die Doppelherrschaft mündete in die Dreiteilung Ungarns, nachdem die Habsburger eine kurzzeitige Besetzung Ofens (Budas) militärisch nicht durchgestanden hatten und der Sultan dem Konkurrenzkönig Zápolya zu Hilfe geeilt war. Oberungarn mit der Hauptstadt Preßburg wurde österreichisch; Zápolya blieb bis zu seinem Tod ungarischer König über den weit größeren Teil des Landes, das unter osmanische Oberherrschaft geriet.

Auch um den zweiten, nach der Schlacht in Mohács frei gewordenen Königsthron, die böhmische Wenzelskrone, brachen sogleich Streitigkeiten aus. Schlesien betraf das Ränkespiel um diese Thronfolge unmittelbar. Seit 1335 bzw. 1348

---

* Petrovaradin/Peterwardein liegt der Donau gegenüber von Novi Sad/Neusatz, dessen Brücken 1999 von NATO-Luftangriffen vollkommen zerstört wurden.
** Mohács ist eine kleine Stadt an der Donau östlich von Pecs/Fünfkirchen in Ungarn.

war das Oderland ein Nebenland der böhmischen Krone. Im Vertrag von Trentschin (1335) erhielt der Luxemburger Böhmenkönig Johann die Oberhoheit über den größten Teil Schlesiens; 1348 bestätigte der römisch-deutsche König die vollständige Lehensnahme Schlesiens durch den böhmischen König. Mit den Zentralisierungsbemühungen von Matthias Corvinus, dem genialen Diplomaten und Ungarnkönig des 15. Jahrhunderts, der 1469 in Breslau eingezogen war, hatte Schlesien eine territoriale Integrität erhalten, die in ähnlicher Form in der ersten Hälfte des 13. Jahrhunderts unter Henryk dem Bärtigen und Henryk dem Frommen bestanden hatte. Der siebenbürgische Herrschersproß aus dem Adelsstamm der Hunyadi/Hunedoara setzte 1474 im Oderland den Landfrieden durch. Sein Nachfolger Władysław Jagiełło gewährte 1498 das „Große Landesprivileg", eine Art Verfassung, in der u.a. festgelegt war, daß nur mehr schlesische – und keine böhmischen – Fürsten als Oberlandeshauptleute bestimmt werden durften. Landesverteidigung, Steuer- und Münzwesen kamen in eine Hand.

Corvinus führte zwar den Titel „König von Böhmen", mußte sich allerdings mit der Herrschaft über die Nebenländer Schlesien, Mähren und die Lausitz zufriedengeben; sein Rivale, Ladislaus/Władysław Jagiełło – der Vater des später in Mohács gefallenen Ludwig – saß, ebenfalls als „böhmischer König", in Prag. Das feudale Europa kannte Doppelherrschaften nur zu gut. Sie erzählen uns heute von den herrschaftlichen Auseinandersetzungen um politische Macht und ökonomischen Zugriff auf von Adel und Kirche in Besitz gehaltene Grundherrschaften. Im Zeitalter vorstaatlicher und vornationaler Gesellschaften überlagerten sich oftmals unterschiedliche Rechte und Zugriffsmöglichkeiten des Adels auf Land und Untertanen. Die Territorialität und Homogenität von Herrschaft begann sich erst langsam herauszubilden. Erst wenn zwei Fürsten exklusiven Anspruch auf ein und dasselbe Territorium erhoben, bildete dies den Auftakt für den nächsten Schlachtgesang. Nach dem Tod von Matthias Corvinus im Jahr 1490 jedenfalls übernahmen die Jagellonen, von Prag aus, wieder sämtliche Agenden Schlesiens und ordneten sie Prag unter.

Die Niederlage König Ludwigs in Mohács im August 1526 rief neue Prätendenten für die Wenzelskrone auf den Plan. Wer unter den möglichen Nachfolgern Ludwigs würde in die Prager Burg einziehen, was gleichbedeutend mit der Huldigung durch die schlesischen Stände in Breslau war? Realistisch boten sich drei Alternativen: ein Jagellone aus der weiteren Verwandtschaft Ludwigs; einer der Hohenzollern, deren verschiedene Linien große Besitzungen in Schlesien innehatten; oder Habsburgs Ferdinand I., der über Erbschafts- und Eheverträge Ansprüche auf den Nachlaß des getöteten Ludwig erheben konnte. Der Habsburger machte schließlich das Rennen um die böhmische Krone. Die diplomatischen Schliche, Drohungen und Bestechungen sowie die Feldzüge, die Ferdinand benötigte, um schließlich zu Krone und Huldigung zu gelangen, lohnen, genauer betrachtet zu werden. Sie geben einen hervorragenden Einblick in die komplexe Machtpolitik frühneuzeitlicher Herrschergewohnheiten.

Ferdinand war wie sein Bruder Karl V. in Spanien streng katholisch – mit einem im Spätmittelalter modernen scholastischen Einschlag – erzogen worden. Durch die habsburgische Erbteilung, die in den Jahren 1521 und 1522 in Worms bzw. Brüssel beschlossen wurde, fielen ihm die mitteleuropäischen Länder zu. Ferdinand war damit zum Urahn der später so genannten „österreichischen Linie" geworden, die sich von ihrem Sitz in Wien bzw. Prag aus bis 1918 im dynastischen Sattel halten sollte.

Doch Wien mußte erst erobert werden. Nach dem Tod Kaiser Maximilians, des Großvaters der beiden spanisch erzogenen Habsburger Karl und Ferdinand, erhob sich der Rat der Stadt unter dem gewählten Bürgermeister Martin Siebenbürger und verweigerte am 28. Januar 1519 – wie das ganze Land unter der Enns* – die Huldigung des Nachfolgers. Der Statthalter der Habsburger wurde nach Wiener Neustadt vertrieben. Von Graz aus formierte der junge Ferdinand ein Regiment, eroberte die Donaustadt und forderte hohen Steuertribut von den Wiener Ständen. Das Ziel des Landesfürsten war die Einschränkung der städtischen und ständischen Autonomie. Ein großes Strafgericht, nach den Gebräuchen der Zeit im Freien auf dem Hauptplatz von Wiener Neustadt abgehalten, verurteilte die Ständevertreter zum Tod durch das Beil. 1522 enthaupteten die Richter Bürgermeister Siebenbürger und seinen Stadtrat. Die Leichen wurden auf dem Fleischmarkt in der Wiener Innenstadt zur Schau gestellt, zur Abschreckung für die Bürger und als Symbol absolutistischer Fürstenmacht. Damit war – zumindest in Wien – der das Spätmittelalter und die frühe Neuzeit beherrschende Kampf zwischen Ständen und Landesherrn entschieden. Zugunsten des Landesherrn. Auch in Schlesien hatte Ferdinand mit der ständischen Opposition sowie mit einer Reihe mächtiger lokaler Fürsten zu kämpfen.

Vorerst ging es um die Ausschaltung der Konkurrenten um den Thron. Gleich nach der Schlacht von Mohács begaben sich Ferdinands Helfer in alle böhmischen Länder und eben auch nach Schlesien, um Werbung für die Landnahme ihres Herrn zu machen. Ihr Hauptargument beruhte auf einem Erb- und Ehevertrag aus dem Jahr 1515, der die Familie des jagellonischen Ludwig eng mit den Habsburgern verband. Ferdinand war im zarten Alter von 13 Jahren mit Ludwigs Schwester Anna verlobt worden, während umgekehrt Maria, die Schwester Ferdinands, Ludwig zugesprochen bekam. 1521 bzw. 1522 fanden die beiden Hochzeiten statt, ein Erbvertrag legte die Nachfolge im Fall des Ablebens fest. Da dieses Ludwig bald ereilte und Kinder noch nicht gezeugt waren, fühlte sich sein Schwager Ferdinand zur böhmischen und ungarischen Thronbestei-

---

* Das Land Österreich unter der Enns entspricht dem heutigen Niederösterreich.

gung legitimiert. Am Anfang der habsburgischen Landnahme Schlesiens stand also, wie auch 250 Jahre später an ihrem blutigen Ende, der Zwist um die Anerkennung einer landesherrlichen Matrilinearität, einer weiblichen Erbfolgelinie. Die mit dem Jagellonen Ludwig verheiratete Schwester fungierte 1526 als legitimierendes Band, und die militärische und politische Gewalt der Habsburger war in der Lage, diesen Erb- und Ehevertrag umzusetzen.

Die Konkurrenten um die böhmische Krone konnten bald aus dem Weg geschlagen werden. Polenkönig Zygmunt I. Stary/Siegmund, einst kurzzeitig schlesischer Oberhauptmann und Onkel des gefallenen Ludwig, blieb gegen den Bruder Kaiser Karls V., Ferdinand, ohne Chance.

Schwieriger gestaltete sich schon die Ausschaltung der Hohenzollern. Sie untermauerten ihre Ansprüche durch schlesische Besitzungen und Erbverträge mit piastischen Häusern. Friedrich von Liegnitz, der wohl mächtigste lokale Potentat aus altem piastischen Adel, bot sich als personelle Alternative zu dem Habsburger an. Sein Vorhaben scheiterte am Widerstand der böhmischen Stände. Schlimmer noch: Ferdinands Inthronisation als böhmischer König am 24. Oktober 1526 in Prag fand überhaupt ohne die Beteiligung schlesischer Fürsten – und damit ohne die starke hohenzollerische Kraft – statt. Die Hohenzollern waren nicht eingeladen worden. Der schlesische Fürstentag in Leobschütz/Głubczyce begrüßte – vor vollendete Tatsachen gestellt – dennoch im Dezember 1526 die Wahl Ferdinands zum böhmischen König. Seine Huldigungsreise konnte beginnen.

Währenddessen war ein letzter Versuch gescheitert, Ferdinand die Wenzelskrone abspenstig zu machen. Die Ansprüche des Ungarnkönigs Zápolya, die gesamte Erbfolge Ludwigs anzutreten und somit auch Böhmen (mit Schlesien) in Beschlag zu nehmen, beantwortete Ferdinand militärisch. Die Drohung aus Stambul/Konstantinopel, eine große osmanische Streitmacht zur Unterstützung Zápolyas zu schicken, brachte Mitteleuropa ins politische Gleichgewicht zurück. Freilich nur für kurze Zeit; im Jahr 1529 sollten ja die Heere Sultan Suleimans Wien – vergeblich – belagern.

Ferdinand machte sich sogleich daran, seine eben errungene Macht administrativ abzusichern. Zentralisierung hieß das entsprechende Stichwort. Schon am 1. Januar 1527 trat eine habsburgische Verwaltungsordnung für alle österreichischen, böhmischen und ungarischen Länder in Kraft, die in ihren Grundstrukturen bis zur Reform der österreichischen Länder im Jahr 1749 aufrecht bleiben sollte. Der neue Herrscher umgab sich mit Räten: dem Geheimen Rat, der für die außen- und familienpolitischen Ränkespiele zuständig war; dem Hofrat, der als Justizbehörde fungierte; der ausführenden Hofkanzlei; sowie der Allgemeinen Hofkammer, die die Aufgaben eines Finanzministeriums wahrnahm. Die Grundsteine für eine landesfürstliche Administration waren gelegt.

Und damit auch die Instrumente geschaffen, die eine Beschneidung ständischer Macht im Auge hatten. Der Kampf zwischen Landesherren und Ständen eskalierte in den kommenden Jahrzehnten, bis er im böhmischen Ständeaufstand von 1618 explodierte.

Das feudale Schlesien

Was Ferdinand 1526 in Schlesien vorfand, war ein territorialer Flickenteppich. Dessen Wurzeln reichten bis ins 14. Jahrhundert zurück, als in Folge reger Erbteilungen binnen kurzer Zeit 17 schlesische Piastenhöfe entstanden waren. Das administrative Durcheinander war groß: Standesherrschaften, Mediatfürstentümer, Kirchengüter, verpfändete und verpachtete Erbfürstentümer, königliche und ständisch verwaltete Städte, einzelne dem böhmischen König unterstellte Güter, Teilherzogtümer ... mit jeweils unterschiedlichen Souveränitätsrechten, deren Kenntnis auch den in Feudalismus geübten habsburgischen Beratern eine komplizierte Wissenschaft bedeutete. Untertänigkeiten verschiedenster Ausrichtung und Intensität sowie ein Durcheinander pfandrechtlicher Ansprüche bereiteten Ferdinand zweifellos schlaflose Nächte. Überall in den habsburgischen Ländern gab es mächtige Grundherren, Woiwoden oder Magnaten; allein in Schlesien verschränkte sich die Stärke der Städte mit den Interessen adeliger Geschlechter zu einem beinahe undurchsichtigen Knäuel an Zuständigkeiten und Rivalitäten, in dem sich der neue Landesherr sichtlich schwer zurechtfand.

Als Symbol dieser ständisch-fürstlichen Kraft galt der Fürstentag, ein im Jahr 1498 unter dem Böhmenkönig Władysław Jagiełło errichtetes Gremium, das häufig zusammentrat und – parlamentsartig – die Interessen der vielen Grundherren aufeinander und gegenüber dem Landesherrn abstimmte. Damit war also schon längere Zeit vor der Inthronisierung Ferdinands ein schlesisches Landesbewußtsein geschaffen worden. Ein sogenanntes Fürstenrecht ergänzte den Fürstentag um die Dimension eines Gerichtes, das Streitigkeiten zwischen den Herrschaftens schlichten sollte. Gerade letzteres war dem Habsburger ein Dorn im Auge, stellte es doch Ansätze einer schlesischen Verwaltungsautonomie dar, die einer raschen Zentralisierung hinderlich waren. Die Macht des Adels über die Grundherrschaften blockierte weitgehend den habsburgisch-landesherrlichen Zugriff auf die Untertanen. Dazu kam, daß sich die böhmischen Magnaten gegen die Zentralisierungsbestrebungen der neuen landesherrlichen Oberherrschaft aus Wien heftig zur Wehr setzten. Die Situation in den Nebenländern Böhmens, insbesondere in Schlesien, nahmen sie indes nicht besonders wichtig.

Dort entzogen Fürstengeschlechter wie die brandenburgischen Hohenzollern in Crossen oder die Wettiner in Sagan ihre Territorien überhaupt weitgehend dem Einfluß aus Prag bzw. Wien. Die wichtigsten Erbfürstentümer wie

Glogau oder Schweidnitz-Jauer, die eigentlich im Besitz des Königs standen, waren durch allerlei Verpfändungen für Ferdinand nicht ad hoc nutzbar. Die königliche Stadt Breslau wiederum unterstand per Pfandrecht dem Rat der Stadt. Oppeln-Ratibor, die flächenmäßig größte Herrschaft, war an die fränkische Linie der Hohenzollern verpfändet. Anders als im böhmischen Kernland äußerten sich die schlesischen Stände indes weit weniger politisch gegen das habsburgische Bemühen einer Zentralisierung der Macht. Wollte Ferdinand Schlesien zu einem politisch überschaubaren und auch für sich selbst einträglichen Land machen, bedurfte es einer ausgewogenen Mischung aus Verhandlungsgeschick und Drohungen gegenüber den adeligen Herren, den Grafen und Herzögen des Oderlandes. Um die deutsche feudale Zersplitterung in ein österreichisches dynastisches Korsett zu zwingen, hatte der neue Böhmenkönig fast 40 Jahre Zeit.

Habsburgs Ringen um die Oberherrschaft (1526-1564)

Die Übernahme der böhmischen Königswürde stellte für Ferdinand auch in Schlesien eine große Herausforderung dar. An drei entscheidenden Punkten wollte und mußte er die Durchsetzungsfähigkeit der habsburgischen Macht in den neuen Territorien messen: an der Einführung neuer, konstant fließender Steuern für die Zentrale; an der Beschneidung der Fürstenprivilegien und insbesondere der Zurückweisung hohenzollerischer Ansprüche; sowie an der Implantierung von Verwaltungsreformen im Sinn Wiens bzw. Prags. Alle drei Vorhaben wurden mit großem Elan gestartet und über die Jahrzehnte habsburgischer Herrschaft immer wieder konkretisiert, ohne allerdings zu einem völligen Durchbruch zentralstaatlicher Machtbefugnisse zu führen. Die schlesischen Eigenständigkeiten mit ihren vielfältigen grundherrschaftlichen und ständischen Interessen konnten niemals gebrochen werden.

Als wichtigstes und erstes Argument für den Machtzuwachs des neuen Landesherrn diente der Außenfeind. Die Türken standen weit in Europa. Bereits auf seiner Huldigungsfahrt im Jahr 1527 kassierte der Habsburger kräftig ab: 100.000 Gulden mußten die schlesischen Stände als sogenannte „Türkensteuer" abliefern – übrigens die erste landesweit erhobene Steuer seit Matthias Corvinus. Diese nach einem alten Kataster berechnete Abgabe war als Abwehrhilfe gegen die immer forscher auftretenden osmanischen Heere unter Suleiman II. gedacht. „Herr, steuere der Türken Mord!" tönte es von den Kirchenkanzeln. Seit der Belagerung Wiens durch die Türken war es üblich geworden, per Glockenläuten zum Gebet gegen die Ungläubigen zu rufen. Flugschriften zirkulierten, auf denen die Greueltaten der Osmanen beschrieben wurden; vor der Folter der Unbarmherzigen geflohene Soldaten kamen zu Wort. Das christliche Volk, auch in Schlesien, lebte zu jener Zeit in Angst und Schrecken. Zum Schutz des Abendlandes war Geld notwendig, viel Geld. Der Feind vor den Toren duldete keinen fiskalischen Widerstand. Die zunächst vom Fürstentag als einmalige Abgabe eingehobene „Türkensteuer" war bereits zwei Jahre später, 1529, als die Türken vor Wien standen, erneut fällig. Wegen der unablässigen Gefahr aus dem Osten, insbesondere freilich auch wegen der riskanten und kostenintensiven Heerzüge gegen diese Gefahr, wiederholten sich die Anforderungen. 20 Jahre später wurde die „Türkensteuer" in eine jährlich fällige Steuer umgewandelt. Auf Grundlage einer behördlichen Vermögensschätzung, der sogenannten Indiktion, wurde das Geld vom Generalsteueramt eingehoben, wobei die Grundherren den landesfürstlichen Druck an ihre Untertanen weitergaben. Insbesondere die bäuerlichen Land- und Hausbesitzer wurden durch die habsburgische Art der Indiktion überproportional zur Kasse gebeten.

Nach der ersten fiskalischen Konsolidierung ging Ferdinand daran, das entscheidende finanzpolitische Privileg der Stände anzutasten. Die Stadt Breslau wurde im Jahr 1545 mit einem Münzprägeverbot belegt. Andere privilegierte Fürsten, bespielsweise die Hohenzollern, mußten ebenfalls ihre Münzen schließen. 1546 folgte die erstmalige Eintreibung einer Biersteuer, die insbesondere den Städten teuer zu stehen kam. Ab 1549 ging dann der Habsburger auch erstmals daran, landesfürstliche Zölle einzuführen; vorerst wurde ein landesherrlicher Viehzoll dekretiert, wenig später die Einhebung eines Grenzzolls.

Geld war auch noch ganz woanders zu holen – aus den Bergen Schlesiens. Das habsburgische Konzept, einen landesherrlichen Anspruch auf die Bodenschätze zu erheben und gleich auch durchzusetzen, schwächte wiederum die lokalen Potentaten. Im Artikel 1 der 1553 erlassenen Bergordnung – in der Diktion der Zeit „Bergregal" genannt – heißt es: „Uns als regierendem Herren und Landesfürsten gehören alle Bergwerck und Fünd, wo sie allenthalben seyen oder künftig gefunden." In dem an Bodenschätzen reichen Schlesien waren diese Einkünfte nicht zu verachten. Artikel 7 wird konkreter: „Wir behalten Uns alle Saltz, Eysen, Quecksilber und Alaun-Bergwerck vor", ließ da Ferdinand I. seinen Untertanen ausrichten. Alle Nutzungsrechte wurden „allein durch Uns selbst verlyen". Schürf- oder Abbaurechte wurden in aller Regel sehr kurzfristig vergeben. Mangelnde technische Möglichkeiten verhinderten zur Mitte des 16. Jahrhunderts eine systematisierte Rohstoffgewinnung. So wachte der vom Landesherrn eingesetzte Bergrichter über die Abbaurechte, die für einen Zeitraum zwischen drei und vierzehn Tagen käuflich erworben werden konnten.

Generationen später, im Jahr 1625 unter Ferdinand II., erweiterte sich der habsburgische Zugriff auf die „übrigen Hoheiten und Zubehör", worunter Wälder, Furten und Wasserwege zu verstehen waren.

Machtpolitisch waren dem Habsburger von Anfang an die Hohenzollern im Weg. Gut ein Drittel der schlesischen Gutsherrschaften stand im Besitz der brandenburgischen oder fränkischen Linie bzw. war an diese verpfändet. Am größten hohenzollerischen Pfandlehen, Oppeln-Ratibor, statuierte Ferdinand ein Exempel, das die zeitgeistigen Ränkespiele vorzüglich wiedergibt. Der greise Herzog Johann wurde 1528 vom Habsburger auf die Prager Burg zitiert, wo er unter Druck auf sein Pfandlehen Oppeln-Ratibor verzichten mußte. Unmittelbar darauf verlieh Ferdinand seinen eben erst eingezogenen Besitz an Johanns Sohn Georg von Ansbach. Um Oppeln-Ratibor für zwei weitere Generation zu Lehen zu erhalten, mußten die Hohenzollern allerdings 180.000 Gulden berappen. Als besonderes Zeichen seiner landesfürstlichen Autorität hatte sich Ferdinand zudem die Übergabemodalitäten von Vater Johann zu Sohn Georg ausgebeten. Erst ein Jahr nach dem Tod Erzherzog Johanns sollte sein Sprößling in den neuen Lehensvertrag eintreten. Das gab dem Habsburger im Jahr 1532 dann die Gelegenheit, alles wertvolle Mobiliar aus Oppeln-Ratibor auszuräumen und seinen eigenen Besitzungen einzuverleiben. Einen wertvollen Silberschatz aus den früheren und zukünftigen hohenzollerischen Lehen ließ Ferdinand in seine Münze nach Linz bringen, wobei er sich von dem von ihm selbst erlassenen Ausfuhrverbot für Silber natürlich nicht einschüchtern ließ. Der Landesherr zeigte seine ganze Gewalt.

Schon zuvor war ein weiterer Schlag gegen die Hohenzollern gelungen. Herzog Friedrich von Liegnitz, aus dem Piastenadel stammend, vereinbarte 1537 einen Erbverbrüderungsvertrag mit den Hohenzollern, demzufolge das preußische Haus die Liegnitzer Besitzungen im Fall des Aussterbens der Piasten übernehmen sollte. Der Habsburger Ferdinand verweigerte die Anerkennung dieses Vertrages zwischen dem piastischen Liegnitzer und dem brandenburgischen Kurfürsten Joachim II. Ein solcher Vertrag hätte tatsächlich die Machtbasis des Habsburgers in Schlesien entscheidend schwächen können. Doch dazu kam es eben nicht. Ein langer Streit zwischen den Geschlechtern der Habsburger und der Hohenzollern war indes vorprogrammiert.

Neben dem „Familienstreit" mit den Hohenzollern war Ferdinand die Machtbalance zwischen böhmischen und schlesischen Ständen ein Anliegen. Letztere besaßen ja noch aus den Zeiten des Matthias Corvinus spezielle Privilegien, die ihnen beispielsweise böhmische Konkurrenten von schlesischen Gütern fernhielten. Mit den böhmisch-schlesischen Widersprüchen konnte der gelernte Intrigant aus kaiserlichem Haus geschickt Politik machen. Im Anschluß an eine mehrwöchige Auseinandersetzung zwischen den böhmischen und schlesischen Streitparteien adeligen Geblüts im Frühjahr 1546 bestätigte Ferdinand den schlesischen Sonderweg gegen die böhmischen Interessen. Kurz darauf hielt der Landesherr ein Strafgericht gegen die böhmischen Stände ab, die sich – anders als die Mehrheit der schlesischen Fürsten – dem protestantischen Schmalkaldischen Bund angeschlossen hatten. Dieser im Kern von Hessen und Sachsen getragene Bund gegen die Reichsgewalt, die in Form Kaiser Karls V. auch religiös auf der anderen, der katholischen Seite stand, wurde in der Schlacht bei Mühlberg an der Elbe im April 1547 geschlagen. Der gewiefte Potentat ließ es sich nicht nehmen, die böhmischen Stände die Niederlage spüren zu lassen. Als Vollstrecker der langen Liste von zum Tod verurteilten Protestanten brachte der Habsburger gerade auch schlesische Fürsten zum Strafgericht. Besonders harte Bestrafungen bekamen jene landesfürstlichen Städte vornehmlich in Böhmen und in der Oberlausitz zu spüren, die sich im Zuge des ständischen Aufstandes gegen den Landesherrn gestellt hatten. Die Aberkennung ihrer Rechte brachte Ferdinand, der notorisch an Geldmangel litt, durch Verkauf und Verpfändung derselben sogleich wiederum etwas ein. Der Habsburger handelte nach der ewigen Devise jeder Herrschaft: Teile und herrsche.

Richtete sich die Hauptstoßrichtung der Ferdinandeischen Machtpolitik gegen unbotmäßige Ständeforderungen, die in Böhmen zur Mitte des 16. Jahrhunderts überhandnahmen und auch in Schlesien – beispielsweise im piastischen Liegnitz – nur vorübergehend eingedämmt werden konnten, so wurden die Gegensätze zwischen Wien und Prag bzw. Breslau zunehmend auch religiös determiniert. Der Protestantismus war überall im Vormarsch. Schätzungen gehen davon aus, daß gegen Ende der Regierungszeit Kaiser Ferdinands I. (1556-1564), der bis 1564 Zepter und Krone des römisch-deutschen Reiches in Händen hielt, etwa neun Zehntel der schlesischen Bevölkerung reformiert waren. Die katholische Kirche klagte jedenfalls bereits über priesterliche Nachwuchsprobleme, die dazu führten, daß zunehmend polnische Geistlichkeit ins Oderland kam. Noch warf dieser kirchenpolitische Schritt keine nationale Frage auf. Rückwirkend betrachtet jedoch sahen vor allem deutschnationale Autoren an der Wende vom 19. zum 20. Jahrhundert in dieser Epoche den Keim einer Slawisierung – genauer: einer Polonisierung – Schlesiens, die angeblich von der katholischen Kirche betrieben wurde.

Für die landesherrliche Übernahme der Militär- und Finanzverwaltung Schlesiens drohte Ferdinands absolutistisches Konzept zu scheitern. Ausgenommen spezielle Steuern wie die „Türkenhilfe", lag es weitgehend in der Hand der schlesischen Stände, über die Abgaben selbst zu entscheiden. Und im militärischen Bereich erwirkte Ferdinand 1529 zwar mit dem sogenannten Defensionswerk eine neue vierteilige Kreis-Einteilung; Aushebung und Finanzierung der Soldaten verblieben indes weiterhin in der Obhut des lokalen Adels. Erst viel später, nach der Schlacht am Weißen Berg im Jahr 1620 und dem Sieg Wiens über die böhmischen Stände, konnte von den Habsburgern eine zentralistische Militäroberhoheit durchgesetzt werden.

Der habsburgische Bruderzwist
Noch unter der Herrschafts Ferdinands I. wurde im Jahr 1558 in der Breslauer Burg eine eigene Kammer für Schlesien eingerichtet, die direkt dem Wiener Hof unterstellt war. Kammern funktionierten als Verwaltungs- und Kontrollbehörden des Herrschers in den jeweiligen Ländern in Finanz- und Politangelegenheiten. Die Einrichtung der Schlesischen Kammer bewirkte, daß die Verwaltung des Landes nun nicht mehr von Prag, das sich bislang um die königlichen Einnahmen und Interessen gekümmert hatte, sondern von Wien aus betrieben wurde. Den schlesischen Ständen – Adel und Städte – konnte mit Hilfe dieser Zentralisierungsmaßnahme wieder ein bißchen mehr auf die Finger geschaut werden, was vor allem in den Städten prompt hörbare Proteste auslöste.

Vier Jahrzehnte, nachdem ihm die schlesischen Stände gehuldigt hatten, starb Ferdinand I. am 25. Juli 1564 in Wien. Der bedächtigen und gleichwohl zielgerichteten Ära der habsburgischen Landnahme folgten turbulente, ja chaotische Regierungszeiten, die bald auch von religiösen Auseinandersetzungen geprägt waren. Nach der kurzen Amtszeit von Kaiser Maximilian II. (1564-1576) übernahm dessen Sohn, Rudolf II., im Jahr 1576 die böhmische Thronfolge. Ein Jahr darauf begab sich der als Kunstmäzen historisch gewürdigte Habsburger auf Huldigungsfahrt in die schlesischen Gebiete. Die folgenden 35 Jahre sollte der böhmische König und römisch-deutsche Kaiser Schlesien nicht mehr sehen. Zu hören bekam er freilich viel, und die unangenehmsten Kapitel betrafen seine eigene Familie, die Brüder Maximilian und Matthias.

Erzherzog Maximilian ließ sich 1587 von einem Teil der polnischen Adeligen zum König von Polen wählen, stürmte gegen seinen Rivalen, den ebenfalls zum polnischen König gewählten Schweden Sigismund/Zygmunt (III.) Wasa, im November 1587 vergeblich Warschau und floh daraufhin in Richtung Süden. Getreue des schwedischen Wasa setzten ihm bis nach Schlesien nach, fielen in Teschen ein und nahmen den Habsburger kurzerhand gefangen. Erst im Frieden von Beuthen (10. März 1589) verzichtete Maximilian endgültig auf die polnische Königswürde.

An das Ende von Rudolfs Amtszeit fiel der später von Franz Grillparzer literarisch verarbeitete Bruderzwist im Hause Habsburg. Ein weiterer Bruder Kaiser Rudolfs II., Erzherzog Matthias, war ab 1606 mit den Agenden des österreichischen Hauses in Ungarn beauftragt. Bereits 13 Jahre zuvor war erneut ein Krieg mit den Türken ausgebrochen, der auch die Kernländer des Reiches bedrohte. 1604 erhob sich der Adel im habsburgischen Ungarn, um gegen die harten Maßnahmen gegen den Protestantismus, wie sie von Kaiser Rudolf auch im fernen Böhmen gesetzt worden waren, zu protestieren. Viele schlossen sich dem siebenbürgischen Feldherrn Stephan Bocskai an, der unter der Oberherrschaft der Osmanen regierte. Bocskais Heiduken – eine wilde und kampferprobte, großteils aus Hirten bestehende Söldnertruppe – fielen im Jahr 1605 in Mähren ein und richteten einigen Schaden an. In dieser Situation entschloß sich Erzherzog Matthias, mit dem siebenbürgischen Fürsten 1606 einen Friedensvertrag zu schließen, der einerseits die Katholisierungsmaßnahmen im habsburgischen Ungarn rückgängig machte und andererseits den langen Türkenkrieg beendete. Rudolf II. erklärt daraufhin seinen Bruder Matthias für abgesetzt, der inner-habsburgische Krieg begann. Schon 1608 rüstete Matthias mit Unterstützung der österreichischen – also der ob der ennsischen und unter der ennsischen – sowie ungarischen Adeligen ein Heer gegen Rudolf, der zeit seines Herrscherlebens in Prag residierte. Jahrelange Kämpfe zwischen den beiden habsburgischen Heeren sahen die schlesischen Stände als indirekte Sieger. Beide Habsburger umwarben sie, um ihre Unterstützung zu erlangen. Matthias gewährte den schlesischen Ständen wirtschaftliche und religiöse Privilegien, während Rudolf am 20. August 1609 einen eigenen Majestätsbrief verfassen ließ, der den protestantischen Schlesiern völlige religiöse Gleichberechtigung garantierte. Am Vorabend des Dreißigjährigen Krieges herrschte also in Schlesien ein Klima außerordentlicher religiöser Toleranz. Die Augsburger Protestanten waren den Katholischen gleichgestellt. Der Breslauer Fürstentag konnte sich übrigens 1611 nicht zu einer Unterstützung von Matthias gegen seinen Bruder Rudolf durchringen.

Das wirtschaftliche Leben in Schlesien vor 1618

Die habsburgische Machtübernahme in Schlesien sah ein überwiegend agrarisches Land, dessen Bevölkerung zu einem guten Teil subsistent von dem lebte, was die Erde hergab. Marktbeziehungen waren dennoch relativ stark entwickelt. So benötigten die schlesischen Städte bespielsweise seit dem späten 15. Jahrhundert sogar Getreideimporte aus dem polnischen Osten, um überleben zu können. Eine komplizierte gesellschaftliche Struktur unterschiedlicher Untertänigkeiten auf dem Land differenzierte freie, zu allerlei Diensten und Abgaben verpflichtete und leibeigene Bauern.

Etwa eine Million Einwohner zählte Schlesien, als Ferdinand I. im Jahr 1527 seine Huldigungstour absolvierte. Während westlich der Oder lößreicher Boden fruchtbare Ernten garantierte, waren die sandigen Anschüttungen östlich des Flusses, also rechts-oderig, für eine schwierigere landwirtschaftliche Nutzung verantwortlich. Dort war der Boden karg und das Klima rauher. Dieser Teilung in Gunst- und Ungunstlagen entsprach auch weitgehend die unterschiedliche agrarische Struktur Schlesiens. Grob gesagt standen kleinräumig wirtschaftende, der Herrschaft zinspflichtige freie Bauern im Westen einer großräumigen

Gutswirtschaft im Osten gegenüber, die sich im Besitz von Rittern befand, deren Untertanen über kein eigenes Land verfügten.

Im Osten Schlesiens überwogen die großen Gutshöfe, die oft nach polnischem Recht mit sogenannten Erbuntertanen roboteten, die teilweise wie Leibeigene gehalten wurden. Landwirtschaftliche Arbeiter lebten um Kost und Quartier auf diesen Gütern, verrichteten Dienst- und Feldarbeiten und protestierten gegen die Behandlung durch ihre Herren einzig mit Flucht. Eigene Landesgesetze sollten das Entlaufen von Gesinde – ein sehr üblicher Vorgang – verhindern helfen. 1553 wurde eine Verordnung erlassen, die es den Adelsherren und Rittern ermöglichte, entflohene Untertanen gewaltsam „in Ketten einzubringen". Der Erfolg solcher Maßnahmen war nicht besonders groß. Also zogen die Gutsherren die Kinder des Gesindes zur Zwangsarbeit heran. Die Macht der Feudalherren stand zur Mitte des 16. Jahrhunderts in Schlesien in voller Blüte. Friedrich Engels schrieb in diesem Zusammenhang von der Phase der zweiten Leibeigenschaft, die die gesellschaftliche Struktur des europäischen Ostens weitgehend prägte.

Die ländliche Sozialstruktur kannte zudem robotverpflichtete Diensthäusler und Häusler, die mitsamt ihrer ganzen Familie – je nach Hierarchie – zwischen 15 und 60 Tage pro Jahr für die adeligen Herren schuften mußten. Und selbst die sogenannten Inwohner, oft nicht erbberechtigte Geschwister, die im Haushalt freier Bauern oder Häusler lebten, wurden zu Robottagen für die Herrschaft angehalten.

Die Agrarkonjunktur des 16. Jahrhunderts brachte es mit sich, daß sich die Gutsherrschaft auf Kosten der kleinbäuerlichen Bodennutzung ausdehnte. Die Anzahl der Bauern sank, und an ihre Stelle traten gutsherrschaftliche Gärtner und Häusler. Sogenannte Robot- oder Dreschgärtner waren auf Gutshöfen dienstverpflichtet und erhielten bloß ein Zwölftel bis ein Zehntel ihres Arbeitsertrages für sich selbst. Ob sie im Wortsinn Unfreie waren oder doch Untertanen mit persönlich „freiem" Status, darüber streitet die Historikerzunft. Fest steht jedenfalls, daß ihr Leben mit Fluchtverboten, Robot und dergleichen von einem leibeigenen Zustand nur schwer unterscheidbar war.

Verantwortlich für gutsherrschaftliche Intensivierung kleinbäuerlicher bzw. häuslerischer Bodennutzung und die damit einhergehende Änderung in der Sozialstruktur des Landes war jene bei Kriedte und Wallerstein beschriebene Konjunktur des 16. Jahrhunderts, die letztlich zu einer Kapitalisierung der Wirtschaft im Weltmaßstab beitrug. In Schlesien stieg – wie in anderen Ländern auch – die Nachfrage nach landwirtschaftlichen Produkten, was zu einem Preisanstieg beitrug. Dies erweiterte zuerst den Spielraum der Bauern, deren Geldzins an die adeligen Grundherren ja einen fixen Betrag ausmachte. Der von den Untertanen zu den Feudalherren fließende Betrag war damit weniger wert geworden. Gleichzeitig verfiel durch die koloniale Expansion der iberischen Königreiche der Silberpreis, weil es plötzlich möglich geworden war, Edelmetalle in großen Mengen und billig aus Übersee nach Europa einzuführen. Makroökonomisch ist dieser Prozeß in den Inflationen der 1530er und 1590er Jahre nachvollziehbar, wenngleich die „Preisrevolution" das ganze 16. Jahrhundert prägte.

Der Adel reagierte auf diesen sowohl internen als auch externen Faktoren geschuldeten Strukturwandel auf mehrere Arten: Zum einen glich er den Wertverfall des Geldzinses mit einer Neuvermessung der feudalen Bauernstellen, Hufen genannt, aus. Seit Jahrzehnten waren die Abgaben der Untertanen auf der Basis alter Daten über Grund und Boden eingehoben worden; an vielen Stellen war es den Bauern inzwischen gelungen, ihre landwirtschaftlichen Nutzflächen auszuweiten. Mit der Neuvermessung wurde einerseits dieser kleinen bäuerlichen Expansion Rechnung getragen, andererseits wurden einfach größere Flächen in den Kataster reklamiert, ob dies nun seine Berechtigung hatte oder nicht. Überall vergrößerten sich auf diese Weise die Bauernhufen, und damit floß mehr Feudalzins in die Schatullen der Adeligen. Anger und Weiden wurden ebenfalls zinspflichtig. Wichtiger als die Neuvermessungen schätzt Cerman die Einführung neuer Gebühren und Steuern ein, in Schlesien insbesondere die sogenannten Landemien, Übertragsgelder, die von Lehensbesitzungen auf alle Untertanen ausgeweitet wurden. Alles in allem brachte diese „neue Wirtschaftsweise" den Fürsten und Rittern kurzfristig Geldüberschüsse ein, die oft sogleich für eine Modernisierung der Gutswirtschaften Verwendung fanden. Große Schafzuchtbetriebe entstanden, desgleichen – vor allem im Oppelner Gebiet – teichwirtschaftliche Fischzucht nach südböhmischem Vorbild. Getreidemühlen, Holzsägewerke, Brennereien und Brauereien gediehen unter gutsherrschaftlicher Ägide. Die Brauereien machten den städtischen Bierkochern ernsthafte Konkurrenz.

Eine zweite Reaktion der Feudalherren auf die geänderten Verhältnisse bestand in der Ausdehnung der Gutshöfe. Eigenwirtschaft hieß hierbei das Zauberwort, das für viele kleine Hufestellen das Aus bedeutete. Die Ausweitung der gutsherrschaftlichen Wirtschaftsweise auf nichtlandwirtschaftliche Sektoren sowie die Extensivierung der Landwirtschaft benötigte dringend Arbeitskräfte. Und diese besorgten sich die Feudalherren durch verstärkten Zugriff auf die Untertanen. Zinszahlende Bauern wurden nun zu Robotleistungen verpflichtet, was vor allem im fruchtbaren Niederschlesien zu einigem Aufruhr führte. Denn dort, in den alten deutschen Kolonistengebieten, waren es die Bauern nicht gewohnt, Dienstpflichten für die Herrschaft erfüllen zu müssen. Außer für einige beschränkte Jagd- und Fuhrdienste hatte der Adel die Bauern jahrhundertelang kaum verwenden dürfen. Gleichwohl waren sie immer – auch als Siedler – Untertanen der jeweiligen Grundherrschaft. Gegen Mitte des 16. Jahrhunderts wurden ihnen nun, mit Billigung aus Wien, zusätzliche Robotleistungen für herrschaftliche Äcker, Schafschur, Holzfällen, Teichbau etc. aufgebürdet. „Der einst freie Bauer war in Erbuntertänigkeit dem Rittergut dienstbar gemacht", idealisiert der in deutschnationalen Kreisen geschätzte Historiker Hermann Aubin post mortem die angeblich früher hehre Freiheit des Bauernstandes. In einem hat Aubin allerdings recht: Die große Kolonistenbewegung des Mittelalters, die Bürger und Bauern aus deutschen und niederländischen Gebieten in den Osten geführt hatte, unterlag nun hier an der polnischen Grenze den – deutschen – Adelsgeschlechtern. Die Zahl der Bauernstellen war merkbar gesunken. Die feudale Ostexpansion war ins Stocken gekommen.

Das aus den neuen Kolonien in Übersee zu Spottpreisen eingeführte Silber, das zum Preisverfall des Edelmetalls und damit zu heftigen Inflationswellen beigetragen hatte, machte auch den schlesischen Silberbergbau unrentabel, wie er beispielsweise in Silberberg/Srebrne Góra nördlich von Glatz/Kłodzko und im oberschlesischen Tarnowitz/Tarnowskie Góry seit dem 15. Jahrhundert betrieben wurde.

Ende des 16. Jahrhunderts, so schätzt Werner Bein, dürften 3.200 gutsherrschaftliche Betriebe bestanden haben, ein jeder mindestens 250 Hektar groß. Die Modernisierung der Bewirtschaftungsmethoden machte einen deutlich höheren Ertrag möglich; dazu kamen Einnahmen aus Mühlen, Sägen, Brennereien und Brauereien, sodaß der schlesische Adel des 16. Jahrhunderts (und dann auch wieder nach dem Dreißigjährigen Krieg) ein prunkvolles Leben führen konnte. Dessen architektonische Umsetzung in Schlössern und Herrenhäusern ist heute noch vielerorts zu bewundern.

Eine städtische Zunftordnung aus dem Jahr 1558 band die Handwerker an die Stadt und ihre Selbstverwaltung; aus dem mittelalterlichen Zunftverständnis mit seinem statischen Entwicklungsbegriff wurde im Lauf des 16. Jahrhunderts eine unternehmerische Vorstellung von städtischem Wirtschaftsleben. Handelshäuser und Handwerker begannen, die Städte umzuformen und ihre Rechte gegenüber den alten Zünften zu formulieren. Während landesfürstliche Städte ökonomisch stagnierten, weil eine dringend benötigte offensive Unterstützung seitens des Landesherrn ausblieb, konnten frühere kleinere Gewerbeorte wie Hirschberg/Jelenia Góra expandieren. Glogau/Głogów, Sagan/Żagań, Brieg/Brzeg und Grünberg/Zielona Góra wuchsen zu Handelsplätzen von überregionaler Bedeutung heran. Und Breslau übernahm die Rolle eines Stapel- und Umschlagplatzes entlang der bedeutenden Handelsroute Danzig–Leipzig.

Den wirtschaftlichen Hintergrund für die Blüte der schlesischen Städte bildeten das eisenverarbeitende Handwerk, die Glaserzeugung und vor allem die Tuch- und Leinenweberei.

Schon Ferdinand I. hatte 1553 eine Bergordnung erlassen, die Schürf- und Abbaurechte für Blei-, Silber-, Galmei- und verschiedene Erzvorkommen dem Landesherrn unterstellte. Die Nutzungsrechte der Gruben, so hieß es im Artikel 7 dieses ersten Bergregals, werden „allein durch Uns selbst verlyhen". Vor dem Dreißigjährigen Krieg blieb der Abbau dennoch hinter den Erwartungen zurück. Nur in der Silbergewinnung war Schlesien zeitweise bedeutsam, 1580 kam ein Viertel des europäischen Silbers aus schlesischen Bergen.

Der rasante Aufstieg der oberschlesischen Bergwerksreviere trat allerdings erst unter den Hohenzollern im 18. Jahrhundert ein. Nichtsdestotrotz boomte die eisenverarbeitende Kleinindustrie bereits im 16. Jahrhundert. Adelige und städtische Bürger erwarben Grundstücke an den Hängen der schlesischen Berge, dort, wo die vielen wasserreichen Bäche ins Tal strömen, um ansehnliche Hammerwerke zu errichten. An den Oberläufen der Prosna, der Małapanew/Malapane, der Brynica/Brinnitza, der Rawa und der Przemsza gab es kaum mehr eine Stelle, an der nicht Wasserräder Hämmer, Schmieden, Mühlen und Sägen antrieben. Die Grundherren konnten solche gewerblichen Aktivitäten nur deshalb entfalten, weil ihnen ihre gutsherrschaftliche Wirtschaftsweise dies ermöglichte. Köhler, Bergleute, Fuhrwerker und allerlei sonstige Hilfskräfte standen in herrschaftlichen Diensten, sodaß eine Reihe solcher Hammerwerke und Mühlen stattliche Ausmaße erreichten und weit größer waren als vergleichbare Standorte in den Alpen. Die Arbeitsrente (Robot) bildete die entscheidende Voraussetzung für diese Art der Verbindung von Grundherrschaft und Gewerbe.

Überregionale Bedeutung erlangten sowohl die schlesische Tuchmacherei, die mit Schafwolle betrieben wurde, als auch die Leinenweberei, deren Rohstoff aus dem Flachs gewonnen wurde. Naturräumlich von Vorteil für die gewerbliche Weberei war das Vorhandensein von Pottasche, klarem, weichem Wasser und sonnenbestrahlten Hängen an den Bergrücken: drei Grundbedingungen für das notwendige Bleichen der Webwaren. Die gutswirtschaftlich betriebene Schafzucht lieferte einen Teil des Rohstoffes, die Wolle. Um daraus den berühmten schlesischen Barchent zu fertigen, bedurfte es freilich noch des Flachses, der ausgiebig angebaut, aber auch aus dem Baltikum und – als Halbfertigprodukt – aus Böhmen importiert wurde. Barchent hieß die textile Spezialität des Landes im 16. Jahrhundert, ein Gemisch aus Flachs und Schafwolle, welches vor dem Dreißigjährigen Krieg allein in Breslau von über 100 Meistern gewebt wurde. Weitere niederschlesische Weborte, die vornehmlich Leinen herstellten, waren Hirschberg mit 150 Meistern im Jahr 1600, Schweidnitz mit 280 und Reichenbach mit gar 320 Meistern.

An den ausgedehnten Hügeln des Vorgebirges blühte jedes Frühjahr der Flachs in seinem unverkennbaren Lila. Wenig ertragreiche Feldstreifen am Fuße von Gebirgszügen erhielten durch den Flachs eine landwirtschaftliche Nutzung. Die

Weber in den Dörfern „am flachen Land" waren Untertanen von Grundherren und hatten Spinn- und Weberobot zu verrichten. Ab Anfang des 17. Jahrhunderts gingen die Grundherren auch dazu über, pro Webstuhl von ihren Untertanen den sogenannten „Weberzins" zu kassieren. Damit konnte der Landadel den städtischen Webermeistern Konkurrenz machen. Voraussetzung dafür bildete allerdings die Befreiung der Webereien von zünftischem Einfluß. Im Fürstentum Schweidnitz-Jauer gelang dies bereits 1545. Die dortigen Grundherren setzten die freie Landweberei gegen das Interesse der städtischen Weberzünfte durch. Glatz/Kłodzko und andere Grundherrschaften folgten etwas später. Damit gelang dem Adel in Schlesien eine weitgehende Kontrolle der protoindustriellen Leinenweberei, indem er sie von der Stadt auf das flache Land verlagern konnte. Die städtischen Kaufleute halfen ihm dabei, indem sie mit der Qualität des schlesischen „Leimten", wie die Leinenerzeugnisse im regionalen Idiom hießen, mehr und mehr überregionale Geschäfte machten. Grundherrschaftliche Untertanen kamen billiger als städtische Meister mit ihren Gesellen. Zudem konnten den webenden Untertanen auch leichter französische oder sonstige fremde Moden eingeredet werden, in deren Stil für den Export gewebt werden sollte, als den ansässigen Meistern, die lokale Traditionen auch im Design beibehielten. Die Allianz des herrschaftlichen Protoindustriebetriebes mit den im Export tätigen Kaufmannsdynastien, z.B. der Händlerfamilie Viatis & Peller aus Nürnberg, machte Schlesien zu einem Zentrum der Webindustrie, die dann im 18. und 19. Jahrhundert europäische Ausmaße annahm.

Zwischen Adria und Atlantik

Mit der Eroberung des amerikanischen Kontinents durch weiße Abenteurer, Soldaten und Siedler verschob sich das wirtschaftliche Zentrum Europas immer mehr nach Westen. Das holländische Antwerpen stellte bald den Nabel der Handelswelt dar. Karl V., der Bruder des österreichischen Habsburgers Ferdinand I., förderte die Stadt am Atlantik nach Kräften. Und die Breslauer Handelsleute pflegten zur Mitte des 16. Jahrhunderts intensive Kontakte zum Zentrum des westlichen Europa. Ein eigener Hedwigsaltar erinnerte sie im Zentrum von Antwerpen an die schlesische Landespatronin.

Die Westorientierung mitteleuropäischer Handelsplätze wie Breslau war nicht nur den „Entdeckungen" des neuen Kontinents zu verdanken, sondern muß auch als Reaktion auf die kriegerischen Beziehungen der mitteleuropäischen Herrscherhäuser und insbesondere der Habsburger mit den Osmanen interpretiert werden. Die langen Jahrzehnte der Türkenkriege – von der Schlacht bei Mohács 1526 bis zum Frieden von Passarowitz 1718 – brachten den Handel mit Konstantinopel fast völlig zum Erliegen und erschwerten ihn von adriatischen Häfen aus. Nordseeroute, Atlantikschiffahrt und die Entdeckung des Seeweges um

Afrika kompensierten diese ökonomischen Blockaden im Osten und Süden. Schlesien war durch seine geographische Lage geradezu dafür prädestiniert, dem Habsburgerreich nordwestliche Tore aufzustoßen. Seine Kaufmannschaft wie auch der Adel profitierten davon.

Die Oder schiffbar zu halten, war eine der vordringlichsten verkehrstechnischen Aufgaben, denen sich Ferdinand als Landesherr widmete. Als Brandenburg diesen Flußweg bis zur Mündung in Stettin freigab, stand dem Aufschwung Breslaus nichts mehr im Weg. Selbst atlantisches Salz wurde nun über die Oder bis ins schlesische Neusalz/Nowa Sól nahe Glogau/Głogów gebracht, um dort unter königlicher Aufsicht versiedet zu werden. Ferdinand I. zog fette Gewinne aus dieser Anlage, die als landesherrliches Regalunternehmen betrieben wurde. Der weitere Ausbau der Flußschiffahrt über ein ehrgeiziges Kanalprojekt, das die Oder über die Spree und die Havel mit der Elbe verbinden sollte, scheiterte 1563. Dieser „Kaisergraben" hatte bereits fast 50.000 Taler verschlungen, als er als eine der ersten Industrieruinen Europas dem Verfall preisgegeben werden mußte.

Schlesiens Kaufleute vollzogen die im 16. Jahrhundert aus geopolitischen Gründen erfolgte Westorientierung rasch und substantiell, ohne traditionelle Handelsrouten in den Süden und Osten gänzlich aufzugeben. So hielt der schlesische Kaufmannsstand in Oberungarn und in der Zips weiter Stützpunkte aufrecht, die für Waren wie Wachs, Honig, Wolle, Leder und Kupfer von Bedeutung waren. Protestantische Bindungen, aber auch griechische und armenische Kaufleute garantierten Breslau eine Drehscheibenfunktion in Richtung Osten.

Religiöse Widersprüche vor dem Dreißigjährigen Krieg

Schlesien gilt in der historischen Forschung als Hort der religiösen Toleranz. Verglichen mit anderen habsburgischen Ländern mag dies stimmen, katholisch-protestantische Widersprüche standen hier jedoch auch vor dem großen Schlachtengang Anfang des 17. Jahrhunderts auf der Tagesordnung. Als Mittel im ewigen feudalen Kampf zwischen Ständen und landesherrlicher Zentralgewalt diente die Religion allemal; es ist der Stärke schlesischer Adelsgeschlechter und Städte zu verdanken, daß ein gewisser religiöser Ausgleich zwischen dem römischen Universalitätsanspruch und den deutsch-protestantischen, letztlich ebenfalls universalistisch denkenden Reformbestrebungen, zwischen dem Kaiser und den Ständen stattfand. Der großen Auseinandersetzung im Dreißigjährigen Krieg konnte sich freilich auch Schlesien nicht ganz entziehen.

Als erster schlesischer Fürst nahm Herzog Friedrich II. von Liegnitz im Jahr 1523 die evangelische Religion an. Nur sechs Jahre, nachdem Martin Luther seine 95 Thesen zu den römisch-katholischen Ablaßbräuchen am Tor der Schloßkirche zu Wittenberg angebracht hatte, faßte damit der Geist der Reformation im schlesischen Adel Fuß. Die Stadt Breslau folgte bereits im Jahr 1524. Eine knappe Generation später, im Jahr 1550, war – laut Berechnungen von Georg Jaeckel – nur mehr jede 50. Kirche im Bistum Breslau katholisch besetzt. Fast ganz Schlesien war protestantisch geworden, wiewohl eine genaue Quantifizierung religiöser Zugehörigkeiten bezüglich der Einstellung der einfachen Bevölkerung ex post nicht mehr möglich ist. Selbst das als besonders katholisch geltende Glatz wandte sich den antipäpstlichen Reformlehren zu. Gegen Ende der Regierungszeit Ferdinands I. – der Habsburger starb im Juli 1564 – betete laut Schätzungen von Gerhard Mayerdorfer nur mehr ein Zehntel der schlesischen Christen unter römisch-katholischer Anleitung. Mühsam gestaltete sich die Personalpolitik der Katholischen. Das Domkapitel zu Breslau mußte aus der Kirchenmetropole Gnesen, dem heutigen Gniezno, katholische Geistliche anfordern, weil in Schlesien offensichtlich niemand mehr bereit war, sich die römische Kutte überzuziehen. In der Mitte des 16. Jahrhunderts opponierte der schlesische Fürstentag mehrmals gegen diesen polnischen Import katholischer Geistlicher – was allerdings weder die kirchliche Hierarchie noch den Kaiser davon abhielt, für den katholischen Priesternachwuchs Fremde ins Land zu holen.

Bevor Ferdinand I. schließlich im Jahr 1555 seinen berühmten Augsburger Religionsfrieden stiftete, mit dem er den augsburgisch bekennenden Evangelischen freie Religionsausübung im Reich zusicherte, kam es noch mancherorts zu politischen Reibereien, die mit religiösen Argumenten geführt wurden. Beispielsweise im Herzogtum Liegnitz, das seit langem mit den brandenburgischen Hohenzollern liiert war. Der Liegnitzer Piastenfürst Friedrich II. hatte schon 1537 mit dem Brandenburger Joachim II. einen Erbverbrüderungsvertrag geschlossen, der sicherstellen sollte, daß sein protestantisches Herzogtum niemals mehr an die katholische Krone Böhmens zurückfallen würde. Die Habsburger erkannten diesen versuchten Abfall selbstverständlich nicht an. Ein langer Streit zwischen Liegnitz und Prag bzw. Wien war die Folge, bemerkenswerterweise bereits 200 Jahre, bevor sich die Gegnerschaft der Preußen zu den Habsburgern in den entscheidenden Kriegen um Einfluß in Schlesien entladen sollte.

Der Augsburger Religionsfrieden aus dem Jahr 1555, dem Ferdinand seinen Leitspruch „cuius regio, eius religio" aufprägte, trug zwar zur weiteren Entspannung religiöser Gegensätze vor allem auch in Schlesien bei, bedeutete jedoch keineswegs automatisch eine adelige oder gar persönliche Religionsfreiheit. Obwohl Ferdinand die Augsburger Schrift als Bewilligung zur landesherrlichen Hoheit in Religionsfragen begriff, setzte sich in Schlesien de facto eine freie Kirchenwahl durch – zumindest, was das Augsburger Bekenntnis der Protestanten und die römisch-katholische Glaubensrichtung betraf; Calvinisten und radikalen protestantischen Gruppen wie den „Schwenckfeldern" verwehrte man weiterhin die Anerkennung als offizielle Religionsgemeinschaften.

An welch dünnem Faden das Toleranzverständnis des Kaisers hing, mag eine Szene aus dem Jahr 1559 verdeutlichen, die im Schlesien-Band von Norbert Conrads beschrieben wird. Nur vier Jahre nach dem Erlaß des Augsburger Religionsfriedens trafen sich die Fürsten zum Reichstag in Augsburg. Wieder einmal war es ein Liegnitzer Herzog, diesmal der junge Heinrich XI., der den Unmut des Kaisers provozierte. Anläßlich der Begräbnisfeierlichkeiten für Ferdinands Bruder Karl V. war der Liegnitzer als Mitglied des Hofstaates dafür ausersehen worden, den katholischen „Himmel" über der mit dem Leib Christi gefüllten Monstranz zu tragen. Für Protestanten bedeutete dieser am Fronleichnamstag veranstaltete pompöse Umzug indes eine gewisse Peinlichkeit, war er doch mit den Reformideen der lutherischen Glaubensrichtung nicht vereinbar. Also zog es der Liegnitzer Herzog vor, den katholischen Segnungen fernzubleiben. Ferdinand I. zahlte ihm diese Ungehorsamkeit sofort heim. Schon tags darauf, als Heinrich XI. dem Kaiser eine Wasserschüssel reichen wollte, herrschte dieser den Liegnitzer vor dem versammelten Reichstag an. „Wer mir in der Kirche nicht dienen will", so der Kaiser, „dessen Dienste brauche ich auch allhier nicht." Nicht zufällig war es wohl auch diesmal der Vertreter des Liegnitzer Herzogtums gewesen, der sich den Habsburger zum Feind gemacht hatte. Die Szene zeigt jedoch auch, daß religiöse Abweichungen zu jeder Zeit, auch unmittelbar nach dem Augsburger Toleranzspruch, geahndet wurden, sobald dies ins politische Konzept des Landesherrn paßte.

Deutsche, Polen, Wenden, Tschechen ...

Schlesien ist seit tausend Jahren von germanischen und slawischen Stämmen besiedelt. Zur Zeit der habsburgischen Landnahme waren neben den mehrheitlich deutschsprachigen Städtebürgern auch große slawische, Polnisch sprechende Gemeinschaften im Land zu finden. „Viele kleine Städte hatten noch Blockhäuser nach alter slawischer Art mit Stroh- und Schindeldach", berichtet Gustav Freytag über den ethnischen Zustand Schlesiens zur Mitte des 16. Jahrhunderts. Da auch alteingesessener polnischer Adel, der sich gerne mit deutschen Prinzessinnen verheiratete, die feudale Landkarte prägte, kann man Schlesien zu jener Zeit wohl als ein ethnisch durchmischtes Gebiet bezeichnen.

Die deutsche Besiedlung dieses Raumes reicht ins 12. Jahrhundert zurück, als mit der systematischen Besiedlung Schlesiens durch Menschen aus Ober- und Niedersachsen, dem Rheinland, Bayern, Thüringen und Franken begonnen wurde. Dem polnischen König Kasimir dem Großen/Kazimierz III. Wielki (1333-1370) wird nachgesagt, er habe „ein Land aus Holz vorgefunden und ein Land aus Stein zurückgelassen". Dies tat er, indem er alles daransetzte, deutsche Kolonisten ins Land zu holen. Viele davon kamen gerade nach Schlesien, wo sie nach deutschem Recht lebten und in den Städten entsprechende Selbstverwaltung genossen. Georg Jaeckel nimmt an, daß im 14. Jahrhundert bereits vier Millionen Deutschsprachige über ganz Polen verteilt lebten. So war auch Krakau eine für Siedler aus dem Westen attraktive Stadt, die bis ins 16. Jahrhundert einen überwiegend deutschen Charakter aufwies, der das gesamte Kultur- und Rechtsleben prägte.

Insbesondere das Jahrhundert nach dem verheerenden Mongolensturm von 1241 sah eine intensive Besiedlungswelle durch deutschsprachige Siedler. In diesem Zeitraum wurden etwa 120 Städte nach dem Magdeburger Recht gegründet. Dieses im Grunde alte Gewohnheitsrecht regelte Eigentums-, Straf- und Erbrechte sowie lehensgerichtliche Angelegenheiten. Es ermöglichte städtische Freiheit für Handwerker und Bürger. Baugeschichtlich ist der Typ der deutschen Kolonistenstadt in Schlesien noch heute leicht erkennbar. Ein rechteckiger Stadtplatz, Ring genannt, umschließt den Markt; Rathaus und Kirche sind in den zentralen Platz integriert. In Legnica/Liegnitz kann man die kleinen Kaufmanns- und Handwerkerhäuser, die sogenannten Heringsbuden, in der Mitte des Marktes bis auf den heutigen Tag bewundern.

Deutsche Kolonisten, die als Bauern auf das flache Land zogen, erhielten in der Regel Grund und Boden zu freier Erbzinsleihe. Drei bis vier fränkische Hufen, das waren insgesamt bis zu 70, 80 Hektar, umfaßte so ein Rodeland, für das während ein bis zwei Jahrzehnten der herrschaftliche Zins erlassen wurde. Es gab also Anreize genug, um Menschen aus Sachsen, Thüringen, Bayern oder den Niederlanden zu überreden, gegen Osten zu ziehen. Die Euphorie dieser Migrationsbewegung, die indirekter Ausdruck der hochmittelalterlichen Konjunktur ist, drückt sich in einem Kolonistenlied jener Jahre aus: „Nach Ostland wollen wir reiten. (...) Da werden wir eingelassen, frisch über die Heiden, man heißt uns willkommen sein."

Die ortsansässige slawische – oder besser: polnische – Bevölkerung arrangierte sich scheinbar ohne große gesellschaftliche Widersprüche mit den neuen ethnischen Gegebenheiten. Allein der technologische Fortschritt, den die deutschen Siedler nach Osten brachten, war dazu angetan, die ansässige Landbevölkerung friedlich zu „integrieren". Mit den sächsischen und thüringischen Bauern kam beispielsweise der eiserne Pflug in ein Land, in dem im Ackerbau bis dato ausschließlich hölzerne Geräte Verwendung gefunden hatten. Die Technik der Dreifelderwirtschaft ließ die landwirtschaftlichen Erträge zudem sprunghaft ansteigen; Obstbau, Wein und Hopfen eroberten große Teile Schlesiens. Gemeinsam mit den Handwerkern und Händlern in der Stadt modernisierten somit die deutschen Siedler innerhalb weniger Jahrzehnte den gesamten Landstrich.

Die Dominanz der deutschen Bevölkerung wurde erst mit der hussitischen Bewegung gebrochen. Seit dem 15. Jahrhundert gelang es Teilen der tschechischen und polnischen Bevölkerung, gehobenere Stellungen auch in den von deutschen Kolonisten errichteten Städten einzunehmen. Die Vorherrschaft der deutschen Sprache geriet damit ins Wanken. Seit damals zeichnet Schlesiens Bewohner jene typische Bi-Kulturalität aus, die in den folgenden Jahrhunderten aus ein und derselben Familie einmal eine slawische und einmal eine deutsche machen konnte.

Die fehlgeschlagene Revolte der Stände (1618)

Nach dem Tod Kaiser Rudolfs II., der zwischen 1575 und 1611 die böhmische Krone und damit auch die Landeshoheit über Schlesien innehatte, befürchteten die böhmischen und schlesischen Stände eine Stärkung der habsburgischen Zentralmacht, die – nach spanischem Vorbild – wohl auch eine Rekatholisierung mit eingeschlossen hätte. In Westeuropa – genauer: in den Niederlanden – hatte die spanische Linie der Habsburger ja bereits gezeigt, wie sie mit protestantischen ständischen Interessen zu verfahren gewillt war. Das Schicksal des 1568 am Hauptplatz von Brüssel hingerichteten Grafen Egmont galt allen Ständevertretern im Reich als Warnung. Einem neuen Habsburger getraute man in deutschen Landen zu, die unter dem kunstsinnigen und nach 1600 psychisch mehr und mehr angeschlagenen Rudolf II. betriebene Politik des Ausgleichs zwischen Zentralmacht und Adel bzw. Städten zu verwerfen, um die Interessen des Kaisers und Landesherrn wirtschaftlich und politisch zu stärken. Der Majestätsbrief Rudolfs II. vom 20. August 1609, der Schlesien die freie Religionsausübung garantierte, war mit dem Ableben des auf dem Prager Hradschin residierenden Monarchen nicht mehr viel wert. Das wußten die böhmischen und schlesischen Adeligen, unter denen zu jener Zeit protestantische Pamphlete groß in Mode kamen. Die meisten dieser von radikalen Calvinisten gedruckten Schriften kamen aus deutschen Landen; sie zirkulierten auch in Prag, Breslau, Glatz und anderen Städten der Gegend. Um den deutsch-böhmischen Grafen Thurn hatte sich eine radikale adelige Gruppe formiert, die den Kampf gegen den Anspruch des römischen Reichsgedankens aufnehmen wollte. Nicht Rom oder Wien, nicht die Habsburger sollten ihren Ländereien obwalten, sie forderten nicht mehr und nicht weniger als ständische Selbstbestimmung für Adel und Städte. Der schlesische Wortführer ständischen Aufbegehrens, Johann Georg von Brandenburg, hielt eine Markgrafschaft in Jägerndorf, dem heute in Mähren gelegenen Krnov.

Allerlei landesherrliche und kaiserliche Steuern bedrängten die lokale Herrschaft, dazu kam noch der kaum verhüllte Griff nach den Seelen der Fürsten und ihrer Untertanen. Vom designierten neuen Kaiser, Erzherzog Ferdinand aus der Steiermark, war ein strenges katholisches Regiment zu erwarten. Am 23. Mai 1618 explodierte die adelige Unzufriedenheit zur ständischen Revolte. Graf Thurn hatte an diesem Tag mit einigen Mitverschwörern die kaiserlichen Statthalter aus dem Fenster der böhmischen Kanzlei in der Prager Burg werfen lassen. Dieser „Prager Fenstersturz", der als Auslöser des Dreißigjährigen Krieges in die Geschichte eingehen sollte, war vorerst das Zeichen zur Erhebung der protestantischen Geschlechter. Am 19. August 1619 setzte ein böhmischer Generallandtag den Habsburger Ferdinand als König ab; die schlesischen Stände kündigten ihrem Landesherrn kurz darauf den Gehorsam auf. Die schlesischen Stände befanden sich zu diesem Zeitpunkt in einer „Konföderation" mit Böhmen; die revolutionäre Verfassung sah Machteinbußen der Krone vor und bestätigte religiöse und regionale Rechte der schlesischen Stände. Den oft abwertend als „Hurra-Calvinisten" bezeichneten Aufständischen schlossen sich neben Schlesien Mähren, die Ober- und die Niederlausitz sowie – am 16. August 1619 – auch die Länder ob und unter der Enns an, also Ober- und Niederösterreich. Zehn Tage später, am 27. August 1619, wurde Kurfürst Friedrich V. von der Pfalz von den protestierenden Adeligen zum böhmischen König gewählt. Einen Winter lang sollte er dem Habsburger Ferdinand II., der zeitgleich – am 28. August 1619 – in Frankfurt am Main zum römisch-deutschen Kaiser ausgerufen wurde, trotzen, bis die legendäre Schlacht am Weißen Berg 1620 das Ende des ständischen Aufstandes in Böhmen, Schlesien und anderswo im Reich besiegelte. In den Geschichtsbüchern steht Friedrich V. von der Pfalz als „Winterkönig", der der habsburgischen Macht weichen mußte.

Noch war es allerdings nicht soweit. Im Jahr 1619 kämpften die lokalen Fürsten und Städte um die politische Macht. Breslau hatte dem Pfälzer „Winterkönig" Ende Februar 1620 gehuldigt. Mit großem Pomp ließ sich Friedrich V. damals in die schlesische Kapitale führen. Daß sich die schlesischen Stände damit Seite an Seite mit dem calvinistischen Erbfeind des römischen Kaisers befanden, dämmerte ihnen erst, als der ständische Aufstand unterdrückt wurde. Am 8. November 1620 mußte sich Friedrich V. auf dem Schlachtfeld geschlagen geben, nachdem die Habsburger zuvor ihre Verbindungen mit Polens katholischem König Zygmunt/Sigismund intensiviert und so Böhmen und Schlesien geostrategisch in die Zange genommen hatten.

Das kaiserliche Strafgericht traf in allererster Linie den böhmischen Adel. Eine rasch unterfertigte Allianz Schlesiens mit dem protestantischen Sachsen sowie eine rechtzeitige Distanzierung der schlesischen Stände von den Rädelsführern des Aufruhrs ersparte dem Land einen hohen Blutzoll. Einzig der Graf von Jägerndorf, ein besonders eifriger Verfechter der ständischen Idee, wurde all seiner Besitzungen verlustig erklärt und floh nach Ungarn. Karl von Liechtenstein, ein braver kaiserlicher Parteigänger, wurde mit dem frei gewordenen Fürstentum belehnt. Sein Geschlecht sollte in Schlesien und Böhmen noch eine große Karriere machen.

Über Vermittlung des sächsischen Kurfürsten handelte Schlesien mit seinem neuen und alten Landesherrn, dem Habsburger Ferdinand II., ein weitgehendes Amnestiegesetz aus, den sogenannten „Dresdner Akkord", der mit dem Datum 28. Februar 1621 den Zustand des Jahres 1618 wiederherstellte. Anstatt eines hohen Blutzolls, wie er in Böhmen exekutiert wurde, kamen die schlesischen Stände mit einer saftigen Geldstrafe davon. Sie mußten 300.000 Gulden in die Schatulle des Kaisers überführen.

Die Jesuiten waren bereit zur missionierenden Gegenreformation. Sie überlegten, wie die Rekatholisierung Schlesiens wohl am besten in Angriff zu nehmen sei. Rund um Schlesien tobte inzwischen der große mitteleuropäische Krieg. Bis ins Jahr 1626 blieb das Land von den Verheerungen dieses dreißigjährigen Völkerschlachtens weitgehend verschont.

Die Verheerungen des Dreißigjährigen Krieges (1618-1648)

Schlesien lag nicht im Zentrum der Kämpfe, die legendär gewordene Heerführer wie Wallenstein, Tilly oder Mansfeld in ganz Mitteleuropa schlugen. Dennoch verlor das Land an Neiße und Oder in den drei Jahrzehnten der Schlachtengänge schätzungsweise ein Viertel seiner Bevölkerung. Ganze Dörfer entleerten sich, die Städte wurden ärgstens in Mitleidenschaft gezogen. In Schweidnitz/Świdnica starben im Jahr 1633 tausende Menschen an Kriegseinwirkungen und Seuchen. Den Krieg, so weiß es die lokale Chronik der Stadt in den sudetischen Vorbergen, überlebten ganze 200 BewohnerInnen; von den 77 Dörfern des späteren Landkreises wurden 35 völlig zerstört. Breslau verlor mehr als die Hälfte seiner 30.000 Einwohner. Vor allem die Siedlungen an den Hängen des Riesengebirges, wo sich eine spezialisierte Leinenweberei herausgebildet hatte, verödeten. In manchen Gegenden dauerte es bis ins 19. Jahrhundert, bis die demographische Kurve den Wert des Jahres 1600 wieder erreichen konnte.

Das große Elend suchte Schlesien im Jahr 1626 heim. Der mit der protestantischen Allianz liierte General Ernst von Mansfeld nützte die günstige geographische Lage des Landes, um, von Nordwesten kommend, entlang der Oder in Richtung Süden vorzustoßen. Sein Ziel war das habsburgische Kernland Mähren. Wochenlang zog Mansfeld mit seinem vieltausendköpfigen Heer von Stadt zu Stadt, verfolgt vom kaiserlichen Getreuen Albrecht von Wallenstein, dem Herzog von Friedland und Mecklenburg. Norbert Conrads beschreibt diesen schrecklichen Sommer 1626 treffend: „Beide Heere fraßen sich wie Heuschreckenschwärme durch das Land." Allein Wallenstein hatte für seine schätzungsweise 20.000 Soldaten tagtäglich Einquartierungen und Verpflegung zu besorgen. Das Land wurde ausgesaugt. Eine Schlacht zwischen der Allianz und den Kaiserlichen fand übrigens in Schlesien nicht statt. Mansfeld starb völlig ermattet in den Karpaten, wohin ihn Wallenstein fortgetrieben hatte.

Der Eintritt Schwedens in das allgemeine Kriegsgeschehen im Jahr 1630 verschärfte die Lage zusätzlich. Gemeinsam mit Brandenburg und Sachsen rückte König Gustav II. Adolf mit seinen Verbänden 1632 in Schlesien ein. Die anpassungsfähigen schlesischen Stände verbündeten sich wenig später mit dem Feind der Habsburger und wurden schwedisch. Noch zweimal kamen in der Folge die Kriegsherren der jeweils anderen Seite siegreich über das Land. 1632/33 vertrieb Wallenstein mit seinem Mitstreiter aus uraltem fränkischen Adel, Freiherr von Schaffgotsch – ironischerweise ein protestantischer General im Dienst seiner kaiserlich-römischen Majestät –, die schwedischen Verbände aus Schlesien und Bayern. Gustav II. Adolf starb dabei auf dem Schlachtfeld. Wallenstein überlebte ihn nur knapp um mehr als ein Jahr. Am 25. Februar 1634 erreichten den Friedländer die Häscher des Wiener Kaisers. Die Machtintrige, der er zum Opfer fiel, hat Generationen von Historikern beschäftigt. Für Schlesien war sein Tod durch Verrat insofern von Bedeutung, als Wallensteins Kooperationsbereitschaft mit dem protestantischen Sachsen möglicherweise zur Kalmierung der Lage beigetragen hätte. Seine – im Gegensatz zum Kaiserhaus stehende – tolerante religiöse Haltung hätte dem Oderland, dem er ab 1628 als Fürst von Sagan/Żagań und ab 1632 als Herr über Glogau/Głogów auch territorial verbunden war, vermutlich eine stärkere Vermittlerposition im Ringen zwischen der brandenburgisch-sächsisch-schwedischen Allianz und der katholischen Liga zugeordnet.

1639 kamen jedenfalls erneut schwedische und brandenburgische Truppen nach Schlesien und verwüsteten den mittlerweile wieder kaisertreu gewordenen Landstrich ein weiteres Mal. Kriegsgreuel, Verschleppungen, Fluchtbewegungen und Seuchen führten zu einem völligen ökonomischen Zusammenbruch. Dazu kämpften die Menschen mit einer durch die Klimaforschung unserer Tage belegten „Kleinen Eiszeit", die vor allem in der zweiten Hälfte des 16. und der ersten Hälfte des 17. Jahrhunderts das bäuerliche Wirtschaften in Ungunstlagen auch ohne Krieg erschwerte. Kurze Sommer und ungewohnt hohe Niederschlagsmengen verminderten jene Ernteerträge, die die Kriegsverheerungen noch nicht vernichtet hatten. Kein Wunder, daß in jenen 30er und 40er Jahren des 17. Jahrhunderts Wahrsager, Panikmacher und Mystiker aller Art Hochkonjunktur hatten. Bald einer erklärte sich – wie Christoph Kotter – zum Propheten, der den Weltuntergang voraussagte. Auch die protestantische Sekte der „Schwenckfelder" erlebte großen Zulauf. Mystik und Sittenstrenge hieß das Credo jener um Liegnitz weitverbreiteten Gemeinschaft, die später nach Amerika auswanderte und deren Anhänger heute noch in Pennsylvania auf Gottessuche sind.

Der Dreißigjährige Krieg begrub die Hoffnungen der Menschen – nicht nur in Schlesien. Gegen Ende des großen Mordens dürfte kaum jemand mehr gewußt haben, worum es bei der Vernichtung von europäischen Generationen gegangen war: um den Versuch der Herstellung einer katholischen Zentralmacht im römisch-deutschen Reich, die den Einfluß der Fürsten zurückdrängen wollte.

Am 24. Oktober 1648 wurde im norddeutschen Münster der Westfälische Friede unterzeichnet. 30 Jahre Krieg gingen damit zu Ende. Geopolitisch war in Europa eine Pattsituation entstanden. Das schwedische Königreich und Frankreich gewannen an Einfluß, ohne daß deswegen die Habsburger dramatisch an Boden verloren hätten. Zwar war der französische Keil in die zwei großen habsburgischen Linien, die österreichische und die spanische, tiefer geschlagen. Die territoriale Integrität des Kaiserreiches konnte jedoch im großen und ganzen nicht gesprengt werden, wiewohl die unter dem Schutz moderner Fürstenmacht stehenden deutschen Stände aufblühten. Die Reichsstände, deren es über 300 gab – darunter Fürsten- und Herzogtümer, ja sogar Reichsdörfer –, erhielten Souveränitätsrechte in außenpolitischen Fragen. Die habsburgische Staatsbildung blieb auf die österreichischen Länder beschränkt, Schlesien konnte nicht voll integriert werden. Auf der protestantischen Seite etablierten sich Sachsen, Brandenburg und vor allem Schweden als europäische Mächte. Schweden blieb für die kommenden Jahre Schlesiens Schutzmacht.

Der Augsburger Religionsfrieden von 1555 erhielt erneut europaweite Gültigkeit. Neben dem katholischen und evangelischen wurde nun auch das calvinistische Religionsbekenntnis toleriert. „Cuius regio, eius religio", so lautete – nach 30 Kriegsjahren – wieder einmal die Kompromißformel. Für Schlesien, wo der größte Teil des Adels protestantisch war und keine Vertreibungen stattfanden, einigte sich das Haus Habsburg mit dem schwedischen Königreich der Wasa auf eine freie, jedoch eingeschränkte Religionsausübung. Die protestantischen Fürsten von Liegnitz, Oels, Brieg und Münsterberg sowie die Stadt Breslau durften das Augsburger Bekenntnis weiterhin ausüben. Überall sonst wurde zwar ebenfalls der antipäpstliche Glaube erlaubt, mußte jedoch außerhalb der Stadtmauer bzw., wenn diese katholisch war, außerhalb der jeweiligen Grundherrschaft zelebriert werden. Die Wiener Zentrale achtete im übrigen darauf, daß die protestantischen Kirchenbauten, anders als die katholischen Gotteshäuser, nicht aus Stein, sondern nur aus Holz errichtet wurden. In Schweidnitz/ Świdnica, Jauer/Jawor und Glogau/Głogów entstanden daraufhin mächtige Friedenskirchen, deren eigenartiger hölzerner Barockstil bis heute eine besondere Ausstrahlung besitzt. Die größte und baugeschichtlich bedeutendste dieser seltsamen Fachwerkkonstruktionen ist in Schweidnitz zu bewundern. Sie bietet 8.000 Menschen Platz und verstand sich in der Folge als Symbol ständisch-protestantischer Standhaftigkeit gegen die katholische Zentralmacht.

Abgesehen von den im westfälischen Friedensvertrag garantierten ständischen Privilegien machten sich die Habsburger sogleich an die gegenreformatorische Arbeit. Über 500 kleinere protestantische Gemeinden mußten ihre Gotteshäuser schließen. Die damit arbeitslos gewordenen Pastoren gingen nach Sachsen, Brandenburg oder Polen, wo sie oft unmittelbar hinter der Landesgrenze lutherische Gotteshäuser errichteten. Wochenende für Wochenende pilgerten in der Folge Tausende von Protestanten aus ihren angestammten Grenzdörfern zu Fuß an jene Plätze, an denen dem Herrgott auf deutsche und – nicht auf lateinische – Art gehuldigt werden konnte.

Mittlerweile waren 1650 die letzten schwedischen Soldaten aus Schlesien abgezogen. Die Rekatholisierungsbemühungen des Wiener Kaiserhofes, dem ab 1637 Ferdinand III. und ab 1658 (bis 1705) Leopold I. vorstand, wurden von Jahr zu Jahr forscher und skrupelloser. Einzelne Fürsten, etwa der Graf von Beuthen in Oberschlesien, bekehrten sich – gegen erweiterte landesherrliche Privilegien – zum Katholizismus. Die Jesuiten, wohlerprobte Stoßtruppe des römischen Universalismus mit Übersee-Erfahrung, erhielten 1670 die Breslauer Kaiserburg als Colleg zugesprochen. Tägliche Übergriffe auf die ständischprotestantische Religionspraxis wurden nur selten geahndet; und das, obwohl es seit dem Westfälischen Frieden eine eigene Einrichtung zur Kontrolle der freien Religionsausübung gab. Sämtliche Unterzeichner des Friedensschlusses hatten die Möglichkeit, in die inneren Angelegenheiten Schlesiens – zumindest, was Religionsfragen betraf – einzugreifen. Das sogenannte Corpus Evangelicorum in Regensburg achtete darauf, daß die habsburgische Gegenreformation nicht die Toleranzgesetze des Augsburger Religionsfriedens verletzte. Ende des 17. Jahrhunderts verlor diese Einrichtung allerdings jede Kraft. Im Jahr 1697 trat der sächsische Kurfürst und König von Polen, August II. der Starke, zum Katholizismus über. Damit erlahmte der Druck von außen gegen die von den Habsburgern betriebene streng katholische Kultur- und Gesellschaftspolitik.

Doch noch einmal sollte Schweden der Gegenreformation in Schlesien Probleme bereiten. 1706 zog Karl XII. mit seinen schwedischen Soldaten gegen Polen und Sachsen. Der Einfachheit halber querte sein Troß Schlesien und hinterließ dort politische Forderungen. Die überraschten Habsburger in Person von Kaiser Joseph I. mußten ein Jahr später, 1707, in Altranstädt bei Leipzig einen Vertrag unterzeichnen, der sämtliche mittlerweile vollzogenen gegenreformatorischen Maßnahmen wieder zunichte machte. Über 120 Kirchen kamen erneut in protestantische Hände. Schwedens Militärmacht zwang Wien, weitere protestantische Gnadenkirchen erbauen und Pastoren ins Land zu lassen.

Kaum waren die Schweden wieder aus dem Land, warfen sich die Jesuiten erneut mit missionarischem Eifer für Gott, Papst und Kaiser ins Zeug. Die Altranstädter Erklärung kam für die Protestanten als Befreiung, die Gegenreformation glich in den Jahrzehnten danach einem Abwehrkampf. Ab 1709 wurde der Übertritt zum Protestantismus mit sofortigem Vermögensentzug bestraft, protestantische Kirchenbauten wurden behördlich schikaniert. 1716 erreichte der Kulturkampf einen weiteren Höhepunkt: Protestanten wurde die Ehe mit Partnern, die höheren Ständen angehörten, verboten. Doch die Rekatholisierung gelang nur schleppend; im Schatten jesuitischer Bildungs- und Bekehrungspolitik entfaltete sich ein reiches und – wie Werner Bein schreibt – „oft unterschätztes reges protestantisches Leben".

Religiös und politisch hatte sich die kaiserliche Zentralmacht jedoch gegen die Stände durchgesetzt. Erinnerungswürdige Fürstentage, die vor dem Dreißigjährigen Krieg die Macht des Adels demonstriert hatten, fanden nicht mehr statt. Die einzelnen Grafen und Herzöge entsandten nur mehr Vertreter in die ständische Kammer, das Oberamt wurde von Prag respektive Wien aus nominiert.

Die Namen der Kriegsgewinner hatten bereits ab der Mitte des 17. Jahrhunderts ein neues schlesisches Landesverständnis geprägt. Liechtenstein, Lobkowitz und Auersperg hießen die vornehmen Familien, die sich ihre Kaisertreue mit Landgewinnen entschädigen ließen. Sagan, Münsterberg, Troppau, Jägerndorf ... wechselten auf diese Art ihre Besitzer. Vor allem die Liechtenstein, die in Böhmen und Mähren nach der Gegenreformation zu einer wahrhaften Staatsmacht aufstiegen, wurden auch in Schlesien vom habsburgischen Landesherrn mit einer Reihe von Fürstentümern neu belehnt. Ihre Dragoner hatten Angst und Schrecken in protestantischen Gemeinden verbreitet, in den Städten zwangen sie die Bewohner zum katholischen Glauben. „Seligmacher" hießen diese dem Kaiser ergebenen Soldaten im Volksmund, und nicht selten machten sie mit Schwert und Vorderlader jene „selig", die sich der Gegenreformation widersetzten. Das Palais Liechtenstein hinter dem Wiener Burgtheater zeugt noch heute von der damaligen Kraft der katholischen Gegenreformation, und auch die in der Wiener Innenstadt gelegenen Palais der Familien Auersperg und Lobkowitz sind steinerne Zeugen der Epoche, die dem Dreißigjährigen Krieg folgte.

Zwischen Dreißigjährigem Krieg und Preußens Landnahme (1648-1740)

Das Zeitalter des Barock, dessen überladene Pracht noch heute architektonisch allerorten – am eindrucksvollsten sicherlich in Hirschberg/Jelenia Góra – zu bewundern ist, gilt dem deutschen Historiker Werner Bein als „die Blütezeit schlesischer Landesgeschichte". Territoriale Zersplitterung, durch jahrhundertelange piastische Erbteilungen entstanden und auch in der habsburgischen Gegenreformation nicht überwunden, bestimmte die feudalen Verhältnisse. Die adeligen Grundherrschaften waren indes – im Vergleich mit den ob-der-ennsischen und unter-der-ennsischen Verhältnissen – relativ größer. Die „Blütezeit schlesischer Landesgeschichte" beruhte auf der relativen wirtschaftlichen Stärke der Stände, deren politische Kraft im Fürstentag allerdings erlahmt war.

Die landesherrlichen Steuererträge waren gering, sie wurden bis 1705 nach einem uralten Kataster aus dem Jahr 1527 eingetrieben. Und vor allem: Die regionalen Grundherren verstanden es vorzüglich, die vom habsburgischen Landesherrn erlassenen Abgabeverpflichtungen auf die bäuerlichen Untertanen abzuwälzen. Für diese – von den Folgen des Krieges und der „Kleinen Eiszeit" schwer getroffene – Schicht stellte der Begriff „Blütezeit" eine Verhöhnung ihrer gesellschaftlichen Wirklichkeit dar. Bauernunruhen prägten die Wende zum 18. Jahrhundert. Häufig mußten diese auch aus religiösen Motiven geführten Aufstände militärisch niedergeschlagen werden.

Besondere Erwähnung verdient die Verschärfung der untertänigen Abhängigkeit in Oberschlesien. Dort reagierten die Grundherren auf die Versuche der Zentrale, mehr Erträge zu requirieren, mit umfassenden Arbeitsverpflichtungen für ihre Untertanen. Meist polnische, katholisch betende bäuerliche Unterschichten waren von diesem die Person als ganze vereinnahmenden grundherrschaftlichen Zugriff betroffen. Der Typ des osteuropäischen Magnaten polnischer oder deutscher Provenienz beherrschte diese Form der Ökonomie. In Niederschlesien, wo Grundherren wie Bauern mehrheitlich deutsch waren und evangelisch blieben, kam es nicht zu dieser „zweiten Leibeigenschaft". Generell ist festzuhalten, daß Robotleistungen über die rein agrarischen Tätigkeiten hinaus zunahmen. Die Erzeugung von Holzkohle, das Spinnen von Flachs und Hanf, Fuhrdienste usw. waren für die Herren zu verrichten. Für das vor allem in Niederschlesien weitverbreitete Weben setzte sich nach und nach anstelle der Robot eine Zinsleistung durch, die Markus Cerman als „Stuhlgeld" oder „Weberzins" bezeichnet. Damit verlief – wie schon vor dem Dreißigjährigen Krieg – ein tiefer sozialer und wirtschaftlicher Riß zwischen Ober- und Niederschlesien.

Die landesherrliche Verwaltung der Habsburger dürfte, glaubt man den historischen Berichten, katastrophal gewesen sein. Korruption war allgegenwärtig, Abgaben versickerten nur allzuoft im Beamtenapparat. Der Landesherr fuhr beispielsweise nach dem Jahr 1648 damit fort, die in den Kriegswirren nicht eintreibbaren Steuern über die zuständige königliche Kammer, die der Wiener Hofkammer unterstellt war, einzuheben. Eine kaiserliche „Fortifikationssteuer" sollte dem Wiederaufbau der stark in Mitleidenschaft gezogenen Festungen dienen. Allein, das eingetriebene Geld verlor sich Jahr für Jahr in dunklen Kanälen. So kam es, daß außer der Stadt Glogau/Głogów kaum irgendwo neue Burg- und Festungsbauten in Angriff genommen werden konnten. Bis 1705 sollte es dauern, daß Joseph I. die in Brandenburg bereits seit 1641 übliche Umsatz- und Verbrauchersteuer, die Akzise, einführte. Diese wurde am Ort des Konsums, also beispielsweise im Wirtshaus, und nicht bei den Produzenten eingehoben. Heftige Proteste seitens der Stände, die den Einblick in ihre grundherrlichen und Handelsunterlagen verweigerten, so gut es ging, waren die Folge. Auch die unter Karl VI., seit 1711 deutscher Kaiser und böhmischer König, in Angriff genommene Verwaltungsreform brachte nicht den gewünschten Erfolg. Der Aufbau eines neuen Katasters zwecks überschaubarer – und einträglicherer – Steuerpolitik scheiterte ebenso wie die Einrichtung von Kommissionsbezirken zur Überwindung der territorialen Zersplitterung. Verwaltungstechnisch mußten die Habsburger vor den resistenten schlesischen Ständen kapitulieren. Damit ging im ewigen Streit um die Steuern wieder einmal eine Runde an die Fürsten bzw. die Stände, die den Begehrlichkeiten des habsburgischen Landesherrn widerstehen konnten.

Und der Wiederaufbau verlief schleppend. Obwohl der Landtag allen Untertanen, die nach 1648 ihre zerstörten Häuser und landwirtschaftlichen Betriebe wiedererrichteten, einen dreijährigen Steuererlaß garantierte, zogen es viele Bauern vor, dem ausgeplünderten Land den Rücken zu kehren. Viele flohen nach Polen, Sachsen oder Brandenburg. An den zurückgebliebenen Untertanen hielt sich der Grundherr schadlos. Hroch und Petráň gehen in ihrer Wirtschaftsgeschichte davon aus, daß die Erhöhung von Fron und Robot dem Rückgang der bäuerlichen Untertanen geschuldet ist. Wer im Land blieb, wurde an die Scholle seines Herrn gekettet, oft sogar im wahrsten Sinn des Wortes. Wie schon 1553 wurde auch nun, im Jahr 1652, wieder ein kaiserliches Dekret erlassen, das es den Grundherren ermöglichte, entlaufene Untertanen zwangsweise zur Scholle zurückzuholen. Für diejenigen Menschen, die im Krieg alles verloren hatten, sah die „moderne Welt" ein Leben auf einer Häuslerstelle vor. Das waren meist der Herrschaft gehörende kleine Hütten, die von einer Art Garten umgeben waren und deren Bewohner ein Weiderecht für Ziegen und ein, zwei Kühe hatten. Als typisch niederschlesische Dorfform können die sogenannten Angerhäuser bis heute am Rand von Siedlungen ausgemacht werden. Sie sind die siedlungstechnische – und soziale – Antwort auf die Verheerungen des Dreißigjährigen Krieges.

Merkantilismus und Protoindustrialisierung

Nur wenige Autoren haben sich mit dem wirtschaftlichen und sozialen Zustand Schlesiens gegen Ende der österreichischen Zeit beschäftigt. Werner Bein und Markus Cerman gehören dazu. Beins Einschätzung geht davon aus, daß das Land an Oder und Neiße nach dem Dreißigjährigen Krieg mehrere Generationen benötigte, um sich wieder zu erholen. Cerman hingegen betont die wirtschaftliche Kontinuität vor und nach dem Dreißigjährigen Krieg, vor allem in Hinblick auf die ländliche Bevölkerungsentwicklung, die sich von der städtischen erheblich unterschied. Die religiösen und regionalen Widersprüche sowie der Kampf zwischen den Ständen und der Zentralmacht hinterließen jedenfalls tiefe Spuren. Schlesien war dennoch – dank seiner Textilindustrie, aber ebenso seiner Glasbläserei – auch nach 1648 das einträglichste Land für die Habsburger. Vor diesem Hintergrund erklären sich auch die Bemühungen Wiens, mittels Wirtschaftsplänen dem Zeitalter des Merkantilismus gerade in Schlesien ein Denkmal zu setzen. Daß dies nur sehr fragmentarisch gelang und weitgehend auf die Textilindustrie beschränkt blieb, darf dabei nicht übersehen werden.

Ein modernes merkantilistisches Konzept, wie es sich im 17. und vor allem im 18. Jahrhundert als staatliche Politik allmählich durchzusetzen begann, wurzelte im vermehrten Geldbedarf des Zentralstaates. Armee, Beamtenschaft und Hofstab mußten bezahlt werden, wofür die althergebrachten Abgaben der Grundherren, die diese wieder von den Untertanen eintrieben, nicht mehr ausreichten. Also sannen Theoretiker zusammen mit von Monarchen beauftragten Ministern nach staatlichen Besteuerungsmöglichkeiten des Wirtschaftslebens, um daraus den Finanzbedarf des Hofes decken zu können. Die Kontrolle des Handels gab dem System schließlich den Namen: mercari, lateinisch: handeln. Handelsströme bedurften, um den gewünschten Zweck erfüllen zu können, einer positiven Handelsbilanz, weswegen Ein- und Ausfuhrkontrollen zum Standardrepertoire jedes Merkantilsystems zählten. Die aus Zoll und Steuern lukrierten Mittel wurden einerseits für die oben beschriebenen Staatsausgaben im Verwaltungs- und Militärbereich eingesetzt, andererseits aber auch für die Verbesserung der Infrastruktur und die Förderung – privilegierter – Manufaktur- und Industriebetriebe. Eine spezifisch österreichische Variante des Merkantilismus bildete das Kammergut, jene im direkten Besitz des Landesfürsten befindlichen Unternehmen, die von der Wiener Hofkammer verwaltet wurden.

Schlesien war für ein Handelszentrum geradezu prädestiniert: zwischen Böhmen und den nördlichen deutschen Ländern – insbesondere Brandenburg und Pommern – gelegen, an Polen angrenzend sowie gleichzeitig Teil eines Reiches, das bis zur Adria reichte und damit über den Seeweg mit Konstantinopel und Alexandria verbunden war. Nach der Niederlage der Osmanen vor Wien im Jahr 1683 bot der Handel mit dem östlichen Mittelmeerraum zudem neue Möglichkeiten für Händler und Produzenten des christlichen Kaiserreiches. Bereits unter Joseph I. wurden erste Konzepte einer staatlich privilegierten Handelskompanie – nach dem weltweit berühmten Vorbild der Ostindischen Handels-Compagnie – erwogen. Christian Julius von Schierendorff zählte zu den kaiserlichen Merkantilisten, die ein solches Unterfangen theoretisch begründeten. Praktisch scheiterte dies an den maroden Verkehrswegen, an deren Ausbau der örtliche Adel kein großes Interesse zeigte. Die Schiffbarmachung der Oder sowie der Straßenbau in den Süden und Südosten gingen nur schleppend voran.

Erst die 1719 unter Karl VI. gegründete Orientalische Handelskompagnie setzte merkantile Pläne teilweise um. Zwischenzeitlich waren Triest und Fiume/Rijeka zu Freihäfen erklärt worden. Schlesische Garne und Leinwand konnten nun ohne Umwege über Hamburg oder Danzig in die Welt verkauft werden. Dazu war allerdings eine von oben erlassene Mautbefreiung der Straßen in den österreichischen Landen notwendig, was Breslau und Hirschberg mißfiel. Karl VI. hatte also 1719 jene Orientalische Handelskompagnie dazu privilegiert, mit dem Osmanischen Reich Geschäfte zu machen. Für das Oderland und insbesondere Breslau bedeutete dies eine Aufwertung ihrer Funktion als internationaler Umschlagplatz für Stoffe, Garne und Farbprodukte. In Brieg und Neustadt durften zudem – auf kaiserlichen Erlaß hin – Textilmanufakturen für den Export errichtet werden. Das wiederum rief die Breslauer Kaufleute auf den Plan, die um Breslaus vorrangige Stellung als Handeslkapitale fürchteten. Passiver, manchmal sogar aktiver Widerstand der Stände behinderte über die Jahrzehnte einen reibungslosen Ablauf des geplanten Merkantilsystems. Manche städtische Gewerbetreibende, vor allem die Leinenweber, waren in der Folge des Krieges aus den Städten auf das Land gezogen, um dem steuerlichen Druck, der ja mit der Modernisierung der geplanten Wirtschaft verbunden war, zu entgehen. Ein – durch eine aus religiösen Motiven existierende Fluchtbewegung bedingter – Fachkräftemangel erschwerte die Durchsetzung der landesherrlichen Pläne zusätzlich. Erfolge wie die Einführung eines einheitlichen Maß- und Gewichtswesens, die Verbesserung des Postwegenetzes sowie die Errichtung eines Handelszentrums in Breslau wechselten sich mit Rückschlägen ab, z.B. dem vergeblichen Versuch der Zentrale, die Breslauer Kaufleute für den Aufbau eines Kontors in Triest oder Fiume zu gewinnen. Erstarrungen im System, mancherorts auch durch das mangelnde Verständnis der höfischen Beamtenschaft für die neue kapitalistische Wirtschaftsweise bedingt, blockierten die Durchsetzung der merkantilistischen Ziele während der Habsburgerzeit.

Der Macht der Städte war es auch zuzuschreiben, daß die ersten zaghaften Industrialisierungsschritte auf dem flachen Land stattfanden. Manufakturen und Fabriken konnten sich vorerst in den Städten, wo die gewerblichen Traditionen der Handwerker, auch jene der Tuchmacher, stark waren, nicht etablieren. Dies änderte sich Anfang des 18. Jahrhunderts langsam. Bis dahin fungierten die Grundherren, was die Textilproduktion anbelangte, als Verleger von Garn, das ihre Untertanen dann gegen geringen Lohn zu Leinwand verwebten. Markus Cerman berichtet, daß noch 1683 die Städte Hirschberg/Jelenia Góra, Schmiedeberg/Kowary und Landeshut/Kamienna Góra vom Landesherrn forderten, dem Grundherrn von Reibnitz/Rybnica das Bleichen und Zurichten von rohem Leinen zu verbieten. Die städtischen Händler und Handwerker wollten sich damit lästige Konkurrenz vom Hals schaffen. Dies gelang freilich nicht. Denn an den

Abhängen des Riesengebirges blühte die Leinenweberei. Ihr kaufmännisches Zentrum war Hirschberg, das ab 1630 mit einem kaiserlichen Privileg für Leinenhandel ausgestattet war. In Brieg/Brzeg wurde Anfang des 18. Jahrhunderts die Errichtung des ersten schlesischen Spinnhauses zugelassen. Und in Peterswaldau/Pieszyce sowie in Langenbielau/Bielawa, die in preußischer Zeit wegen ihrer Weberaufstände zweifelhafte Berühmtheit erlangten, kreierten findige Weber das sogenannte halbwollene Zeug, das zum Exportschlager wurde. Dieser auch unter dem Begriff Halbleinen bekannt gewordene Stoff wird übrigens bis heute hergestellt.

Schon gegen Ende des 17. Jahrhunderts hatte der „schlesische Schleier" den Weltmarkt erobert. Insbesondere Skandinavien und England nahmen große Mengen dieser Qualitätsprodukte ab. Der Handel ging in aller Regel über Hirschberg nach Hamburg, von wo aus Halbleinen, Schleier etc. in alle Welt verschifft wurden. „Der Textilbereich", stellt Werner Bein fest, „bildete das Rückgrat der schlesischen Wirtschaft." Und Hirschberg, so könnte man hinzufügen, war die merkantile Schlagader. Im üppigen Barockstil seiner städtischen Patrizierhäuser kann man die Blütezeit heute noch architektonisch bewundern.

Landesherrlichen Zugewinn bedeutete der Tod des letzten Piastenfürsten – Herzog Georg Wilhelm von Liegnitz, Brieg und Wohlau – im Jahr 1675. Die damit an die Krone fallenden Besitzungen konnten von den Habsburgern an treue und vermögende Adelige weitergegeben werden. Das Ende der Piasten war für den Landesherrn ein wirtschaftlicher Segen. In den folgenden Jahren der Türkenkämpfe hatte Wien jeden Gulden bitter nötig.

Karl VI. ohne Sohn: die „Pragmatische Sanktion"

Im europäischen bzw. weltsystemischen Maßstab betrachtet, war es die langwierige Auseinandersetzung der Habsburger im Osten, gegen das Osmanische Reich, die Wien in eine wirtschaftlich zunehmend ausweglose Lage brachte. Der Entsatz der kaiserlichen Residenzstadt im Jahr 1683, als polnische Truppen unter der Führung von König Jan Sobieski an mehreren Stellen Schlesien durchquerten, mußte bezahlt werden. Der Sieg der christlichen Allianz über die Türken im September 1683 vor Wien zog allerdings eine Reihe weiterer Waffengänge nach sich. Nicht nur unmittelbar, indem Heerführer Prinz Eugen von Savoyen die osmanischen Krieger die Donau entlang bis Belgrad verfolgte, sondern auch noch Jahrzehnte danach. Das habsburgische Österreich beteiligte sich an der Seite des Zaren an den russisch-türkischen Kriegen im 18. und 19. Jahrhundert.

Als im Zuge dessen Wien im Jahr 1734 an Berlin herantrat und bei den Brandenburgern um einen Kredit in der Höhe von mehreren Millionen Gulden vorstellig wurde, boten die Hohenzollern in Berlin dafür ein territoriales Tauschgeschäft an. In einer Art Dreieckshandel sollte Preußen einen Teil von Sachsen erhalten, das sich dafür wiederum schlesische Gebiete, insbesondere das Fürstentum Schwiebus, einzuverleiben gedachte. Die Habsburger lehnten dankend ab. Und zogen drei Jahre später an der Seite Rußlands gegen die osmanische Hohe Pforte; eine Unterstützung Preußens für diesen Krieg blieb aus. Die Folge war eine Verstimmung zwischen dem habsburgischen Kaiserhaus und dem hohenzollerischen Preußen.

Zwei Jahre später, am 12. Februar 1736, heiratete die Tochter Kaiser Karls VI., Maria Theresia, den Lothringer Franz Stephan. Karl VI., dem kein Sohn als Nachfolger gelungen war, mußte die Hoffnungen der gesamten Dynastie auf Maria Theresia gründen. Bereits im Jahr 1713 hatte er die sogenannte „Pragmatische Sanktion" erlassen, die seine Töchter vor den Nachfahren seines Bruders Joseph I. erbberechtigt erklärte und im übrigen zugleich die Unteilbarkeit der österreichischen Länder festlegte. Der „Pragmatischen Sanktion" war bereits im Jahr 1703 ein geheimer Vorvertrag vorausgegangen, in dem Kaiser Leopold I., der Vater Karls VI. und Josephs I., für seinen Sohn Joseph zugunsten von Karl auf Spanien verzichtete sowie die Töchter des Throninhabers als Erbinnen der österreichischen Länder bestimmte.

Der Krieg im Südosten schwächte die Position Wiens in Schlesien. Nach der ostentativen Absage Preußens im Jahr 1737, sich zumindest finanziell gegen die Türken zu engagieren, nahmen die Spannungen um das Oderland zu. Der Vertraute Kaiser Karls VI. und Protokollführer der geheimen Staatskanzlei, Freiherr Christoph von Bartenstein, äußerte bereits im April 1738 Bedenken wegen eines etwaigen preußischen Überfalls auf Schlesien. Berlin, so der Sekretär des Kaisers, könnte das durch den Waffengang im Südosten entstandene relative militärische Vakuum in Schlesien nützen, um sich jene Territorien und Menschen untertan zu machen, die es wegen der Ablehnung Wiens im Zuge des geplatzten Kreditgeschäftes nicht erhalten hatte. Denn während der Osten Ungarns von Dragonern und allerlei österreichischen Truppenteilen übersät war, lag Schlesien im Sinn der damaligen Militärdoktrin schutzlos da.

In dieser Situation starb Kaiser Karl VI. am 20. Oktober 1740. Die Nachfolge war zwar hausintern – also per „Pragmatische Sanktion" – in den Ländern der Habsburgermonarchie geklärt; die Frage blieb jedoch offen, ob die Kurfürsten, in deren Hand auch die Wahl des Kaisers lag, das anerkennen würden. Von Bayern war das erste Nein zu hören. Der bayrische – wie auch der sächsische – Kurfürst hegte selbst Ambitionen auf die Herrschaft über österreichische Länder. Beide waren mit Töchtern von Joseph I. verheiratet, dem Bruder Karls VI., der vor Karl Habsburgs Nummer eins und römisch-deutscher Kaiser gewesen war. Dieser Streit um die Erbfolge in den österreichischen Kernlanden, der ja durch die „Pragmatische Sanktion" verhindert hätte werden sollen, brach das habsburgische Selbstverständnis. Die Wiener Staatskanzlei mußte sich auf schwierige Verhandlungen einrichten. Territoriale Forderungen von Sachsen und Preußen für die Anerkennung der Erbfolge waren zu erwarten. Noch glaubte allerdings kaum jemand in Wien an einen Krieg im Norden. Noch im November 1740 schlug die eben erst inthronisierte Monarchin Maria Theresia Warnungen aus Berlin, wonach Preußenkönig Friedrich II. einen Waffengang vorbereitete, in den Wind. Viel hätte die junge Herrscherin zu diesem Zeitpunkt ohnedies nicht dagegen setzen können. Wie Werner Bein in seinem Schlesien-Buch die innenpolitische Situation schildert, befanden sich die österreichischen Truppen in Auflösung; nahezu täglich gab es massenhafte Desertionen an der osmanischen Front, weil kein Sold ausbezahlt werden konnte. Zudem herrschten infolge einer katastrophal schlechten Weinernte Unruhen im Kernland Österreich unter der Enns, dem heutigen Niederösterreich. Maria Theresia übernahm ein schweres Erbe, als ihr preußischer Gegenspieler, Friedrich II., am 16. Dezember 1740 mit einem Heer von 25.000 Mann in Schlesien einmarschierte.

Die Kriege um Schlesien

Im Winter 1740/41 wurde die politische Landkarte Europas neu gezeichnet. Mit dem Überfall Friedrichs II. auf Schlesien wurde aus dem hohenzollerischen Brandenburg eine kontinentale Großmacht. Es sollte allerdings noch 23 Jahre dauern, bis die neue Stellung Preußens historischen Bestand hatte. In drei Waffengängen – zählt man den sogenannten Österreichischen Erbfolgekrieg dazu, dann waren es sogar vier militärische Auseinandersetzungen – behauptete sich Preußen gegen wechselnde Allianzen, die allesamt unter österreichischer Patronanz standen. Schon im Sommer 1742 war mit dem Frieden von Berlin (28. Juli 1742) der allergrößte Teil Schlesiens an die Hohenzollern gefallen. Nur die im Südosten gelegenen Fürstentümer Troppau, Jägerndorf und Teschen bzw. Teile derselben in einer Gesamtgröße von knapp über 5.000 km² verblieben bei Österreich. Das übrige Schlesien, 38.000 km² groß und von 1,5 Millionen Menschen bewohnt, wurde dem preußischen Staat einverleibt. Damit war nicht nur die Lehensanbindung an Böhmen, sondern auch die 216 Jahre andauernde Zugehörigkeit Schlesiens zum habsburgischen Österreich beendet.

Ausgangspunkt für die preußische Okkupation des österreichischen Erblandes waren zum einen geopolitische Überlegungen, im damaligen Wortschatz unter Stichworten wie „Pragmatische Sanktion" oder „Huldigung" bis in die jüngste Historiographie nachzulesen; zum anderen ging es bei Schlesien nicht um irgendein Erbland, sondern um das mutmaßlich reichste Land der Habsburgermonarchie, das nach Schätzungen etwa ein Viertel der gesamten kaiserlichen Kassen in Wien füllte. Territoriale Begierden und ökonomische Interessen bestimmten damals wie heute die Politiken in Europa. Und es ist keineswegs so, wie Peter Baumgart in seinem Beitrag zum Schlesienbuch von Norbert Conrads feststellt, daß der „geschichtlich überaus folgenreiche Vorgang" – gemeint ist die preußische Attacke auf Schlesien – „auf einer einsamen Entscheidung des dritten Preußenkönigs ... beruhte". Baumgarts Rückgriff auf die Terminologie romantischer Geschichtsschreibung aus dem 19. Jahrhundert zeigt vielmehr ein großes Manko der deutschsprachigen Rezeption nicht nur des fundamentalen Machtwechsels in Schlesien auf. Ökonomische und (geo)politische Prozesse werden allzuoft ignoriert und weltsystemische Zusammenhänge „einsamen Entscheidungen" von Herrschern untergeordnet. Eine rühmliche Ausnahme in diesem Zusammenhang bildet Werner Bein, der die Interessenlagen der europäischen Großmächte Frankreich, England, Österreich, Spanien, Schweden und Rußland nie aus dem Auge verliert, wenn er den Aufstieg Preußens zum „global player" – im Widerpart zu Österreich – beschreibt. Tatsächlich konnte Preußen als europäische Großmacht ohne fremde Hilfe nicht entstehen. Frankreich und später England standen der brandenburgisch-preußischen Machtentwicklung Pate, um ihre großen kontinentalen Konkurrenten Österreich, Schweden und Rußland besser eindämmen zu können. Der welthistorisch argumentierende Soziologe Immanuel Wallerstein drückte das in seinem Buch „Das moderne Weltsystem II – der Merkantilismus" folgendermaßen aus: „Preußen wurde dazu benutzt, Österreich zu neutralisieren, und erhielt zur Belohnung Schlesien, das sowohl politisch als auch wirtschaftlich von großem Wert war." Daß in der weiteren historischen Folge daraus der deutsch-preußische Anspruch auf europäische Herrschaft entstehen sollte, war freilich im 18. Jahrhundert noch nicht auszumachen.

Unmittelbar vor dem Einmarsch der preußischen Truppen in Schlesien hatte Friedrich II. über einen Gesandten in Wien nochmals sein Angebot an die frisch gekürte österreichische Erzherzogin und böhmische wie ungarische Königin Maria Theresia erneuert, für die Abtretung Schlesiens an den Hohenzoller die „Pragmatische Sanktion" anerkennen zu wollen – also die habsburgische Erbfolge in Österreich und dessen Unteilbarkeit, mit der Ausnahme Schlesiens freilich, was den Sinn der „Pragmatischen Sanktion" in sein Gegenteil verkehrte. Die Tochter Karls VI. lehnte ab, und die preußischen Truppen ritten in Schlesien ein. Unglaubwürdige hohenzollerische Erbansprüche sollten der Okkupation Schlesiens eine Legitimität verleihen, wurden jedoch selbst von seiten Berlins ohne großen Nachdruck verbreitet. Friedrich ließ erklären, sein Haus hätte aus einem Ehevertrag – sprich: Erbverbrüderungsvertrag – mit piastischen Geschlechtern aus dem Jahr 1537 Besitzansprüche auf die Fürstentümer Brieg und Liegnitz sowie Wohlau. 200 Jahre lang spielte dieser Anspruch keine große politische Rolle, und Peter Baumgart weist nach, daß es die Vorfahren Friedrichs II. sogar verabsäumt hatten, anläßlich des Todes des letzten Piastensprößlings im Jahr 1675 den längst vergessenen Erbverbrüderungsvertrag beim Landesherrn oder sonstwo zu deponieren und damit ihren Anspruch auf Schlesien respektive Teile davon zu bekräftigen. „Es ging nicht um eine Rechtsfrage, sondern um eine Machtfrage."

Widerstand hatten Friedrichs Truppen in Schlesien kaum zu brechen. Die österreichischen Armeen kämpften nach zermürbenden Türkenkriegen im Osten mit Auflösungserscheinungen, sodaß der Vormarsch vom nordwestlichsten Zipfel des Landes her, über Crossen im Fürstentum Glogau/Głogów, zügig voranging. Bereits am 21. Februar 1741 huldigten die Stände der schlesischen Hauptstadt Breslau dem neuen Landesherrn. Dem waren interne Streitigkeiten in der Stadt vorausgegangen, die in einem kleinen Volksaufstand gipfelten. Die Mehrzahl der Bürger verweigerte sich offensichtlich der Aufforderung des Stadtrates, kaiserlichen Truppen – unter ihnen die seit langem verhaßten ungarischen Dragoner – in der Stadt Quartier zu geben. Für fast zwei Monate verstanden es die Führer des städtischen Bürgertums auch, gegenüber Friedrich II. ihr Recht auf Autonomie durchzusetzen. Der mit dem Preußenkönig ausgehandelte Neutralitätsvertrag entpuppte sich indes rasch als wertloses Stück Papier. Der Aufforderung des Hohenzollers, anstelle der „ungarischen Königin" den „preußischen König" anzuerkennen, konnten die Stände nichts entgegensetzen. Kurz darauf wehte am Breslauer Oberamt anstelle der österreichischen Fahne jene mit dem preußischen Adler. Der militärische Sieg Preußens, am 10. April 1941 bei Mollwitz/Małujowice für ganz Schlesien geschlagen, ermunterte Bayern und Sachsen dazu, ihrerseits Österreich anzugreifen. Bayrische Truppen rückten nach Österreich ob der Enns ein, sächsische Soldaten marschierten ins böhmische Kernland Richtung Prag. Ein weithin sichtbares Zeichen für die Nichtanerkennung der habsburgischen Erbfolge auf die österreichischen Länder war gesetzt.

Die alte europäische Ordnung war zerbrochen. Im Nymphenburger Bündnis trafen sich am 28. Mai 1741 Frankreich, Bayern und Spanien zum Angriff auf den Wiener Anspruch auf die Erbfolge der österreichischen Länder und die römische Kaiserwürde. Preußen schloß sich zwar dem anti-österreichischen Bündnis an, nahm jedoch am „Erbfolgekrieg" nicht teil. England wiederum, das im Krieg mit Spanien stand, wollte und konnte dem Hilferuf aus Wien nicht Folge leisten, ließ die aufstrebende Macht Preußen gewähren und bot sich als Vermittler im Kampf um Schlesien an. Erneut formulierte Friedrich II. sein Kriegsziel, indem er den englischen König George II. wissen ließ, er würde für Niederschlesien und die Stadt Breslau seine Fürstenstimme zur Kaiserwahl dem Gatten Maria Theresias, Franz Stephan von Lothringen, geben und sohin die „Pragmatische Sanktion" in indirekter Weise anerkennen. Der hannoveranische Staatsminister riet zum Kompromiß. Der Verlust Schlesiens, so sein Argument, sei eher verkraftbar als der „gantze umbstürtz der Verfassung des teütschen Vatterlandes", wie aus der bei Werner Bein zitierten Quelle aus dem Haus-, Hof- und Staatsarchiv nachzulesen ist.

Franz Stephan wollte sich indes mit Oberschlesien allein nicht zufriedengeben. Dort, so der thronlose Lothringer, sei außer Bergen und Armut nichts zu holen – im Gegensatz zu Niederschlesien, das ob seiner Textil- und Glasindustrie sowie seiner reichen Handelsstädte wegen für Wien unabdingbar sei. Doch die Habsburger konnten dem Druck der gegnerischen Allianz, der sich immer mehr internationalisierte, nicht standhalten. Am 7. August 1741 verzichtete Maria Theresia im ungarischen Pozony, dem heutigen Bratislava, auf den von Friedrich II. beanspruchten Teil Schlesiens. Beide Seiten einigten sich darauf, dieses Abkommen vorerst geheimzuhalten. Für die Habsburger – und den Ehemann Maria Theresias – ging es nach wie vor um die Durchsetzung der österreichischen Erbfolge auf den Kaiserthron, dagegen stand die bayrisch-spanisch-französische Allianz. Dem Preußenkönig Friedrich II. wiederum, den der Wiener Diplomat Hyndford in einer Depeche an den König von England einmal als einen Mann bezeichnete, der „neither truth, honour nor religion" kenne, kam eine Kriegspause gelegen.

Das heißt – tatsächlich fand eine Pause im Waffengang ohnehin nicht statt. Denn den Empfehlungen der Geheimdienste entsprechend, setzte Preußen den Beschuß der Stadt Neisse/Nysa fort, und die österreichischen Verteidiger übten sich weiterhin in Abwehrkämpfen. Die in Wien und Berlin ausgeheckte Scheinbelagerung der oberschlesischen Garnisonsstadt blieb indes nicht lange geheim. Und während die böhmische Hauptstadt Prag Ende November 1741 von der anti-österreichischen Allianz, insbesondere von bayrischen und französischen Truppen, eingenommen wurde, brach Friedrich II. das Geheimabkommen. Gegenüber seinen Verbündeten aus dem Nymphenburger Bündnis konnte er keine Absprache mit Wien brauchen; deshalb versuchte Berlin, die österreichische Seite auch auf diplomatischer Ebene bloßzustellen. Schon waren Truppen des Hohenzollers in Österreich unter der Enns, dem heutigen Niederösterreich, marodierend unterwegs. Die militärische Lage in Mitteleuropa wurde immer unübersichtlicher. Und für Wien immer gefährlicher.

Am 24. Januar 1742 wurde der bayrische Kurfürst Karl Albrecht als Karl VII. in Frankfurt am Main zum Kaiser gewählt; auch der Preußenkönig gab ihm seine Stimme. Der Wittelsbacher unterbrach damit die seit Beginn des 15. Jahrhunderts währende Kontinuität der Habsburger auf dem römisch-deutschen Kaiserthron. Der jähe Tod des 48jährigen Kaisers drei Jahre später, am 20. Januar 1745, und die inzwischen geänderte weltpolitische Lage brachten Bayern wiederum ins habsburgische Lager zurück und den lothringischen Mitregenten

Franz Stephan als Franz I. auf den Kaiserthron. Die Dynastie Habsburg-Lothringen nahm daraufhin für viele weitere Generationen römisch-kaiserliche Würden in Anspruch, um nach dem Zusammenbruch des römisch-deutschen Reiches in den Napoleonischen Kriegen das österreichische Kaiserreich bis 1918 zu führen.

1745 tobte bereits der zweite schlesische Krieg. Der erste Waffengang konnte mit dem Breslauer Frieden am 11. Juni 1742 beigelegt werden. In österreichischer Hand verblieben nur Teschen, Troppau und ein kleines Ländchen jenseits des Flusses Oppa. Um das relativ unbedeutende Jägerndorf gab es noch länger Streit; schließlich legte eine Kommission die Grenzziehung entlang der in mehreren Armen fließenden Oppa in Oberschlesien fest. Die mächtigen Feudalherren am Wiener Hof, Bartenstein und Liechtenstein, die beide ausgedehnte Besitzungen in Oberschlesien ihr eigen nannten und dementsprechend bis zuletzt gegen einen Friedensschluß mit Preußen eintraten, gerieten – zumindest teilweise – unter die preußische Oberherrschaft. Die Huldigung Friedrichs II., die entscheidende Geste der Anerkennung des Landesherrn im Feudalismus, verlief schließlich ohne nennenswerte Zwischenfälle. Und während manch deutscher Schriftsteller in barocker Ausschweifung Lobeshymnen auf „seinen" Preußenkönig verfaßte, konnte die Bevölkerung Schlesiens kurzfristig aufatmen. Der Krieg war vorüber, der Friede sollte indes nur zwei Jahre andauern.

„Großer Friedrich, also komm!
Da Dich Gott und Recht begleiten.
Da Du wirklich mein Piast,
Komm! Du Kleinod unserer Zeiten!
Komm! Du Anteil meiner Helden,
Da ich meinen Karl vermißt.
Oh! Wie werd ich wieder munter,
Du, nur Du, nur Du es bist!"

Die Verbreitung von Gedichten wie diesem – vom Hirschberger Literaten Caspar Gottlieb Lindner verfaßt – oblag den Berliner Propagandastellen. In Wien mußte man sich indes mit der leidigen Frage der Reparationen beschäftigen. Und weil sich das eine europäische Großmacht, die das Habsburgerreich nach wie vor blieb, nicht so ohne weiteres gefallen ließ, wurden aus den Forderungen Preußens gegenüber Österreich bald Ansprüche Wiens an seine Verbündeten, insbesondere an Bayern. Wien hatte ein Auge auf das bayrische Innviertel geworfen, das allerdings erst 1779 zu Österreich kommen sollte.

In der Zwischenzeit arbeitete der habsburgische Hof konsequent an der Frage der Erbfolge weiter, obwohl diese durch die kaiserliche Thronbesteigung des Bayernfürsten einen schweren Rückschlag erlitten hatte. Verträge mit Sachsen und England festigten die Position Wiens, das zudem im österreichisch verbliebenen Teil Schlesiens seine Truppen verstärkte. Im Sommer 1744, nur zwei Jahre nach dem Frieden von Berlin, überschritten preußische Truppen erneut die Grenze zu Österreich. Am 7. August 1744 ließ Friedrich II. knapp 60.000 Soldaten in Böhmen einrücken, um – wie er depeschierte – „den Kaiser zu schützen". Der Wittelsbacher Karl VII. war indes kaum in Gefahr. Die These von dem notwendigen Präventivschlag, mit dem man einer österreichischen Invasion Bayerns zuvorkommen wollte, ist wie alle Rechtfertigungen eines Angriffskrieges nur schwer haltbar. Wien hatte zwar versucht, insbesondere den Verlust der Kaiserkrone mit diplomatischen Mitteln zu überwinden; wenig spricht jedoch dafür, daß es konkrete Pläne zum Einmarsch österreichischer Truppen in Bayern oder Preußen gegeben hätte.

Nun, nach dem zweiten Überfall Friedrichs II. auf österreichisches Gebiet, fiel allerdings die Antwort aus Wien kriegerisch aus: Schlesien mußte rückerobert werden. Doch vorerst war an militärische Erfolge Wiens nicht zu denken. Preußen hatte sich auf diesen zweiten Waffengang optimal vorbereitet. 140.000 Mann standen gerüstet bereit, die Kavallerie war neu instruiert worden, und es dauerte nur sechs Wochen, bis Friedrich II. in Prag Quartier nehmen konnte. Im umliegenden Böhmen indes mußten sich die preußischen Truppen wie im Feindesland bewegen. Die böhmischen Stände blieben weitgehend auf österreichischer Seite. Nachschubprobleme und massenhafte Desertionen erschwerten eine Konsolidierung der eroberten Gebiete. Spiegelbildlich verhielt sich die Situation in Schlesien für die österreichische Soldateska. Hier blieb ein Aufruf Maria Theresias „An die Schlesier" weitgehend ungehört. Die Unterdrückung katholischer Geistlichkeit, die steuerlichen Belastungen der Stände sowie die allgemeine Militarisierung des Landes unter den Preußen wurden in diesem Aufruf zwar angeklagt, dieser fand jedoch wenig Echo. Den Schlesiern waren die ungarischen Marodeure sowie die plündernden österreichischen Truppen noch zu lebhaft in Erinnerung, als daß sie mit fliegenden Fahnen auf die Seite der früheren Landesherrschaft übergeschwenkt wären. In Breslau erschien gar ein – bei Werner Bein zitierter – „Wahrhaffter Bericht", in dem die von Wien befehligten Soldaten der „Bestialität und Barbarei" beschuldigt wurden. Die Sehnsucht des Oderlandes nach einem neuen Landesherrn, nach einem Habsburger, entpuppte sich im zweiten schlesischen Krieg als äußerst gering bzw. als nicht vorhanden.

In dieser militärischen Pattsituation, in der Berlin Verluste in Böhmen erlitt und Wien kein Fortkommen in Schlesien zustande brachte, starb überraschend der Wittelsbacher Kaiser, Karl VII., am 20. Januar 1745. Nur drei Monate später, am 22. April 1745, verzichtete sein Sohn Max im Frieden von Füssen auf die Thronfolge und versprach, die bayrische Kurfürstenstimme für Franz Stephan, den Gatten Maria Theresias, abzugeben. Bayern wurde im Gegenzug territoriale Integrität garantiert. Der Weg für ein habsburgisches Revival im Kaiserreich war geebnet und der „Erbfolgekrieg" durch den Tod des Kontrahenten entschieden.

Es sollte nochmals ein Jahr dauern, bis nach mancherlei Wechsel der Verbündeten, insbesondere des sehr engagierten Sachsen, auch der zweite schlesische Krieg sein Ende fand. Die Schlacht bei Hohenfriedberg-Striegau/Dobromierz im Frühsommer 1745 stellte ein vorläufig letztes Mal die militärische Schlagkraft der preußischen Truppen unter Beweis. Strategische Vorteile, Böhmen betreffend, konnte Friedrich II. auch aus diesem Sieg nicht ziehen. Schlesien lag ein weiteres Mal ausgeblutet darnieder, in manchen Teilen herrschten Hungersnöte, die Soldaten desertierten. Der barocke Krieg zeigte sich von seiner abscheulichsten Seite, als am Weihnachtstag des Jahres 1745 der Sondergesandte Wiens, Graf Friedrich Harrach, in Dresden mit Preußen einen Frieden aushandelte, der mit dem Herrscherhaus an der Donau nicht akkordiert war. Dementsprechend stieß dieser Friede in Wien erneut auf spontane Ablehnung. Der Scharfmacher Johann Christoph von Bartenstein, Ratgeber Maria Theresias, warnte vor einem Ende des Waffenganges. Doch die habsburgische Herrscherin sah keine Möglichkeit, das frühere böhmische Nebenland militärisch zurückzugewinnen. „Bis zu dem Dresdner Frieden habe hertzhaft agiret, alles hazardiret und alle Kräfte angespannet", schrieb sie in einer 1751 publizierten Denkschrift über das Abenteuer des zweiten schlesischen Krieges. Umsonst. Der Dresdner Friede bestätigte die Grenzziehung von 1742. Der große, reiche Teil Schlesiens verblieb als preußische Provinz. Und Wien hatte nicht nur neuerlich durch den Krieg enorme finanzielle Kosten zu tragen, sondern auch – so schien es – sein einträglichstes Land endgültig verloren. Aus Schlesien waren vor 1740 noch jährlich zirka zwei Millionen Gulden in die Hauptstadt geflossen.

Mehr als zehn Jahre später, 1756, nahm der dritte Waffengang um Schlesien seinen Anfang.

Krieg zum dritten: der siebenjährige

Der „Siebenjährige Krieg" war ein regelrechter Weltkrieg. Um Schlesien ging es nur am Rande, wiewohl die heftigsten Kämpfe um den Landstrich an der Oder tobten. Im Zentrum der weltweiten Auseinandersetzung stand die Vorherrschaft der Überseemächte England und Frankreich in den Kolonien. Nordamerika und Indien hießen die Hoffnungsgebiete der großen Handelskapitalgruppen. Die militärische Absicherung von Märkten war – und ist bis heute – die Grundvoraussetzung für Kapitalakkumulation im Weltmaßstab. Die großen, international agierenden Kompanien bedurften der See- und Landstreitkräfte ihrer jeweiligen Schutzmächte. Im Zeitalter des Merkantilismus, das in jenen Jahren am Atlantik bereits seinem Ende entgegenging und in Mitteleuropa noch vor seiner Blüte stand, kämpften Frankreich und England für ihre jeweils mächtigsten Handeskapitalgruppen um das Beherrschen der Weltmeere. Spanien war als Großmacht von England bereits weitgehend ausgeschaltet worden. Der ungehinderte Zugang zu Rohstoffen in Nordamerika und auf dem indischen Subkontinent bildete die Triebfeder für politisches und militärisches Handeln. Baumwolle, Kaffee, Gewürze und andere exotische Produkte versprachen phantastische Gewinne, für die sich Waffengänge allemal lohnten – zumindest für die Investoren der Handelsgesellschaften, die in dieser Zeit ihr akkumuliertes Kapital im textilindustriellen Sektor einbrachten. Der Herrschaftsantagonismus zwischen England und Frankreich, zwischen den Seeflotten beider Mächte, bestimmte die geopolitische Großwetterlage in Europa, die wiederum für weltweite wirtschaftliche koloniale Eingriffe von entscheidender Bedeutung war. Der große englisch-französische Streit um die Weltherrschaft warf seine Schatten auf die Konflikte des alten Kontinents, auch auf den für Wien nach wie vor nicht zu den Akten gelegten Kampf um Schlesien.

Schon im September 1750 fuhr Maria Theresias Berater Wenzel Anton Graf Kaunitz, der spätere Staatskanzler, nach Paris, um ein neues Bündnis gegen Preußen zu schmieden. In Preußen, so äußerte er am Versailler Hof, erwachse ein gefährlicher Militärstaat, der „die Ruhe und das Gleichgewicht von Europa und besonders von Teutschland" gefährden würde. Für eine Unterstützung gegen die hohenzollerische Gefahr bot Wien das habsburgische Savoyen an. In den folgenden Jahren erreichte Kaunitz, der als Begründer einer modernen Außenpolitik an der Donau gilt, eine Allianz mit dem König von Frankreich. Preußen seinerseits schloß am 16. Januar 1756 einen Nichtangriffspakt mit England. Damit war die alte Bündnisstruktur, die Wien mit London und Berlin mit Versailles/Paris verbunden hatte, durch eine völlig neue Konstellation ersetzt: Frankreich, Rußland, Schweden und der allergrößte Teil der deutschen Reichsfürsten standen auf der Seite Wiens.

Paris wollte – so liest es sich im nachhinein in den Archiven – 100.000 Mann, die Zarin Elisabeth 70.000 Mann gegen den preußischen Ehrgeiz aufstellen. Als sich 1756 auch Sachsen dieser anti-preußischen Koalition anschloß, wurde es für Friedrich II. bedrohlich. Seine Aufforderung an Maria Theresia, ihm eine Nichtangriffsgarantie zu geben, stieß in Wien auf Ablehnung. Minister und Generäle mit klingenden feudal-österreichischen Namen wie Batthyány, Colloredo, Ulfeld und Khevenhüller drängten auf den Waffengang. „Dermalen lieget das Heyl der Monarchie an der Zurückbringung von Schlesien und Glatz und an der Zu Grund Richtung der Preußischen Übermacht", meinte beispielsweise der aus altem mittelfränkischen Adelsgeschlecht stammende Khevenhüller. Berlins Geheimdienste waren über die diplomatischen Vorbereitungen Wiens gegen Preußen informiert. Aussagen wie jene Khevenhüllers nahm der Preußenkönig zum Anlaß, am 29. August 1756 – wiederum ohne Kriegserklärung – in das mit Österreich verbündete Sachsen einzumarschieren. Das folgende, sieben Jahre dauernde Gemetzel war der grausamste der drei schlesischen Kriege. Nach dem Historiker Thomas Carlyle blieben 800.000 tote Soldaten auf dem „Feld der Ehre" zurück, 500.000 zivile Menschen in Sachsen, Böhmen und Schlesien verloren ihr Leben bei Brandschatzungen, Plünderungen und anderen soldatischen Gewalttaten. Obwohl diese hohe Zahl von der jüngeren Geschichtsschreibung angezweifelt wird, zeigt sie doch die Dimension des Waffenganges. In den sieben Jahren zwischen 1756 und 1763 wurden in Mitteleuropa jedenfalls ganze Armeen aufgerieben.

Kaum eine Stadt in Schlesien, die nicht mehrmals von den jeweils gegnerischen Allianzen erobert wurde. Österreicher, Russen und Franzosen auf der einen sowie Preußen und seine deutschen Hilfstruppen auf der anderen Seite zogen durch halb Mitteleuropa. Schlachten tobten um Dresden, Pirna, Prag, Schweidnitz/Świdnica, Breslau, Liegnitz/Legnica, Krefeld, Bergen-Enkheim und eine Reihe kleinerer Orte. Schweidnitz wurde insgesamt fünfmal belagert und erobert. Österreichische Truppen stießen am 16. Oktober 1757 nach Berlin vor und besetzten für einen Tag die preußische Hauptstadt.

Die entscheidende Wende des „Siebenjährigen Krieges" um Schlesien kam, wie so oft, von außen. In Moskau starb am 5. Januar 1762 die Zarin Elisabeth. Ihr Nachfolger Peter III., der nur fünf Monate später einem Komplott seiner Gattin Katharina zum Opfer fiel, schloß mit Preußenkönig Friedrich einen Separatfrieden. Das Ausscheren Rußlands aus der antifriderizianischen Allianz schwächte Österreich gewaltig, eine endgültige Niederlage war vorprogrammiert. Als es dann am 3. November 1762 auf weltpolitischer Bühne noch zu einem Friedensvertrag zwischen Frankreich und England kam, offenbarte sich das Schicksal Wiens in Schlesien. Der Frieden von Hubertusburg vom 15. Februar 1763 stellte den Status quo ante wieder her. Schlesien blieb in den Grenzen von 1756 preußisch.

Frankreichs verlustreicher Zweifrontenkrieg gegen die englische Seeflotte und die preußische Landarmee schwächte Paris und festigte die Vorherrschaft Englands auf den Weltmeeren sowie die angloamerikanische Entwicklung in Nordamerika. Französische Siedler aus dem hohen Norden, dem späteren Kanada, wurden von englischen Truppen vertrieben, zogen den Mississippi hinunter und bilden als sogenannte Cajun noch heute eine kleine französischsprachige Kolonie in Louisiana.

Schlesiens Bevölkerung litt durch den hohen Aderlaß, eine ethnische Verschiebung fand durch den „Siebenjährigen Krieg" indes nicht statt.

Schlesien öffnet sich nach Norden

„Welch ein Glück ist es für Schlesien, in preußische Hände gefallen zu sein", schrieb der österreichische Reiseschriftsteller Friedrich von Cölln im Jahr 1806, 40 Jahre nach der Etablierung Preußens als europäische Großmacht, als der französische Expansionismus den alten Kontinent in seinen Bann zog. Schlesien war zu diesem Zeitpunkt längst in die ökonomischen und militärischen Vorstellungen Berlins integriert worden. Über den Friedrich-Wilhelm-Kanal verlagerten sich die Haupthandelswege des Oderlandes in Richtung Norden, wohin das berühmte Leinen verschifft wurde. In Oberschlesien begann man im Zuge der merkantilistischen preußischen Modernisierung Erz- und Kohlegebiete zu erschließen. Die Sümpfe am Oderbruch wurden trockengelegt, Straßen und Kanäle errichtet. Porzellan- und Glasmanufakturen erlebten eine Blütezeit. Der vom preußischen Zentralstaat an den unmittelbaren Interessen der Feudalherren vorbei geplante Aufbau von Infrastruktur und Industrie lohnte sich auch für die aufgeschlossenen, modern denkenden Adelshäuser. Zahlreiche Rokokoresidenzen zeugen von der wirtschaftlichen Kraft des Landes, die freilich nur jenen zugute kam, die sich mit dem neuen König arrangierten. Der lokale Adel tat dies jedenfalls ohne großen Widerspruch. Die österreichische Zeit geriet zunehmend in Vergessenheit. Und Preußens Landnahme in Schlesien wurde in der deutschsprachigen Historiographie vor allem des 19. Jahrhunderts zum Synonym für den Beginn von Deutschlands Größe.

DAS HOHENZOLLERISCHE SCHLESIEN (1740/63-1918)

Mitte des 18. Jahrhunderts wurde Schlesien eine neue Herrschaft aufgezwungen. Von nun an bestimmte die Staatsräson des als künftige Großmacht aufkommenden preußischen Staates das Geschehen im Oderland. Bei allem Respekt vor den zu jener Zeit geachteten sogenannten universalen Werten bestand diese Räson in der Landvermehrung. Darauf wirkten zwar im ausgehenden Mittelalter und der anbrechenden Neuzeit alle Landesherren hin; die Hohenzollern erwiesen sich indes als besonders einfallsreich, sie schreckten vor keinen Ränken zurück. Friedrich, der sechste Burggraf von Nürnberg, hatte dies als Agent und Kundschafter im Dienst von Sigismund, dem Römischen König und König von Ungarn und Böhmen, vorexerziert: Für seine Verdienste wurde er 1417 mit der Mark Brandenburg belehnt. Daraus entstand das Kernland der späteren fünften Großmacht im Europa des 18. Jahrhunderts.

Großmacht nach drei Jahrhunderten

Bis dahin sollte es über 300 Jahre dauern. Die Etappen der Entstehung Preußens als Großmacht im einzelnen darstellen zu wollen, würde den Rahmen dieses Schlesienbuches sprengen und wäre auch insofern übertrieben, als der preußische Kontext für unser Thema erst Mitte des 18. Jahrhunderts relevant wird. Bis zu diesem Zeitpunkt enthält die Geschichte Preußens jedoch zum Teil spezifische, historisch typische Momente, die für das Verständnis der Hohenzollernhoheit über Schlesien aufschlußreich sein können. Vor allem ist festzustellen, daß mit der Landnahme Schlesiens für Preußen Herausforderungen entstanden, die zwar schon vorher einen charakteristischen Wesenszug des sich ständig vermehrenden Hohenzollernbesitzes ausgemacht hatten, in der zweiten Hälfte des 18. Jahrhunderts aber verstärkt sichtbar wurden: der offensichtlich machtpolitische Zwang, sich mit territorial wie militärisch größeren Nachbarn anzulegen.

In seinem vor knapp 20 Jahren herausgegebenen Essay „Zur Geschichte eines aufgehobenen Staates" stellt der bekannte deutsche Historiker Rudolf von Thadden, selbst aus einem alten preußischen Adelsgeschlecht stammend, fünf Fragen: „Wann war Preußen? Wo war Preußen? Wer war Preußen? Was war Preußen? Wie deutsch war Preußen?" Die auf rund 200 Druckseiten gegebenen Antworten bestätigen die Zweifel von Gottfried Korff, dem wissenschaftlichen Generalsekretär der 1981 im Gropiusbau zu Berlin veranstalteten Ausstellung „Preußen – Versuch einer Bilanz". Korff betonte mehrmals, daß sich die Frage nach der preußischen Geschichtswerdung nur durch schrittweise Annäherung an einzelne Probleme beantworten läßt. Eine fast banale, aber durchaus richtige Bemerkung, die politisch motivierte kritische Pauschalwertungen – beispielsweise aus polnischer (wegen der Teilungen im 18. Jahrhundert) oder französischer Sicht (wegen des deutsch-französischen Krieges im 19. Jahrhundert) – abwegig erscheinen läßt.

Heftig umstritten ist der Anfang von Preußen. Sebastian Haffner, dessen wissenschaftliche Publizistik auch von der Gelehrtenzunft gewürdigt wird, sieht in „Preußen ohne Legende" die Urgeschichte der preußischen Staatswerdung an zwei Orten: erstens in der Mark Brandenburg, die 1411/17 als ein von Askaniern erschlossenes Reichslehen an Friedrich aus dem Hause Hohenzollern gleichzeitig mit der Kurfürstenwürde vergeben wurde; zweitens in der „Ostpreußen" genannten Landfläche zwischen Weichsel und Memel, die durch die Goldene Bulle von Rimini 1226 – übrigens mit Zustimmung von Herzog Konrad von Masowien – dem Deutschen Orden zur Christianisierung der heidnischen Pruzzen übertragen wurde. Beide Wiegen von Preußen lagen Hunderte Kilometer weit voneinander entfernt, miteinander hatten sie überhaupt keine Verbindung. Der Deutsche Orden missionierte also das heidnische „Pruzzenland", das Preußen seinen Namen gab, und errichtete dort einen eigenen Ordensstaat. Dieser befand sich von Anfang an im Konflikt mit dem polnischen Königreich. Der Verlauf dieses Konfliktes, der auf den Schlachtfeldern Plock 1331 und Grunwald-Tannenberg 1410 sowie vor päpstlichen Gerichten ausgetragen wurde, versetzte der „preußischen Tradition" bereits in ihrer Urzeit einen antipolnischen Akzent. Dieser verursachte so lange keinen größeren Schaden für Polen, als es im mittel- und osteuropäischen Raum eine Großmacht blieb. Nach dem Zweiten Thorner Frieden von 1466, der den 13jährigen Krieg zwischen dem Deutschen Orden und Polen beendete, wurde das Ordensgebiet aufgeteilt: Der Westen fiel an die polnische Krone zurück, der nordöstliche Teil kam an den geschwächten Deutschen Orden. Dieser verlor damit seine Selbständigkeit an Polen, das nun als Lehensherr auftrat.

Ob es 1525, wie behauptet wird, „reiner Zufall" war, daß bei der Säkularisierung des streng katholischen Deutschen Ordens das in der Folge entstandene weltliche protestantische Herzogtum Preußen – mit Königsberg als Kapitale – unter dem letzten Deutschordens-Hochmeister Albrecht stand, einem Hohenzoller aus der Ansbacher Nebenlinie, sei dahingestellt.

Albrecht huldigte jedenfalls im Jahr 1525 in Krakau dem Jagiellonen-König Zygmunt I. Stary/Sigismund dem Alten, was übrigens bis in die heutigen Tage für das polnische historische Selbstbewußtsein enorme symbolische Bedeutung hat. Merkwürdigerweise wird diese Huldigung in der deutschsprachigen Historiographie meist verschwiegen. Was für die Polen einen Triumph über den damals „ewigen Erzfeind" bedeutete, war für die Deutschen eine Schmach. Der

„Verräter" Albrecht, der wegen dieser Huldigung gar der Reichsacht verfiel, handelte indes nicht anders als viele Fürsten der Reformationszeit. Sein Ausstieg aus dem Reich lohnte sich für ihn: Er zog das Kirchen- und Ordensgut für sich ein. Darüber hinaus war die polnische Lehensherrschaft viel lockerer.

Schon an dieser Stelle zeigte sich in Preußens Frühgeschichte ein – übrigens nicht nur für die Hohenzollern typisches – Charakteristikum: die Neigung zum Wechsel der Hörigkeit und – um einen späteren Begriff zu gebrauchen – der Koalitionen, was sich in den Religionskriegen des 17. Jahrhunderts und in der Napoleonischen Epoche sehr stark niederschlagen sollte. Das später von Richelieu geprägte Prinzip „Es gibt keine ewigen Verbündeten, es gibt nur die ewigen eigenen Interessen" lag den Hohenzollern offensichtlich von Anfang an in den Genen. Noch Jahrhunderte später, anläßlich der im Westen getätigten Bewertung der inneren Entwicklung der Deutschen Demokratischen Republik, wurde man nicht ganz zu Unrecht schmunzelnd darauf hingewiesen, daß ehemalige preußische NS-Enthusiasten bessere „Kommunisten" und bessere „Moskowiter" geworden waren als die Genossen in Moskau und der Sowjetunion.

Bleiben wir jedoch bei den Anfängen der preußischen Staatswerdung. Auch die Geschehnisse des Jahres 1525 – die Säkularisierung und Huldigung – ließen noch keinen mächtigen Staat ahnen. Eine erste politische Annäherung des Herzogtums Preußen an die Mark Brandenburg erfolgte 15 Jahre später, als sich in der stürmischen Reformationszeit auch die Mark zum Lutherischen bekehrte. Hie wie da gab es jeweils hohenzollerische Fürsten, von denen jedoch kaum einer daran gedacht hatte, auf eigene Hoheitsrechte zu verzichten. Erst 1618 konnte nach vielen politischen Heiraten, Erbverträgen und Belehnungen der bisher geteilte Hohenzollernbesitz in einer Hand vereinigt werden. Kurz zuvor vermehrte Johann Sigismund im Vertrag von Xanten 1614 seine Besitzungen um Cleve, die Mark und Ravensberg. Als Kurfürst von Brandenburg herrschte der Hohenzoller nun über ein Gebiet von etwa 80.000 km² – gestreut „von der Maas bis an die Memel". Mit einem Mal war das brandenburgisch-ostpreußische Kurfürstentum – eines von insgesamt sieben Herrscherhäusern, darunter vier weltliche, die den Kaiser wählten – jetzt sowohl dicht an die spanisch-französisch-niederländischen Querelen herangekommen als auch in die polnisch/litauischen-schwedisch/russischen Konflikte (polnische Truppen besetzten während der russischen „Smuta" im Jahr 1610 sogar Moskau) hineingezogen.

Preußen hatte nun seinen Fuß in den Türspalt zur europäischen Geschichte hineingesetzt. Gerade zu dieser Zeit, 1618, brach der Dreißigjährige Krieg aus. Der stets schwankende hohenzollerische Kurfürst Georg Wilhelm (1619-1640) wollte sich diesem Schlachtengang eigentlich entziehen. Doch der in ganz Europa tobende Krieg riß auch Brandenburg in das Gemetzel hinein. Als alle Teilnehmer total ermattet waren, glich das brandenburgische Land einer Wüste. In der Endphase dieses Wütens konnte Preußen, bereits unter dem später so genannten „Großen Kurfürst" Friedrich Wilhelm (1640-1688), militärische Erfolge verbuchen. Im Westfälischen Frieden 1648 zählte es – auf Kosten der Kaisermacht – zu den Gewinnern des Krieges. Erheblicher Landgewinn konnte verbucht werden: im Osten Hinterpommern und Cammin, im Westen Halberstadt und Minden sowie die Anwartschaft auf das Gebiet des Erzbistums Magdeburg. Der „Große Kurfürst" herrschte ab sofort über 110.000 km². Damit war das preußische Hohenzollernhaus den Wittelsbachern, Welfen und Wettinern landmäßig gleichgestellt – den Habsburgern freilich noch lange nicht!

Der Gewinn im Westfälischen Frieden läßt sich darüber hinaus auch anders messen: Preußen war außenpolitisch souverän geworden und konnte nun – wie andere europäische Mittelmächte auch – beliebig Allianzen eingehen und selbständig Kriege führen. Friedrich Wilhelm legte es genau darauf an. Sein Besitz war nämlich zerstreut – in zwei größere und fünf bis sechs kleinere Teile. Nur Magdeburg grenzte an Brandenburg, zu den anderen Ländern führten lange Wege über „fremdes" Land. Um dies zu ändern, brauchte der Hohenzoller ein starkes Heer. Für dessen Aufstellung mußten Gelder requiriert werden. Über diesen Vorgang entschieden jedoch – wie im feudalen Zeitalter üblich – mittels Steuerbewilligungsrecht die Stände. Im Westen waren sie von den Städten, im Osten vom Adel beherrscht. Geschickt vermochte der Kurfürst mit Kompromissen den Widerstand der Stände zu mindern: Den Adeligen gewährte er Steuerfreiheit, Gerichtsbarkeit und Polizeigewalt auf ihren Gütern und garantierte gleichzeitig die Erbuntertänigkeit der Bauern. Die städtischen Stände erhielten ihr Selbstverwaltungs- und Steuerbewilligungsrecht bestätigt. So wurden Mittel für die Aufstellung eines stehenden Heeres flüssig gemacht, eine der wichtigsten Voraussetzungen für die künftige Großmacht.

Zur selben Zeit mußte in Polen vor jedem Feldzug – etwa gegen Rußland, Schweden, die aufsässigen Kosaken oder die Türken – jedesmal der den gesamten Adel umfassende Sejm einberufen werden, um Kriegssteuern zu beschließen.

Mit dem stehenden Heer dagegen wurde in Preußen eine gesamtstaatliche Institution geschaffen: das Generalkriegskommissariat, dem – eben für den Heeresbedarf – eine Steuer-, Finanz- und Wirtschaftsverwaltung folgten. Das im dreißigjährigen Religionskrieg verwüstete Land erlebte bald einen wirtschaftlichen Aufschwung. Nach niederländischem Vorbild wurden Manufakturen errichtet sowie das Gewerbe und die Landwirtschaft vorangetrieben. Eine Einwanderungspolitik brachte die in Frankreich verfolgten Hugenotten und manchen aus Wien vetriebenen Juden ins Land. In Afrika wurden gar Kolonien angelegt, was unter anderem den Schiffsbau förderte. Militärisch riß Friedrich-Wilhelm Pommern mit Stettin aus dem schwedischen Herrschaftsverband und nutzte im übrigen den polnisch-schwedischen Krieg mit dem Friedensschluß in

Oliwa (1660), um völlige Souveränität über das Herzogtum Preußen (also den ehemaligen Ordensstaat) zu erlangen. Allerdings: Friedrich Wilhelm blieb sein Leben lang Kurfürst, die Königskrone setzte sich erst sein Sohn Friedrich III. auf, der sich ab 1701 als Friedrich I. den Titel „König in Preußen" gab. Dieser anfangs nur im ostpreußischen Teil rechtsgültige Titel wurde erst nach langem Zaudern auch im Reich anerkannt. Vor allem auch deshalb, weil der in den spanischen Erbfolgekrieg verwickelte Kaiser die Hilfe des brandenburgischen Heeres brauchte. Auch in Polen akzeptierte man den „König in Preußen"; der dort seit 1697 regierende sächsische Kurfürst August II. der Starke aus dem Haus der Wettiner konnte sich selbst nur „König in Polen" nennen.

König zu werden, galt im Reich als etwas ganz Besonderes, als etwas Zauberhaftes; dem Begriff haftete eine symbolische, eigentlich mythische Bedeutung an. In Bayern, Sachsen, Württemberg und Hannover regierten bloß „Kurfürsten", in Preußen jedoch gab es ab 1701 einen König. 1740 trat Friedrich II. – der Große genannt – in die Fußstapfen seiner Vorfahren. In drei Kriegen sollte sich die preußische Herrschaft bis 1763 auf Schlesien ausdehnen.

Die drei schlesischen Kriege waren nach Heinz Büchner „von einer skrupellosen Außenpolitik geleitete Raubzüge". Sie nur als gelungenen Versuch einer territorialen Arrondierung der unter dem „Soldatenkönig" herangewachsenen preußischen Militärmacht zu sehen, wäre verfehlt. Vielmehr muß man sie als eine erfolgreiche Teilnahme des aufkommenden jungen Staates im europäischen Mächtespiel der damaligen „Zwischenepoche" (die vom Westfälischen Frieden bis zur Französischen Revolution reichte) bewerten.

Es war dies die Zeit des frühen Merkantilismus, als die jeweils auf ihrem Hoheitsgebiet absolutistisch agierende Staatsmacht ihre heimische Wirtschaft zu fördern und zu lenken begann. Ein Ziel war die Stärkung des militärischen Potentials. Eines der Instrumente dafür war die „Peuplierung", die Hebung der Bevölkerungszahl. „Der erste Grundsatz, der allgemeinste und wahrste ist der, daß die wahre Kraft eines Staates in seiner hohen Volkszahl liegt", schrieb Friedrich II. in seinem „Politischen Testament". Dies veranlaßte ihn zur Eroberung fremder Gebiete, in denen er neue Untertanen, neue Wirtschaftspotentiale sowie neue Steuerquellen erschließen konnte. Während England, Frankreich, Spanien und Holland ihren Reichtum seit mehr als 150 Jahren durch die Expansion in Übersee sicherten, brauchte es im Fall des preußischen „Spätlings" Eroberungen im mitteleuropäischen Raum. Am gierigsten schaute er auf „das wirtschaftlich blühende Schlesien", wie Hannsjoachim Koch das Oderland in seiner „Geschichte Preußens" nennt. Für Friedrichs Konsolidierungsprogramm stellte Schlesien den ersten und wichtigsten Punkt dar – sein bisheriger Besitz bestand ja fast nur aus Wald und Sand. „Die Eroberung Schlesiens", schrieb Henry Kissinger in seinem Buch „Dyplomacja", „sollte Preußen zur Großmacht machen."

Fortan sollte Schlesien – mit Ausnahme der Teschener, Hultschiner und Jägerndorfer Gebiete – bis zum Ende des Ersten Weltkrieges ungeteilt zu Preußen bzw. Deutschland gehören. Im Frieden zu Hubertusburg wurde der Raub legalisiert, und Österreich bekam als Kompensation von allen Teilnehmern des Machtkampfes seine „Pragmatische Sanktion" anerkannt. Ein politischer Handel: Land für neues Recht. Der österreichische Erbfolgekrieg, der halb Europa in militärische Auseinandersetzungen hineinzog, endete im Jahr 1763 in Hubertusburg mit einer Bestätigung des neuen dynastischen Rechtes und garantierte wechselseitig den territorialen Status quo auf dem Kontinent.

Die Feldzüge hatten verheerende Folgen, sowohl für Preußen selbst als auch für die neue Provinz Schlesien, die ja bereits seit 1742 – mit zeitweiligen Unterbrechungen – unter dem Zepter von Friedrich II. stand. Von den etwa 500.000 preußischen Opfern dieser Kriege mußte ein Fünftel das Land entlang der Oder tragen. Die Verwüstungen glichen jenen des Dreißigjährigen Krieges im vorausgegangenen Jahrhundert. Nach Friedrichs „Denkwürdigkeiten" sah es „schrecklich aus. Der Adel war erschöpft, das niedere Volk ruiniert, viele Dörfer in Asche gelegt, zahlreiche Städte zerstört. In Stadt und Land war völlige Anarchie eingetreten; das Elend war allgemein ..." Nachträglich begründete Alexander von Humboldt die Eroberung Schlesiens einfach damit, daß Preußen eben hätte größer werden müssen, um sich in Europa behaupten zu können.

Jedenfalls glich Preußen in den 70er Jahren des 18. Jahrhunderts auf der Landkarte symbolhaft einem Krummsäbel. Dieser sollte sich mit der Zeit bedrohlicher erweisen, als man es damals hätte voraussehen können. Der von den europäischen Herrschern sanktionierte Raub Schlesiens – und dessen war sich Friedrich II. sehr bewußt – hatte einen wirklichen Gegenpol zum größeren Österreich geschaffen und die für das nächste Jahrhundert schwerwiegende Frage des „deutschen Dualismus", die Auseinandersetzung um die „großdeutsche oder kleindeutsche Lösung der deutschen Einheit", eröffnet. Im Kampf um Schlesien – wie das in einem Standardwerk des nationalsozialistischen Deutschland nachzulesen ist, nämlich in „Das Werden der Deutschen" von Friedrich Stieve – „hat sich Preußen in einer Feuertaufe bewährt und als ausschlaggebende Macht in der Welt der politischen Wirklichkeit durchgesetzt". Preußens Herrschaft über Schlesien bedeutete darüber hinaus – so dieselbe Quelle – ein Zeichen dafür, wie mit dem Wachsen der Gewalt die „innerdeutsche Sendung des Hauses Hohenzollern zu erfüllen ist". So kündigte der Raub Schlesiens nach dem Motto „Gewalt steht vor dem Recht" eine Methode an, die für das benachbarte Polen bald verhängnisvoll werden sollte. Von der preußischen Beute bei der zweiten (1793) und dritten (1795) Teilung Polens abgesehen, war Schlesiens Einverleibung unter allen territorialen Zuwächsen die größte „Erwerbung" – nach H.-J. Schoeps etwa 37.000 km² mit zirka 1,5 Millionen Menschen.

Der Zwang zum Fortschritt

Die Frage, ob es für das eroberte, in seiner Geschichte immer irgendwie „grenzländisch" peripher situierte Schlesien vor- oder nachteilhaft war, unter die preußische Herrschaft gekommen zu sein, ist so naiv nicht. Vom Standpunkt der zivilisatorischen und wirtschaftlichen Entwicklung wie auch unter dem Aspekt der politischen, kulturellen und religiösen Folgen für die schlesische Bevölkerung ist dies nicht eindeutig zu bewerten. Eine gewisse Zweideutigkeit ergibt sich daraus, daß kulturelle und religiöse Freiheit und Toleranz für einzelne Stände und Teile der Bevölkerung Segen oder Fluch war. Wirtschaftlich lag Preußen in den modernen Produktionsmethoden weiter voran als das habsburgische Vielvölkerreich. Die staatliche Organisation Preußens mit seiner um das Heer gescharten Finanz- und Verwaltungsorganisation war moderner als die seines dynastischen Konkurrenten.

Nach der Meinung von Volker Press war die preußische Ordnung prinzipiell ein Reglement eines „gestrafften Staates", der – anders als im habsburgischen Bereich – seine Untertanen „prosaisch, hart und nüchtern" zum absolutistisch-aufklärerisch verstandenen Fortschritt zu zwingen entschlossen war. Die Verwaltung des eroberten Landes wurde einem „Provinzialminister" auferlegt. Direkt dem König unterstellt, verrichtete er seinen „Sonderdienst" im 1723 berufenen und 1748 reformierten „General-Ober-Finanz-Kriegs-Domänen-Direktorium" (kurz: Generaldirektorium) neben fünf anderen im Berliner Schloß zu geregelten Zeiten amtierenden Ministern. Ihm unterstanden die territorialen „Kriegs- und Domänenkammern", denen in den Städten Steuerräte und auf dem Land Landräte unterstellt waren. Die strenge Verwaltung erstreckte sich – neben dem militärischen Regime – somit über das ganze zivile Leben. Friedrich II. wußte, was er zu tun hatte: Schlesien war tatsächlich die interessanteste Proto-Industrieregion des Staates. Die Einnahmen mußten direkt in die Königskasse fließen. Die Textil- und Glasindustrie in den Gebirgsgegenden sowie die auf den reichsten damals erschlossenen Kohlevorkommen basierende Eisenproduktion in den südöstlichen Regionen waren nicht nur für den Binnenmarkt wichtig. Sie trieben auch den Warenexport nach Übersee und in die westlichen Staaten Europas an. Zu jener Zeit erwirtschafteten alle alten preußischen Provinzen Exportgewinne von 12,6 Millionen Taler; Schlesien allein brachte es auf knapp 10 Millionen Taler. Vom merkantilistischen Standpunkt aus gesehen, der auf Handelserlöse größten Wert legte und die positive Handelsbilanz zum Hauptkriterium erhob, war also der Erwerb Schlesiens von allergrößter Bedeutung. Vor der damals bereits herrschenden scharfen Konkurrenz wußte sich der König mit einer Unzahl von Ge- und Verboten, Monopolen, Privilegien, Behinderungen und Strafen zu schützen. Der Reichtum des Schlesierlandes gestattete es dem Herrscher, hier eine 35.000 Mann starke Armee zu unterhalten – zehnmal so groß wie zu Zeiten der Habsburger. Die Armee wurde wohl auch als Sicherheitsfaktor für die strenge Steuer(finanz)politik und die dynamische Wirtschaftspolitik verstanden. Die Wirtschaftspolitik war das erste Glied einer Triade: Sie hatte der Finanzpolitik zu dienen, die das materielle Fundament für die Militärpolitik (Staatspolitik) darstellte. Der Staat finanzierte und subventionierte aber selbst die wirtschaftliche Entwicklung Schlesiens in einem für europäische Verhältnisse ungewöhnlichen Maß. Staatliche Manufakturen jeder Art wurden errichtet und aktive sogenannte Landverbesserungen vorgenommen, wozu auch ein sich auf Bauern, Handwerker und Kaufleute erstreckendes „Schutzsystem" gehörte. Für Friedrich II. waren die auf der Scholle, in Manufakturen und Bergwerken produzierenden Menschen – ganz egal, welcher Sprache und Religion sie angehörten – das, was man später Produktionsfaktor Arbeit und noch später Humankapital nannte. Und dies bedingte – selbstverständlich nur bis zu einer gewissen Grenze – seine „Bevölkerungspolitik" ebenso wie die berühmt gewordene, mystifizierte religiöse Toleranz, das „Seligwerdenlassen nach eigener Façon" gegenüber den Menschen in diesem slawisch-deutschen, katholisch-evangelischen Grenzgebiet.

Welcher Zunge und welchen Glaubens diese Menschen waren, läßt sich rückblendend zahlenmäßig nur schwer feststellen. Volkszählungen nach dem Prinzip der Nationalität gab es im friderizianischen Preußen nicht. Dem König – woraus ihm manche deutschen Historiker später einen Vorwurf machten – war dies sozusagen egal. Nach dem Verschwinden Polens von Europas Landkarte im Anschluß an die dritte Teilung im Jahr 1795 hatte sich diese Frage erübrigt. Denn die kurze Episode des von Napoleon I. 1807 kreierten „Warschauer Herzogtums", dem der Kaiser der Franzosen im Schönbrunner Friedensschluß von 1809 das von Österreich übernommene „Westgalizien" als östlichen Teil Schlesiens zuzuschanzen gedachte, war in dieser Hinsicht bedeutungslos geworden. Beides bewirkte somit, daß es im Schlesierland eben nur preußische Staatsuntertanen gab. Der Adel machte in der neuen Provinz etwas mehr aus als im „preußischen Durchschnitt", nämlich 1% der Bevölkerung. Die Gesamteinwohnerzahl Preußens stieg – trotz der großen Opfer in insgesamt zehn Kriegsjahren zwischen 1740 und 1763 – durch die „Neuerwerbungen" von 2,4 auf über 5 Millionen. Etwa 1,2 bis 2 Millionen davon fielen dem König aus dem geraubten Schlesien zu. Mit der ersten Teilung Polens im Jahr 1772 konnte sich Friedrich II. große polnische Territorien einverleiben: das Ermland, Westpreußen mit Bromberg/Bydgoszcz und Danzig/Gdansk sowie das Kulmer Land, insgesamt rund 36.000 km² mit etwa 700.000 Einwohnern. In seinem letzten „politischen Testament" von 1786 verpflichtete er seine Nachfolger, sein Ziel – das durch innere Kämpfe zerrissene polnische Wahlkönigreich zu schwächen – weiter zu verfolgen. Die konstitutionelle Schwäche Polens, schrieb Friedrich, müsse Preußen für sich nutzen – „bald eine Stadt, bald ein anderes Gebiet zu erwerben, bis man alles geschluckt hat ... Erwerbungen mit der Feder sind solchen mit dem Schwert allemal vorzuziehen. Man setzt sich weniger Zufällen aus und schädigt weder seine Börse noch Armee". Sein Nachfolger, Friedrich Wilhelm II. (1786-1797), erfüllte diesen Auftrag vorbildlich, indem er sich bei der zweiten und dritten Teilung Polens (1793 und 1795) insgesamt 120.000 km² mit mehr als zwei Millionen Menschen untertan machte. Preußen besaß nun ganz Westpolen, reichte weit über die Weichsel hinaus, grenzte östlich an Rußland und südlich an das österreichische Galizien.

Deutsche und Polen links und rechts der Oder

Aus verschiedenen Quellen kann die Schlußfolgerung gezogen werden, daß die grobe ethnische Einteilung richtig ist, wonach rechts der Oder fast ausschließlich polnisch-slawische Bevölkerung, auf dem linken Oderufer mehrheitlich Kolonisten deutscher Zunge und im Bergischen, südlich davon, Menschen slawisch-böhmischer Abstammung lebten. In einem vom Schlesischen Pestalozzi-Verein 1903 im Verlag Max Woywod herausgegebenen Sammelband schrieb der deutsche Historiker Peter Paeschke, daß „Polen, Böhmen und Wenden in Schlesien die ersten Ortschaften gegründet haben, wovon die slawischen Ortsnamen den deutlichsten Beweis liefern", und „deutsche Ortschaften wuchsen (mit der Kolonisation nach deutschem Recht) inselartig in die slawische Umgebung empor". Ende des 18. Jahrhunderts waren dies keine Inseln mehr, sondern wirtschaftliche, kulturelle und politische Zentren mit überwiegend deutscher Einwohnerschaft in den Städten. Das „knapp zur Hälfte von Nichtdeutschen bewohnte Schlesien" wird – bei Bernt Engelmann – in einem Gespräch Friedrichs II. mit dem französischen Gesandten erwähnt. Noch in den 1920er Jahren, zu einer Zeit also, in der ein vehementer, leidenschaftlicher Streit um den nationalen Charakter Schlesiens auf beiden Seiten die klare Sicht trübte, schrieb ein bekannter schlesischer Volkskundler, Paul Knötel, daß auf dem rechten Oderufer – mit nicht so fruchtbaren Böden wie auf dem linken – die polnische Bevölkerung vorherrschend war. Ein japanischer Forscher, Shinsuko Hosoda, bestätigte dies in einer 1997 veröffentlichten Untersuchung. Am Beispiel der Standesherrschaft Pless wird für die zweite Hälfte des 19. Jahrhunderts eine bis zu 90% reichende Überzahl von Menschen polnischer Nationalität dokumentarisch belegt. Hosoda stellt für Oberschlesien in dieser Zeit anhand von konkreten Einwohner- und Grubenbelegschaftslisten fest, daß unterhalb der Aufseher- und Steigerschaft die übrigen Bergleute polnischer Herkunft waren. Aus den von ihm zitierten deutschen Quellen ergibt sich auch die Identität: polnisch-katholisch und deutsch-evangelisch, was in einem 1917 in der Zeitschrift „Oberschlesien" erschienenen Beitrag von K. Kolbe „Zur Geschichte der Eindeutschung Oberschlesiens" aus deutschnationaler Sicht bedauert wird. In deutschen Statistiken fand der japanische Historiker den Satz: „In allen Gegenden Oberschlesiens mit slawischer Urbevölkerung ist die Zahl der Utraquisten, d.h. derjenigen Einwohner polnischer Abstammung, welche deutsch und polnisch sprechen, überaus groß und gehören in diese Klasse vornehmlich die kleinen Handwerker auf dem Lande, die vorgeschrittenen Rustikalbesitzer, die Scholzen, Gerichtsleute, die Vögte, Schaffer, Aufseher, die Steiger, die besseren Vorarbeiter in den Hütten, Fabriken usw." Es waren also Leute, die sich in zwei Richtungen zu verständigen hatten: mit den preußischen Behörden nach oben, mit den polnischen Untertanen nach unten. Polnische Schlesienforscher weisen indes auf einen weiteren Sinn dieser statistischen „Utraquisten"-Erfindung hin. Über die Frage „Bedienen Sie sich zu Hause auch der deutschen Sprache?" wurde – insbesondere gegen Ende des 19. Jahrhunderts – die Bevölkerungsstatistisk im Geist der Germanisierungspolitik verschönert. Noch 1850 schrieb der Oberlehrer Heinrich Adamy im „Leitfaden für den Unterricht" (Heimatkunde): „Die Polen – (719.000) – bewohnen die ganze rechte Oderseite von Pless abwärts bis gegen Oels und Medzibor und von der linken Seite hinab bis gegen Ohlau." Sie gehörten hier größtenteils dem bäuerlichen Nährstand an, während sie im Industriegebiet im „Pütt" schufteten. So erscheint die ethnisch-religiöse Frage im großen und ganzen als eine ökonomisch-strukturelle, sie deckt sich mit der Einteilung, die man im 19. und 20. Jahrhundert als Klassenstruktur bezeichnete.

Zu Beginn der Hohenzollern-Epoche in Schlesien schien dies noch keine ausschlaggebende Rolle zu spielen. Friedrich II. wollte so viele Menschen (Arbeitskräfte, Steuerzahler, Bevölkerungsvermehrer, Soldaten) haben wie nur möglich – egal, ob polnisch oder deutsch. Da in Schlesien aus habsburgischer Zeit nur etwa 7-8% der Bevölkerung direkte landesherrliche Untertanen und die Domäneneinkünfte nicht allzu hoch waren, mußte sich der König ein effektives System der Geldeintreibung schaffen. Mit dem Raub Schlesiens ließen sich die preußischen Steuereinnahmen von 2,4 Millionen auf 3,6 Millionen Taler erhöhen. Zuerst jedoch mußte der Monarch dem zerstörten Land mit seinem „Retablissement" unter die Arme greifen. Davon profitierte vor allem der anfangs gegenüber Preußen mißtrauische Adel, der sich seine neue Loyalität gut bezahlen ließ. 300.000 Taler als „Gnadengeschenk", 400.000 Taler als Darlehen für die Kreditanstalt der ständischen „Schlesischen Landschaft" – damit sollte der katastrophal verschuldete adelige Grundbesitz entlastet werden. Auf den mit 60 Millionen Taler taxierten Wert des Gesamtbesitzes des schlesischen Adels entfielen 20 Millionen Taler Schulden. Der ganze Stand hatte Offiziere und Beamten zu liefern und blieb steuerfrei.

Tributpflichtig waren vorwiegend die niedrigen Bevölkerungsschichten. Schwerste Belastung – bis zu 40% ihres Reinertrages – betraf die Bauern. Friedrich wußte, daß in Oberschlesien, anders als in Niederschlesien, der Bauer Sklave war. Dies ergab sich aus einer differenzierten Rechtslage. Während in Niederschlesien die freien Bauern und die Erbzinsbauern – jene mit vererbbarem Bodenbesitz – einen Großteil der ländlichen Bevölkerung ausmachten, waren in Mittel- und Oberschlesien Tagelöhner und Einlieger, die zur Miete wohnten, in der Überzahl. Ihre unterschiedlichen Bezeichnungen – Kossären, Lassiten, Häusler, Büdner und Kätner – belegen ihre verschiedenen Rechte. Von der Landarmut war freilich kaum etwas einzutreiben, es sei denn durch die „Akzise", d.h.: eine Konsumsteuer auf lebensnotwendige Waren. Und gerade diese ärmlichen Bevölkerungsgruppen waren nach den schlesischen Kriegen am schnellsten gewachsen. Durch ein großes Raster gesehen, ließe sich hierbei eine „Nationalitätengrenze" ziehen, war doch der Freibauernstand meistens eine Folge der Kolonisation – Friedrich II. ließ etwa 300.000 Neusiedler „anheuern", darunter 60.000 für Schlesien, sodaß 1780 dort jeder fünfte Bauer einer Kolonistenfamilie entstammte. Die wachsende Zahl der wenig oder nichts zahlenden Landarmut (Tagelöhner) dagegen war Resultat des gutsherrlichen „Bauernlegens", das Friedrich II. mit seinen Bauernschutzmaßnahmen scharf zu bekämpfen trachtete.

Nach dem Siebenjährigen Krieg ließ der König aus allen deutschen Landen Kolonisten kommen und siedelte diese in Staatsdomänen an, die Mitte des 18. Jahrhunderts bereits ein Drittel der gesamtpreußischen landwirtschaftlichen Nutzfläche ausmachten. Durch die Entwässerung des Havellandes, die Trockenlegung des Oderbruchs und die Kultivierung des Einflußgebietes der Warthe konnte er auf über 100.000 ha mehr als 900 Dörfer anlegen.

Das zweitgrößte Wirtschaftszentrum nach Berlin

Große Bedeutung kam im friderizianischen Staatswirtschaftssystem, zu dem selbstverständlich das mehrfach veränderte und sich nun auch auf Schlesien ausdehnende Allgemeine Preußische Landrecht gehörte, dem protoindustriellen Produktionswesen zu. Von den insgesamt etwa 15.000 preußischen Manufakturen entfiel ein Viertel auf Schlesien. Das V. Departement des Berliner Generaldirektoriums ließ über seine Inspekteure in Schlesien die Manufakturen besonders fördern. Diese „Fabriken", wie sie genannt wurden, machten zu jener Zeit etwa ein Zehntel der im sekundären Bereich Beschäftigten aus. Obwohl sie nur 1% der Gesamtbevölkerung ernährten, brachten sie für die Staatskasse mehr als ein Drittel aller direkten Einnahmen. Was die Fabriken produzierten, erlaubte einerseits die Begrenzung von Importen und förderte andererseits den geldbringenden Export. Um die Steuereintreibung muß es jedoch trotz schärfster

Verwaltung und Kontrolle schlecht gestanden sein, denn nach dem Hubertusburger Frieden schaffte sich Friedrich gerade und zuerst für Schlesien ein „französisches Modell" an: eine sogenannte Regie, die im Pachtverhältnis funktionierende „Hauptverwaltung der Verbrauchssteuer und Abgaben", die nicht nur für die Verwaltung der Zölle, der Monopole und der Akzisen, sondern auch für die Gesamteintreibung von Steuergeldern zuständig war. Mit der Konsum- bzw. Verbrauchssteuer wurde – wie Franz Mehring beschrieb – restlos alles belegt, „was der Mensch zum Leben und Sterben brauchte". Auf 107 Folioseiten waren in den Steuerunterlagen bis zu 40 Positionen pro Seite aufgezählt. Geld mußte her. Und um hierbei ganz sicher zu sein, befahl Friedrich der Große in einer bei Bernt Engelmann erwähnten Denkschrift, daß „den Städten in Schlesien das Wahlrecht genommen [werde], damit sie die Schöffenstühle nicht mit Leuten besetzten, die dem Hause Österreich ergeben sind". Er verstand also seine Interessen auch durch eine bewußte „Kaderpolitik" rückzuversichern.

Mit allen Mitteln Preußens Reichtum zu vermehren, war erste Pflicht des auf den neuen Herrscher eingeschworenen Beamtentums. Trotz der räumlichen Entfernung von der Breslauer Kammer sollte Oberschlesien hierbei eine kaum geahnte Rolle spielen. Die dort vorgefundenen Vorräte an Steinkohle, Eisen- und Zinkerzen sowie an anderen Mineralien stellten eine außerordentlich reiche Rohstoffquelle dar. Eine zuerst von privater Hand der Fürsten Henckel von Donnersmarck und von Pless, dann aber umso energischer durch den Staat geförderte Industrialisierung dieser Region wurde durch die „Bergordnung", eine eigene Berg- und Hüttendeputation mit Sitz in Tarnowitz, sowie durch die „Privilegien für Bergleute", Knappschaft und Siedlungen betreffend, gesetzlich abgesichert. So konnte Oberschlesien – nach Berlin – zum zweiten Wirtschaftszentrum des Staates aufsteigen. Von den Zentren der Leinwand- und Wollproduktion im sudetischen Streifen Niederschlesiens verlagerte sich der industrielle Schwerpunkt des Oderlandes in dessen östliche Teile. Hier nahm der technische Fortschritt seinen Anlauf: Trotz allgemeiner technischer Verspätung nahm 1788 die erste auf dem europäischen Festland installierte Dampfmaschine in Schlesien ihren Betrieb auf. Die Gesinnung der Menschen dort war indes – wie ein zeitgenössischer Autor bekundet – „weniger fritzig". König Friedrich, berühmt durch seine vielen Inspektionsreisen, sparte diese Gebiete aus. Er verstand die Sprache der Leute nicht, und sie verstanden ihn ebenfalls nicht.

Das Land der unbegrenzten Möglichkeiten
Während der großen Preußenausstellung im Berliner Gropiusbau im Herbst 1981 wurde anhand von Dokumenten gezeigt, wie fürsorglich Friedrich der Große für seine Untertanen auch in Schlesien war. Dokumentarisch – zumal selektiv – läßt sich viel beweisen. In der Schilderung von Bernt Engelmann – „Preußen.

Ein Land der unbegrenzten Möglichkeiten" – bietet sich uns ein differenzierteres Bild. Da wird veranschaulicht, wie richtig Lessings Urteil war, „Preußen als das sklavischste Land Europas" darzustellen. Manche Interpreten, z.B. Sebastian Haffner, suchten dies mit einem den Preußen eigenen Pflichtgefühl zu erklären. „Jedem das Seine" – dieser Staatsgrundsatz wurde mit der quasi abgeschafften Folter und der gesetzlich zugelassenen Prügelstrafe erzwungen. Neben der Fron- gab es auch die Abgabenpflicht. Diese umfaßte an die 750 verschiedenen Tribute, darunter Schutzgeld, Schäfersteuer, Bienenzins, Wachspacht, Wasserlaufzinsen, Spinn- und Wirkegeld, Flachs- und Federposenlieferung, Dochtgeld, Hundekorn usw. Und jenen, die sich dagegen auflehnten, geschah, wie es Ingrid Mittenzwei beschreibt: mit Husareneinsatz gegen die Landbevölkerung, die meist polnischer Zunge war, in den oberschlesischen Kreisen Rybnik, Ratibor, Pless und Gleiwitz/Gliwice ebenso wie in den niederschlesischen Gegenden um Schweidnitz/Świdnica, Ohlau/Oława, Nimptsch/Niemcza und Glatz/Kłodzko. Die „Schlesischen Provinzialblätter" berichteten über „einen Krieg zwischen den Gutsherren und den Bauern".

Verzweiflungsausbrüche gegen die harte Politik der Preußenkönige gab es von Bergleuten, Leinenwebern, Glasmachern und anderen „Manufacturierern". Diese unter dem doppelten Joch feudaler und kapitalistischer Ausbeutung schmachtenden Menschen waren nicht weniger belastet als die Bauern und Knechte/Mägde auf dem Land – und erbärmlichst bezahlt. Erfüllten sie ihre Pflicht nicht, wurden sie – bei wiederholter Widrigkeit – in Arbeits-, Waisen- oder Zuchthäusern und nicht selten in Festungen eingesperrt und zur Pflicht gezwungen. Daß all dies vorwiegend die bodenständigen polnischen oder tschechischen Menschen betraf, verwundert nicht. Denn auch hier trifft sich das Sozialgeschichtliche mit der ethnischen/nationalen Problematik.

Einfach Untertanen

Vor diesem sozialen Hintergrund muß die oft gepriesene Toleranz gesehen werden. Dem friderizianischen Preußen kann indes wirklich niemand eine bewußte „Germanisierungspolitik" nachsagen, wie wir sie aus dem späten 19. Jahrhundert und erst recht im vereinten Deutschland des 20. Jahrhunderts kennen.

Manche Autoren wie etwa Sebastian Haffner haben deswegen von der hohenzollerischen dreifachen Gleichgültigkeit gesprochen: der nationalen, der konfessionellen und der sozialen. Das dritte Element ist nur insofern richtig, als es in jenem Zeitalter, das Friedrich der Große, Autor des „Antimachiavell", vertrat, schier undenkbar war, an der „naturrechtlichen" Ordnung zu rütteln; das soziale Gefüge galt bei aller Aufklärung als unabänderlich. Das Nationale als Orientierungspunkt der Politik war dem 18. Jahrhundert noch fremd. Johann

Gottlieb Fichte sollte seine „Reden an die deutsche Nation" erst 1807 halten. Die Schlesier waren preußische Untertanen – ebenso, wie sie vorher zum Besitz der Habsburger gezählt hatten. Mit der Religion verhielt es sich anders. Selbstverständlich hatten die Religionskriege des 16. und 17. Jahrhunderts, die Friedensschlüsse von Augsburg (1555) und von Münster (1648) tiefe konfessionelle Konflikte verursacht, die Bevölkerung – je nach dem Bekenntnis der Landesherren – gespalten und die Gefühle der Menschen ins Wallen gebracht. Die katholische Offensive unter den Habsburgern konnte, wie beschrieben, verschiedene protestantische Strömungen nie ausmerzen, auch wenn die Menschen mit Dragonereinsatz zum Katholizismus bekehrt werden sollten.

Friedrich II. verspürte keinen religiösen Missionseifer. Für ihn war nicht Gott, sondern der Staat das Höchste. „Katholiken, Lutheraner, Reformierte, Juden und zahlreiche andere christliche Sekten wohnen und leben hier friedlich beieinander", beschrieb er die Lage, nachzulesen im 1981 von Gottfried Korf herausgegebenen Ausstellungskatalog „Preußen. Versuch einer Bilanz". „Wenn der Herrscher aus falschem Eifer auf den falschen Einfall käme, eine dieser Religionen zu bevorzugen, so würden sich sofort Parteien bilden und heftige Streitereien ausbrechen. Allmählich würden Verfolgungen beginnen, und schließlich würden die Anhänger der verfolgten Religion ihr Vaterland verlassen, und Tausende von Untertanen würden die Nachbarstaaten mit ihrem Gewerbefleiß bereichern und deren Volkszahl vermehren." Das war für seine religiöse Toleranz das ausschlaggebende Motiv. Merkwürdigerweise – und ganz anders, als wir es heute sehen möchten – war dies jedoch vom Standpunkt der verschiedenen Konfessionsgruppen aus keinesfalls eine Gnade. Die aufoktroyierte religiöse Toleranz wurde vielfach als eine schlimmere Geisel empfunden als der Militarismus, der Steuerdruck und die Junkerherrschaft. Dies scheint nur bedingt einleuchtend, doch wahr ist daran immerhin, daß für die zwischen Katholizismus und Protestantentum verschiedener Prägung hin- und hergerissenen „niedrigen Stände" die Religiosität der jeweiligen Konfessionsgruppen sozusagen den Kern ihres Daseins – ihre Kultur, ihre Sitten, Tradition, Lebensart und Werte, ihr zum Teil auch ethnisches Wesen – widerspiegelte und ausmachte. Ganz im Geist des aus den letzten zwei Jahrhunderten überlieferten Fanatismus waren sie bereit, für dieses ihr autonomes Gut zu stehen; Aufklärung war nicht ihre Sache. Das gemeine Volk – in den Städten wie auf dem Land – schöpfte das Gefühl des Eigenen und des Fremden eben aus den Glaubensunterschieden: ein psychologisches und soziologisches Phänomen, das im darauffolgenden Jahrhundert in die nationale Furche gekehrt werden sollte – bis hin zu Nebenerscheinungen des bismarckschen Kulturkampfes und den späteren Feindschaften des 20. Jahrhunderts. Was mit der Einkehr der Hohenzollern-Epoche in Schlesien wirklich galt und exekutiert wurde, war die Pflicht dem Staat gegenüber –

ein Religionsersatz, der als Brennstoff unter dem interethnischen „Schmelztiegel" die wirksamsten Energien auszulösen hatte. Ob das so gegossene „schlesische Eisen" die Probe des beginnenden „nationalen Jahrhunderts", in dem mit der industriellen Revolution aber schon die große soziale Frage brodelte, bestehen konnte, steht auf einem anderen Blatt.

Napoleon, die Preußen und die Schlesier

Die von Polen und Deutschen diametral unterschiedlich empfundene und bewertete Napoleonische Epoche – als Schlußetappe der Französischen Revolution – wirkte auf eine ganz besondere Art auf das Schicksal Schlesiens wie auf die weitere Entwicklung der Provinz ein. Unter der schweren Hypothek ungelöster sozialer Fragen, die nun offensichtlich geworden waren, begann in dieser Zeit „Schlesiens Schieflage".

Für die preußischen Herrscherschichten und deren intellektuelle Repräsentanten bedeutete der Anfang des 19. Jahrhunderts eine Zeit der tiefsten Erniedrigung Deutschlands. Diese begann mit dem Frieden von Wien (1805), als sich Preußen dem Diktat der in der „Dreikaiserschlacht" bei Austerlitz (Napoleon, Zar Alexander I. und Kaiser Franz I.) siegreichen Franzosen zu unterwerfen hatte. Dabei war gerade Preußen in den letzten zwei antifranzösischen Koalitionen (1799/1802 und 1805) neutral geblieben. Nur am ersten Krieg gegen Frankreich (1792-1799) nahm es teil und unterlag. Im Sonderfrieden zu Basel mußte Preußen auf die Bedingungen des noch für die revolutionäre Republik Frankreich streitenden Generals Bonaparte eingehen. Das bedeutete, den linksrheinischen Besitzstand an den Sieger abzugeben. Bonaparte erkaufte sich die Neutralität Preußens durch geschickte politische Maßnahmen und Gebietsveränderungen im Reich, die für die Interessen der Hohenzollern auf lange Sicht nicht unvorteilhaft waren. Obwohl Preußen also in den zwei nächsten Kriegen seine Neutralität bewahrte, mußte es sich nach Austerlitz dem triumphierenden „Kaiser der Franzosen" noch tiefer beugen. Nicht nur das Heilige Römische Reich Deutscher Nation ging infolge der Siege Napoleons 1806 unter, sondern auch Preußen erlitt durch den von Napoleon geschaffenen „Rheinbund" territorialen Schaden. Unter dem Druck der „Patrioten" – so bezeichnete man seit Ende des 18. Jahrhunderts allgemein politische Gruppierungen gegen fremde Einflüsse und Herrschaft – in Preußen kam es zu einer Annäherung Preußens an Rußland sowie zur vierten Koalition gegen Frankreich. In der Doppelschlacht bei Jena und Auerstedt im Oktober 1806 wurde Preußen vernichtend geschlagen, die Franzosen besetzten Berlin. Im Friedensvertrag von Tilsit (1807) mußte König Friedrich Wilhelm III. (1797-1840) schwere Gebietsverluste einstecken. Er verlor alles Land westlich der Elbe, im Osten mußte Preußen die Gewinne aus der zweiten und dritten Teilung Polens an das „Warschauer Herzogtum" abtreten, und zusätzlich war eine hohe Kontribution zu bezahlen. Schlimmeres – nämlich die Auflösung des preußischen Staates wie auch die Wiedererhebung Polens zum Königtum – wurde in Tilsit durch den Einspruch von Zar Alexander I. verhindert. Dieser teilte sich jetzt mit Napoleon die Macht über den Kontinent.

Am Rußlandfeldzug 1812 der Grande Armée beteiligte sich ein 20.000 Mann starkes preußisches Hilfskontingent unter General York. Beim Rückzug der vor Borodino geschlagenen Franzosen im Januar 1813 in Taurogen wechselte York im Einvernehmen mit dem russischen General Diebitsch die Front. Noch in der zweiten Hälfte des 20. Jahrhunderts ehrte die Volksarmee der DDR York als Symbol und Vorläufer der deutsch-sowjetischen „Waffenbruderschaft".

Das Korps von York trug wesentlich zur Erhebung Preußens gegen Napoleon bei. Es spielte eine wichtige Rolle im Befreiungskampf Preußens. Auf dem Wiener Kongreß (1815), dem zentralen Ereignis für die Neuordnung Europas nach der Französischen Revolution, erhielt Preußen seine verlorenen Gebiete im Westen und Osten – wenn auch anders gegliedert – weitgehend zurück. Preußen umfaßte nun 280.000 km², auf denen elf Millionen Menschen lebten. Seine Wiedererstarkung hatte Preußen nicht nur dem Kriegsglück gegen das revolutionäre Frankreich zu verdanken. Von noch dauerhafterer Bedeutung waren die inneren Reformen im Land selbst. Auf dem „Tiefpunkt nationaler Erniedrigung" wurde damit begonnen, den ganzen Staat umzukrempeln. Die „Revolution von oben", deren gedankliche und konkrete Ansätze schon vor der Jahrhundertwende sichtbar wurden, umfaßte alle Sphären des Lebens: das von einem Generalstab geführte Militärwesen mit allgemeiner Wehrpflicht, dem „Krümpersystem" – kurze Ausbildung der Rekruten, rascher Wechsel durch planmäßige Beurlaubung und Neueinstellung –, das Bildungs- und Kulturwesen (Universitätsgründung 1810 in Berlin und 1812 in Breslau), die staatliche Verwaltung durch Fachminister, das Steuersystem, die Städteordnung mit weitgehender Selbstverwaltung, Gewerbefreiheit anstelle der Zunftordnung und die Kommodifizierung des Bodens. Die von Freiherr von Stein, dem preußischen Reformminister, angestrebte Aufhebung der Gutsuntertänigkeit blieb durch die Sabotage der Junker unvollendet. Die Gutsherren erzwangen ein Königsedikt, das ihnen eine Entschädigung für die „Bauernbefreiung" zusprach. Diese bestand in der bäuerlichen Landabtretung an die Junker, was die ganze „Befreiung" obsolet machte. Der vom preußischen Landadel bekämpfte und „Erzlump" beschimpfte von Stein mußte aus Preußen fliehen. Er schrieb resigniert, daß „die besten Gesetze nichts vermögen, wenn die Ausführung derselben in die Hände der Gutsherren gelegt ist, welche solche Gesetze, um ihren Interessen oder vermeintlichen Rechten nicht zu schaden, den Eingesessenen nicht einmal gehörig publizieren". Von Steins Hauptgegner in der preußischen Junkerschaft, Friedrich Ludwig von der

Marwitz, hielt dagegen: „Stein fing die Revolutionierung des Vaterlandes an, den Krieg der Besitzlosen gegen das Eigentum, der Industrie gegen den Ackerbau, des Beweglichen gegen das Stabile."

Vieles von der „Revolution von oben" wurde dem französischen revolutionären Vorbild abgeschaut, anderes aus Ansätzen eigener Ideen in Preußen weiterentwickelt. Die Voraussetzung für die wirtschaftliche und industrielle Entwicklung sowie für die allgemeine Modernisierung des preußischen Staates war geschaffen.

Im seit einer Generation dreigeteilten Nachbarland Polen wurden unberechtigte Hoffnungen auf die Restauration eines eigenen souveränen Staates erweckt. Insgesamt hatte dies eine vielgestaltige, komplizierte politische Situation im Umfeld Schlesiens zur Folge. So reagierte die Bevölkerung Schlesiens auf die französische Besetzung sehr verschieden. Dies ist deshalb erwähnenswert, weil sich aus dem Verhalten in dieser Zeit über den Vormärz und den „Völkerfrühling" hinaus bis hin zur Bismarck-Epoche wichtige wirtschafts-, sozial- und nationalpolitische Konsequenzen ergaben. Die Jahre nach dem Tilsiter Friedensvertrag (1807), im Geist der Befreiung von der französischen Fremdherrschaft und im Gefolge der großen Reformen (von Stein, Hardenberg u.a.) gestaltet, ließen nämlich jenes Element der Politik aufkommen, das bis dahin in Schlesien kaum oder wenig reflektiert worden war: das Nationale.

Die im Edikt von Memel (1807) angekündigten und bald (1809/10) verwirklichten reformerischen Maßnahmen (Aufhebung der persönlichen Bauernuntertänigkeit sowie der feudalen Pflichten und die Gewerbefreiheit in den Städten) vermochten in Schlesien keinen Enthusiasmus für den preußischen Staat zu erwecken. Breite Bevölkerungsschichten reagierten teilnahmslos auf die französische Fremdherrschaft. Wo die unterdrückten Bauern glaubten, sich gegen die heimischen Gutsherren auflehnen zu können, wurden ihre Revolten – wie etwa in der Schweidnitzer oder Glatzer Gegend – von den Franzosen niedergemacht. In den Städten (davon gab es 130, aber 113 zählten weniger als 3.500 Einwohner) wollten die Handwerker nur bedingt die neue Gewerbefreiheit haben, die neue Steuern und Pflichten beinhaltete – darunter auch den Dienst in der „Bürgergarde". Ihnen waren die zünftischen „Gleichheiten", also die Vorrechte bzw. Privilegien, viel lieber. Der Adel aber sabotierte ganz offen die großen Reformen; er übernahm noch mehr Landbesitz. Sein Anteil an der landwirtschaftlichen Nutzfläche stieg durch die „Bauernbefreiung" von 30% auf über 50%. Die gutsherrliche Justizgewalt erstreckte sich jetzt über beinahe 70% aller Bewohner Schlesiens, umfaßte auch die Einwohner der etwa 90 sogenannten Mediatstädte und selbstverständlich fast alle der etwa 5.200 Hauptdörfer. Die ländlichen und städtischen Unterschichten in Oberschlesien waren davon besonders hart betroffen. Um ein Drittel vermehrte sich in jener Zeit die Zahl der „Häusler". Als dann 1812 Napoleons erzwungener Rückzug aus Rußland begann, war von einer Begeisterung nicht viel zu bemerken – von illustren Ausnahmen wie der Gründung des Lützowschen Freikorps in Breslau nach Friedrich Wilhelms „Manifest an mein Volk" abgesehen. Das Korps wurde von patriotischen Studenten und jungen Adeligen zum Kampf gegen die Franzosen aufgestellt.

Charakteristisch für diese Epoche war, daß nicht nur in den östlichen Teilen der Provinz die „polnischsprechenden" Rekruten sich von der Truppe absetzten oder sich überhaupt nicht erfassen ließen: Sie desertierten in das „Warschauer Herzogtum", ein von Napoleon errichtetes kurzfristiges Gebilde in Polen. Diese Tatsache, ein Beweis mangelnder Loyalität der „Polnischsprechenden", wurde Ende des 19. Jahrhunderts zu einem der Hauptargumente der massiv einsetzenden Germanisierung, zumal der Anteil der „Polnischsprechenden" in der Gesamtbevölkerung Schlesiens nicht abnehmen wollte. Verteilte sich 1820 die Bevölkerung (zirka 1,9 Millionen) fast gleichmäßig auf die drei Regierungsbezirke Breslau, Liegnitz und Oppeln, so notierte die für Oberschlesien eingerichtete Behörde, daß bis 1870 bei einer Steigerung der Gesamteinwohnerzahl auf 3,7 Millionen der Anteil Oberschlesiens von 27% auf über 35% gestiegen war.

Die soziale Frage in der unruhigsten Provinz

Wichtiger als die nationale wurde zu jener Zeit die soziale Frage; beide sollten sich später zum nicht unbedeutenden Teil überschneiden. Ferdinand Lassalle schrieb in den 1860er Jahren, daß mit der Entwicklung im Vormärz eine Trennung der bürgerlichen Freiheiten von der sozialen Demokratie sichtbar geworden sei, und Hoffmann von Fallersleben hielt in seinen „Unpolitischen Liedern" die sich anbahnende Entwicklung folgendermaßen fest: „Das Beten und Bitten ist erlaubt/ ja, und erlaubt ist alles überhaupt/ was niemals nützt den armen Untertanen ..."

Da das Bitten und Beten nicht viel ergab, wurde aus dem Oderland mit seiner „sozialen Schieflage" die unruhigste Povinz Preußens. Dies mag u.a. dadurch verursacht worden sein, daß der schlesische Adel – anders als in den rheinischen Provinzen, wo das aufgeklärte Bürgertum eine führende Rolle in der Wirtschaftsentwicklung spielte – über die Kapitalisierung der Landwirtschaft hinaus auch in die Industrialisierung einstieg und den Anliegen seiner Untertanen mit der gewohnten Arroganz gegenüberstand. Nicht nur wegen des Standorts an der Peripherie des Staates, sondern auch durch die technische Verspätung fiel die schlesische Industrie in eine durch die österreichischen und russischen Schutzzölle noch vertiefte Strukturkrise, aus der sie – beispielsweise in der Textilbranche – nicht mehr herauskommen konnte. Für die oberschlesische Kohle bedeutete die Förderung im neuen Ruhrpott bald eine starke Konkurrenz, der Maschinenbau stand erst in den Anfängen, und im Vergleich mit den westlichen Provinzen ging der Bau von Eisenbahnverbindungen in den 30er und 40er Jahren des 19. Jahrhunderts nur mühsam voran.

Wilhelm Wolff, der schlesische Frühsozialist, auf den sich später Karl Marx berufen sollte, hielt in seiner Publizistik ein grauenvolles Bild von der Existenz des in Breslaus Kasematten untergebrachten Proletariats fest. In einer Schrift von Eduard Pelz werden für 1843 Zahlen und Fakten genannt, die heute beinahe unglaubwürdig erscheinen. Mann, Frau und Kinder (trotz des 1839 verhängten Kinderarbeitsverbotes) erarbeiteten täglich als Spinner oder Weber höchstens 1 Silbergroschen. 1 Sack Kartoffeln kostete 20 Silbergroschen, der Sack Roggen 60 Silbergroschen. Dazu mußte der Prolet pro Jahr ans Dominium 120 Silbergroschen, 8 Sbg als Grundzins, 30 Sbg als Haussteuer, pro Kind weitere 30 Sbg, 5 Sbg Schulgeld und noch zirka 50 Sbg für Gemeindeabgaben zahlen. Die Elendsbeschreibung aus der Feder von Rudolf Virchow, der 1848 beauftragt wurde, die Existenzlage der Weber zu untersuchen, beeindruckt mehr als ein Panorama aus den Niederungen Kalkuttas. In dieser Zeit entstand der Begriff „Pauperismus".

Die aus der Ausbeutung der Proleten geschöpften „ungeheuren Geldsummen" würden, so Virchow, von der schlesischen Aristokratie in Breslau, Berlin oder Wien verschwendet; Schuld treffe auch die katholische Geistlichkeit, „die das Volk bigott, dumm und unfrei hält". Die („geschichtslosen") Polen, so Virchow, seien zur Zeit für eine Germanisierung noch untauglich. Er riet von einer Hebung ihres geistigen Niveaus durch Schulen in polnischer Sprache ab.

Vor diesem Hintergrund ist das „in seiner Wirkung bedeutendste Ereignis der schlesischen Geschichte des 19. Jahrhunderts", wie Norbert Conrads es nennt, zu sehen: der Weberaufstand von 1844 in den Ortschaften am Fuße des Eulengebirges, eines nördlichen Ausläufers der Sudeten. Unruhig war die Provinz ja auch schon vorher gewesen. Bereits 1793/94 – ein Echo der Pariser Vorgänge – meuterten in vielen schlesischen Städten Teile der Bürgerschaft. Erstmals gab es Unruhen unter den Webern in den Dörfern am Fuße des Sudetenkammes. Gleich nach dem Ende des Befreiungskrieges machte der „Pöbel" nicht nur in Breslau von sich reden. Wiederum als Widerhall der französischen Unruhen kam es 1830 zu Krawallen. Dann führte in den 1830er Jahren dreimal die Pest zu Zornausbrüchen der städtischen und ländlichen Unterschichten; 1844 ereilte Peterswaldau und Langenbielau die „gottgefällige Rache". Ein Hilfeschrei in der grenzenlosen Armut, ein Protest gegen protzigen Reichtum und ein Verzweiflungsakt gegen unmenschliche Ausbeutung – das war der Weberaufstand.

Die von Heinrich Heine besungenen und von Gerhart Hauptmann beschriebenen Ereignisse des Jahres 1844 wurden durch eine Hungersnot verursacht. Der damals als Privatlehrer in Breslau beschäftigte Wilhelm Wolff sah die Weber von ihren Verlegern gezwungen, „für einen Lohn zu arbeiten, welcher sie am Hungertuch nagen ließ". Im Vergleich zu den Textilarbeitern im Westen, z.B. in Wuppertal, erhielten die Weber in Niederschlesien wesentlich weniger. Und weil gerade die 1843 einsetzende Absatzkrise für schlesische Produkte die Unternehmer veranlaßte, die Stücklöhne noch weiter zu drücken, droschen die verzweifelten Weber auf ihre Verleger bzw. auf die Fabrikanten ein.

Am 4. Juni 1844 erstürmten 600 erzürnte Menschen in Peterswaldau/Pieszyce das Büro und die Residenz des verhaßten Unternehmers Zwanziger und verwüsteten sein Domizil. Tags darauf wollten die Weber dem nicht weniger verhaßten Fabrikanten Dierig ans Zeug. Der rief jedoch das Militär zu Hilfe; als die Menge vor seinem Palast ankam, wurde sie mit Gewehrkugeln empfangen. Elf Tote und an die 40 Verwundeten lagen auf dem Pflaster, was die Wut der Weber noch mehr steigerte. Mit Heugabeln, Knüppeln und Steinen verjagten sie die Soldaten aus dem Dorf. Einige Stunden später, des Nachts, rückten vier Kompanien Infanterie mit Geschützen in die Weberdörfer ein. Ihnen folgte ein Kavallerietrupp sowie die Gendarmerie. Am Morgen begann die gnadenlose Jagd nach den Aufständischen. Rund 150 Weber wurden festgenommen und auf die Wache nach Breslau gebracht. Ein Sondergericht verurteilte 87 von ihnen zu langjährigen Haftstrafen und zu je 30 Peitschenhieben. Die Kunde über den Aufruhr sowie die unmenschliche Behandlung der Weber erregte die Gemüter weit über Schlesien hinaus und erweckte auch erstmals das Bewußtsein des ausgebeuteten Arbeiters. Wahrscheinlich aus der Feder von Wilhelm Wolff stammt der Text „Schlesische Zustände", der im Pariser „Vorwärts" erschien: „Wenn die Weber nur etwas länger ausgehalten hätten, es wäre unruhig geworden unter uns. Der Weber Sache ist im Grunde auch unsere Sache. Und da wir an die 20.000 Mann auf den Bahnen Schlesiens arbeiten, so hätten wir wohl auch ein Wort mitgesprochen. Freilich hätten wir dazu noch einige kluge Köpfe gebraucht ..."

Bernt Engelmann, dessen Buch „Preußen. Ein Land der unbegrenzten Möglichkeiten" wir diese Zitate entnehmen, sieht derartige Reaktionen als selten an. Wo, wie in Schlesien, Guts- und Heimindustrie vorherrschte, sorgten die „Geldleute mit Schnaps und Pietismus" dafür, daß ein Bewußtsein der Arbeiter nicht aufkommen konnte. Für ein Mal scheiterte diese Art der Befriedungspolitik.

Außer einigen durch die liberale Presse unterstützten schüchternen Versuchen, dem Elend durch barmherzige Werke abzuhelfen, brachte dieser Aufruhr nichts. Ob dies ein Anfang der deutschen Arbeiterbewegung war, wie Friedrich Engels behauptete, ist fraglich. Zutreffender erscheint schon Lassalles Einschätzung, es habe sich um einen „wilden sansculottischen Wutausbruch" gehandelt – „ebenso schnell zerronnen wie gewonnen". Wilhelm Wolff zog aus dem Fehlen jeglicher dauerhaften Folge dieses Wutausbruchs folgendes Resümee: „Nur eine Reorganisation, eine Umgestaltung der Gesellschaft auf dem Prinzip der Solidarität, der Gegenseitigkeit und Gemeinschaftlichkeit, mit einem Wort: der Gerechtigkeit, kann uns zum Frieden und zum Glücke führen." Ein Satz, der auch heute, nach 150 Jahren – und gerade in Schlesien – richtig ist.

Die in ganz Europa stürmischen Jahre des „Völkerfrühlings" fanden selbstverständlich auch in Schlesien ihren Widerhall, doch sie blieben – wie überall – sozialpolitisch gesehen ohne bleibenden Erfolg. Zwar wurde das Offenlegen von gesellschaftlichen Widersprüchen evident. Dem in seinen Privilegien vorübergehend bedrohten Adel wollte der „Solidaritäts"-Versuch den Bauern gegenüber nicht gelingen. Diese, in „Rustikalvereinen" organisiert, durften einige der Feudallasten (wie etwa die Patrimonialgerichtsbarkeit) loswerden und konnten als nun zugelassene Mitglieder der „Landsmannschaft" durch ihre gewählten Vertreter in der Berliner Nationalversammlung wie in der Frankfurter Paulskirche auftreten. Aber im Grunde genommen blieb der adelige Großgrundbesitz politisch wie wirtschaftlich ungeschoren – bis zur Revolution 1918. Was Wilhelm Wolff in seiner Schrift „Die Schlesische Milliarde" über die ungeheure Ausbeutung der Bauernschaft um 1848 schilderte, verlor seine Aktualität noch lange nicht. In den Städten wurde sichtbar, daß das Bürgertum und die Unterschichten – trotz vermeintlich gemeinsamer Ziele wie etwa Vereins- und Pressefreiheit – nicht im selben Boot saßen. Dabei ging es nicht nur darum, daß etwa die Erstürmung der Bäckerläden von der Bürgerwacht verhindert wurde. Wichtiger war das Postulat der sogenannten „Mitglieder der Arbeiterklasse" – so die Eigenbezeichnung –, ein Arbeitsministerium einzurichten, was die Repräsentanten der Demokraten und Liberalen in der Paulskirche nicht mittragen wollten. Erkennbar wurde darüber hinaus, daß durch eine geschickte Taktik der Protest in den Städten durch scheinbare Zugeständnisse an die Liberalen auseinanderdividiert werden konnte. Die Bürgerlichen machten es bald dem Adel nach: Sie waren nicht bereit, „Menschenwürde und Menschenrechte der Arbeiterschaft zu respektieren", was manche deutsche Autoren „als eine aus dem reformierten Protestantismus resultierende Haltung" mißdeuteten. Die so im Stich Gelassenen, die Proletarier, bildeten darauf u.a. den „Breslauer Arbeiterverein", der nach 1863 in Lassalles „Allgemeinen Deutschen Arbeiter Verband" (ADAV) einging.

Bismarcks Zeiten

Als der „Völkerfrühling" vorüber und nach der Niederschlagung der Revolutionen von 1848 der Traum von einer demokratischen Epoche zunächst ausgeträumt war, kam nach einer quasiliberalen neuen Ära, kurz nach Wilhelms I. Thronbesteigung im Jahr 1861, die Epoche Bismarcks über Preußen. Innenwie Außenpolitik des neuen preußischen Ministerpräsidenten sollten fast drei Jahrzehnte lang Schlesiens Schicksal stark prägen und bis zum Ende der Hohenzollernherrschaft – die sich ab 1871 über ganz Deutschland erstreckte – nachwirken. Wie Mitte des 18. Jahrhunderts Friedrich II. zum großen Gestalter aufgestiegen war, so war – trotz seines Abgangs 1890 – Bismarck der Schöpfer einer tatsächlichen Großmachtpolitik. Diese Politik wurde mit den sogenannten Reichseinigungskriegen betrieben, in denen sich der „deutsche Beruf", die Bestimmung Preußens verwirklichte. Zuerst griff Preußen zur Verteidigung der von den Dänen unterdrückten Deutschen abermals in den schleswig-holsteinischen Konflikt ein. Österreich war mit dabei. Im zweiten dänischen Krieg 1864 erstürmten preußische Truppen in einer waghalsigen Attacke die Düppeler Schanzen und brachten damit den Konflikt mit den Dänen zur Entscheidung. Zwei Jahre später reiften die preußisch-österreichischen Auseinandersetzungen um die Vormachtstellung in deutschen Landen zur Kriegsphase an, die mit dem preußischen Sieg bei Königgrätz im Juli 1866 und dem darauf folgenden Frieden von Nikolsburg beendet wurde. Damit war in deutschen Landes die dynastische Herrschaftsform von der nationalen abgelöst worden. Aus diesem Krieg kam Preußen als die Hegemonialmacht im 1867 gegründeten Norddeutschen Bund hervor. Das letzte auswärtige Hindernis zur „kleindeutschen Lösung der deutschen Frage", die Haltung Frankreichs unter Louis Bonaparte, wurde im von Bismarck provozierten deutsch-französischen Krieg 1870 mit der Belagerung der Festung Metz und dem Sieg auf dem Schlachtfeld von Sedan beseitigt. Preußens König Friedrich III. ließ sich im Januar 1871 von den deutschen Fürsten zum Kaiser proklamieren. Das zweite deutsche Kaiserreich war Tatsache geworden.

Der über die Düppeler Schanzen, Königgrätz, Metz und Sedan führende Weg zur Verpreußung Deutschlands setzte auch in der schlesischen Provinz eine richtiggehende Welle von preußisch-(deutsch-)patriotischen Gefühlen frei. Bewußt wurde hierzu – wie in der „Schlesischen Zeitung" 1866 zu lesen war – an das Jahr 1813 erinnert, als eben aus der schlesischen Hauptstadt Breslau der königliche Ruf erging, für höchste Ziele zu kämpfen. Gedemütigt durch die „Olmützer Punktation" von 1850, eine von Österreich und Rußland erzwungene diplomatische Niederlage, mußte Preußen seinen Ehrgeiz zurückstecken, die größte und wichtigste Macht in Deutschland zu sein. Aber die Forderung, einen deutschen Bundesstaat zu schaffen – seit 1859 vom Deutschen Nationalverein immer wieder erhoben –, gab Berlin starken Antrieb zu jenem Vorgehen, das Bismarck „Eisen- und Blutpolitik" nannte. Ob es dem „Eisernen Kanzler" um die Einheit Deutschlands oder eher um dynastische Interessen der Hohenzollern ging, ist hierfür zweitrangig. Egal, ob demokratisch-liberal, freisinnig, konservativ, sozialdemokratisch oder im Sinn der Deutschen Zentrumspartei streng katholisch – allen politischen Richtungen lag allein schon der Gedanke fern, die „polnischsprechenden Preußen" aus deutscher Obhut zu entlassen.

Konkret hieß dies, daß gerade in Schlesien – wie in Großpolen, also der Provinz Posen – fest und hart germanisiert werden mußte. Es ist charakteristisch für die Aufarbeiter der deutschen Geschichte in Deutschland, daß dieser Begriff – „Germanisierung" – in dem 1994 von Norbert Conrads herausgegebenen Werk „Schlesien. Deutsche Geschichte im Osten Europas" in dem auf Schlesien bezogenen Teil kein einziges Mal auch nur erwähnt wird! Unwillkürlich wird man so an eine direkt vor 1939 publizierte nationalsozialistische Propagandaschrift „Das ist Polen" des Freiherrn von Oertzen erinnert. Darin heißt es, von den drei Teilungsmächten habe Preußen/Deutschland für seine „polnischsprechenden" Bürger wohl die größten Wohltaten erbracht und die Menschen auf ein höheres zivilisatorisches Niveau gehoben. Und das mag sogar insofern stimmen, als doch für die sich entwickelnde Industrie gerade auch in Oberschlesien qualifizierte Fachkräfte gebraucht wurden und überhaupt die Spezialisierung in allen Beschäftigungssektoren eine Anhebung des Bildungsstands notwendig machte.

Wie nicht selten in der Geschichte verschiedener Randgebiete mit multiethnischer Zusammensetzung, so setzte auch in Schlesien ein Mechanismus ein, der langfristig zum gegenteiligen Effekt führte. Die amtliche und politisch-gesellschaftliche Germanisierung rief eine Gegenreaktion hervor. Dies trug zum Erwachen und zur Erstarkung des „polnischsprechenden" Elements bei. Wie seltsam unlogisch dies auch erscheinen mag – man kommt nicht umhin, im ungleichen Ringen um den nationalen Charakter des Oderlandes immer auch die Kehrseite der gegenseitigen Einflußnahme verschiedener Elemente zu sehen. Es wäre auch kaum verständlich, wenn Schlesien, insbesondere dessen östlicher Teil, im Jahrhundert des Nationalismus von den Auseinandersetzungen und Kämpfen der gegeneinander aufgehetzten Nationalitäten ausgespart geblieben wäre. Wenn beispielsweise der polnische Kulturhistoriker Franciszek Antoni Marek in seinem 1992 erschienenen zweisprachigen Werk „Die unbekannte Nachbarschaft" über die gegenseitigen deutsch-polnischen kulturellen Einflüsse in Schlesien Hunderte von Namen deutscher Gelehrter, Dichter, Geistlicher beider Konfessionen und des Adels anführt, die sich in Schlesien unter preußischer Herrschaft für die polnische Sprache und andere Belange der polnischen Minderheit einsetzten, dann hat dies genau dieselbe Logik wie in der zweiten Hälfte des 19. und erst recht im 20. Jahrhundert die Betonung einer forcierten Germanisierung und die polnischen Reaktionen darauf. Das eine wie das andere ist immer aus dem Geist der Epoche, dem jeweiligen politischen Klima, den in das breitere internationale Mächtespiel hineingeflochtenen Interessen zu entnehmen. Diese Binsenwahrheit wird meistens bewußt verkannt und bietet neuen Streitstoff zu der Frage, was objektiv und was erlogen ist.

Auch in der Vergangenheit finden wir viele Beispiele, die bereits in den 1950er Jahren in der DDR im Sammelband „Für Polens Freiheit" von Wolfgang Gentzen aufgeführt (und vom Autor dieses Textes 1970 auf dem Kongreß „Friede mit Polen" in der Frankfurter Paulskirche ergänzend dargestellt) wurden, die davon Zeugnis ablegen, wie sich deutsche Demokraten und Humanisten für das dreigeteilte Polen (aber eben nicht immer für die Polen in Schlesien) einsetzten. Es war dies die Vormärzatmosphäre, die Stimmung des Völkerfrühlings, die nicht ganz aufgegebene Hoffnung der „Neuen Ära", die jene Polenschwärmerei auslöste. Getragen war sie von einem Mitleidsgefühl mit den Polen, denen wieder einmal ein Aufstand (1795, 1831, 1863) nicht gelingen wollte. In deutschen demokratischen und feinsinnigen Kreisen, auch in Schlesien, wußte man, warum. Die Zeit nach dem Wiener Kongreß 1815 stand im Geist der Heiligen Allianz, einer preußisch-russisch-österreichischen Absprache, die darauf abzielte, die polnische Frage in Europa nie wieder aufkommen zu lassen. Und so blieb es trotz veränderter Bündnisse nach dem Krimkrieg über ein Jahrhundert lang.

Hier soll kurz daran erinnert werden, daß Polen in der Zeit zwischen 1772 und 1918 durch drei von Preußen, Österreich (nur an zwei beteiligt) und Rußland angestrengte Teilungen von der Landkarte verschwunden war. Nur die türkischen Herrscher riefen bei offiziellen Feiern den „Gesandten aus Lechistan" – damit war Polen gemeint – auf. Polen war also 131 Jahre inexistent und unfrei, von fremden Mächten beherrscht. Im Land wurde russifiziert und germanisiert – am wenigsten im österreichischen Teil, in Galizien, wo Wien eine kulturelle Autonomie und sogar ein politisches Eigenleben der Polen duldete.

Mit der Unfreiheit fanden sich die polnischen Patrioten nie ab. In fünf Aufständen versuchten sie, die Fremdherrschaft abzuschütteln. Am intensivsten entwickelte sich die Freiheitsbewegung im russischen Teilungsgebiet. Bereits 1794, kurz nach der zweiten Teilung, erhob sich die „szlachta" – das „Adelsvolk" – gegen das fremde Joch. Der Aufstandsführer Thadeusz Kościuszko, der vorher im amerikanischen Unabhängigkeitskrieg 1775 bis 1785 als Adjutant George Washington zur Seite stand, mobilisierte mit seinem Manifest von Połaniec – einem Versprechen zur Abschaffung der Leibeigenschaft – die bäuerlichen Untertanen zur Teilnahme am Kampf. Dem Ruf folgten viele. In der Schlacht bei Maciejowice trugen sie zum Sieg über die Zarentruppen bei und blieben bis zum Ende ihrem Schwur für ein freies Polen treu. Zum hundertjährigen Gedenken an dieses Ereignis fertigten drei bekannte polnische Maler in Lwów/Lemberg ein Panoramabild an. 1956 wurde dieses Bild von der Sowjetunion an Polen zurückgegeben, wo es heute in Breslau in einem speziell errichteten Gebäude an der Oder zu sehen ist.

Ähnlich wie die bäuerlichen Untertanen verhielten sich die Warschauer Handwerker, die – jabobinisch eingestellt – gegen die zarenhörige polnische Aristokratie loszogen. Schon am 3. Mai 1791 war die erste demokratische Verfassung in Europa im Vierjahres-Sejm gegen den Willen der Magnaten verkündet worden. Mit Hilfe eines preußischen Korps siegten dann doch die zaristischen Truppen unter Suworow. Der Kościuszko-Aufstand wurde niedergemetzelt.

Zum zweiten Mal erhoben sich die Polen im November 1830, was durch die Pariser Julieereignisse ausgelöst wurde. Knapp ein Jahr dauerten die Kämpfe in Kongreßpolen – so wurde der mittel-östliche, zu Rußland gehörende Teil Polens genannt, wie er auf dem Wiener Kongreß dem Zaren zugeschanzt worden war. Nicht nur die militärische Überlegenheit der Russen, diesmal ebenfalls von Preußen unterstützt, brachte diesen Aufstand zum Scheitern. Wieder war es die Käuflichkeit der polnischen Magnaten, die mit dem Zaren einen Kompromiß schlossen. 1846 im österreichischen Krakau und 1848 im preußischen Posen kam es zu Freiheitskämpfen, die von kurzer Dauer waren und in der „kongresowka", Kongreßpolen, keinen Widerhall fanden.

Die nächste Generation polnischer Patrioten zog im Januar 1863 erneut gegen die zaristische Unterdrückung los. Im Februar desselben Jahres ging Preußen mit Rußland eine geheime Konvention ein, in der sich beide Staaten verpflichteten, nichts gegeneinander zu unternehmen, und sich ihren jeweiligen – polnischen – Besitzstand garantierten. Die Aufständischen kämpften über ein Jahr lang, zeitweilig unter einer „roten", radikal-demokratischen, dann wieder unter einer „weißen" aristokratischen Nationalregierung, gegen die zaristische Übermacht. Zu den roten Anführern des Aufstandes zählten unter anderem Jarosław Dąmbrowski, der spätere General der Pariser Kommune, und Ludwik Mierosławski, der letzte Befehlshaber der badensischen Aufständischen in der 1848er Revolution.

Auch die gewaltige Streikbewegung des Jahres 1905 in Warschau und Lodz gehört in die Reihe polnischer Erhebungen gegen den Zaren. Doch dieses Ereignis hatte bereits einen anderen, weniger nationalen, vielmehr sozialen Charakter.

Vor dieser internationalen Kulisse spielte die schlesische Tragödie. Auf der Bühne: das bismarcksche Stück „Kulturkampf". In früheren polnischen Darstellungen dieser Episode war man geneigt, den Kulturkampf ausschließlich oder vorwiegend auf dessen antipolnische Komponente zu reduzieren. Bismarck selbst betonte dies in seinen „Gedanken und Erinnerungen". Er war ja in der politischen Auseinandersetzung mit dem die staatliche Autorität in Frage stellenden Ultramontanismus – einem besonders fundamentalistisch ausgerichteten Katholizismus – gescheitert und suchte dafür eine Ausrede. Im Grunde genommen ging es in diesem „Kulturkampf" nicht um Kultur, sondern um Macht und Wirtschaftsinteressen. Die Reichseinigung 1871 zog nämlich eine zusätzliche Trennungslinie zwischen dem liberalen Bürgertum, das daraus Vorteile schöpfte, und dem seiner Allmacht verlustig gegangenen Junkertum. Ein Konsens schien unmöglich. Bismarck flüchtete in ein großartiges politisches Manöver: Das 1870 vom Vatikanischen Konzil verkündete Unfehlbarkeitsdogma des Papstes ließ ihn die Grundsatzfrage stellen, wer im Deutschen Reich das Sagen habe. Die Protestanten, die seit 1822 in kulturpolitischen Fragen geeint auftraten und somit in weltlichen Angelegenheiten die Spaltungen in unterschiedliche Glaubensrichtungen überwunden hatten, fühlten sich in diesem Sinn „uniert". Als eine Art Nationalkirche waren sie dem preußischen Thron ergeben. Sollte zwischen ihnen und den römischen Katholiken, die auf eine unfehlbare Autorität „hinter den Bergen" – ultra montanus – zu hören hatten, ein neuer Investiturstreit entflammen? Mit den sogenannten Maigesetzen (seit 1873) wollte sich Bismarck Gehör verschaffen und Einfluß auf wichtige innerkirchliche Angelegenheiten sichern – darunter in Schul- und Personalfragen. Durch ein entschiedenes Veto des Heiligen Stuhls und der deutschen Kirchenhierarchie wurde daraus ein schwerwiegendes Politikum. Breslaus Kirchenfürst Förster ließ es darauf ankommen, verlegte seinen Amtssitz auf Schloß Johannesberg im österreichischen Fleck seiner Diözese und rief sein Kirchenvolk sowie die gesamte Priesterschaft auf, sich den staatlichen Anordnungen zu widersetzen. So wurden Millionen Menschen in einen Loyalitäts- und Gewissenskonflikt gestürzt. Nach amtlicher preußischer Statistik gab es nämlich für Schlesien zu jener Zeit eine bis zu 60% reichende katholische Mehrheit, die in Oberschlesien im Regierungsbezirk Oppeln sogar die 90%-Grenze überstieg – mehr als das Doppelte als im Regierungsbezirk Breslau und fast das Sechsfache der Liegnitzer Regenz. Wenn man auf das Raster dieses „Konfessionsnetzes" die von deutschen Beamten und Lehrern mit künstlichen Kategorien zurechtgeschnittenen amtlichen Sprachdaten legt, dann darf daraus der Schluß gezogen werden, daß es vor allem die polnischsprechenden Menschen in Oberschlesien waren, die die Konsequenzen dieses Loyalitätskonfliktes zu tragen hatten.

Wenn auch diese Tatsache nicht die einzige Ursache des nun verschärft einsetzenden Germanisierungsprozesses war – die nach der Reichsgründung intensivierte Deutschtümelei wie auch die Reaktion auf die gespenstisch übertriebene Darstellung einer „slawischen" (polnischen) Gefahr spielten hierbei ebenfalls eine wichtige Rolle –, so war sie doch von einem besonderen Charakter:

Sie hatte einen systemfremden und systemgefährdenden Akzent. Im bismarckschen Verständnis war eben jede Auflehnung, zumal der „niedrigen Stände", gegen die Obrigkeit ein wahres Sakrileg. Alles, was dem Willen des Königs sich zu widersetzen erdreistete, erschien dem Kanzler als ungeheuerlich. Es läßt sich auch gar nicht leugnen, daß sowohl auf dem flachen Land wie in den Städten und Fabrikssiedlungen nationalpolnische Einflüsse aus Posener und Krakauer Intelligenzkreisen sich hauptsächlich über die polnisch-katholische Presse und ein kirchliches Vereinswesen bemerkbar machten. In Oberschlesien konnte sich darüber hinaus eine polnische Kleinbürgerschicht heraufarbeiten, die sich, dem Beispiel der Posener folgend, eine finanzielle Selbsthilfestruktur zulegte.

Der preußische Staat hatte genug Mittel und Möglichkeiten, um diese „slawische Gefahr im Verzug" zu bannen. Nachdem der „Kulturkampf" Ende der 1880er Jahre abgeblasen war, der neue Fürstbischof in Breslau, Kardinal Hans Kopp, sich kompromißbereit zeigte und die Deutsche Zentrumspartei politisch beschwichtigend auf das katholische Gemüt ihrer „polnischsprechenden" Klientel einwirkte, holten die „Hakatisten", wie man sie später nannte, zum großen Schlag aus. Die bereits seit 1885/86 aktive Kolonisierungskommission, mit Hunderten Millionen Mark aus dem Reichshaushalt wie aus privaten Vermögen für „die Festigung des Deutschtums" ausgestattet, der „Alldeutsche Verein", der 1894 gegründete „Verein zur Förderung des Deutschtums in den Ostmarken", die vielen Novellen zum Maulkorbgesetz, das das polnische Vereinswesen kontrollierte und die polnischen Zeitungen zensierte, ein neues „Siedlungsgesetz" (1904), das die Baurechte der Polnischsprechenden beschränkte – all dies waren staatliche und private Maßnahmen, die nach über 150jähriger preußischer Herrschaft in Schlesien einige Fragen offenließen; darunter auch die, wie und warum es soweit kommen mußte, daß eine zweifellos privilegierte, herrschende und in allen Bereichen dominierende preußisch-deutsche Mehrheit immer noch um „die Festigung des Deutschtums" „kämpfen" mußte?

Als zu Beginn des 20. Jahrhunderts die nach dem Gründertrio (Hansemann, Kennemann, Tiedemann) benannte „Hakate" in Oberschlesien ihren Vereinstag abhielt – unter den etwa 6.000 Mitgliedern des dortigen „Ostmarkenvereins" waren 950 Beamte, 940 Lehrer, 2.230 Industrielle und Großgrundbesitzer sowie 552 Arbeiter – und mehr Gelder für ihre Aktivitäten verlangte, schrieb der Breslauer Oberpräsident von Zedlitz an Reichskanzler Bülow, daß das Argument der Herren vom „Ostmarkenverein", man müsse mehr tun, weil sich das deutsche Bewußtsein in Oberschlesien vermindert habe, nicht zutreffe, denn die dortige Bevölkerung habe niemals ein solches gehabt.

Auf dieses „schlesische Geheimnis" – ein Phänomen jedes Randgebietes – wird noch zurückzukommen sein.

POLENS EXISTENZKAMPF (1918-1939)

Die Crux mit den „polnischsprechenden Preußen"

Drei schlesische Kriege Mitte des 18. Jahrhunderts entschieden über die Zugehörigkeit Schlesiens zu Preußen und damit – seit der Verpreußung Deutschlands 1871 – zum II. Deutschen Reich. Drei schlesische Aufstände nach dem Ende des Ersten Weltkrieges korrigierten die Grenzen zugunsten eines nach drei Teilungen wiedererstandenen Polen. Für die Deutschen – ein Horrendum. Für die Polen – Ausdruck „geschichtlicher Gerechtigkeit".

Wenn man es genau nimmt, stimmt es durchaus, daß seit dem 14. Jahrhundert das Land entlang der Oder nicht mehr unter polnischer Hoheit gestanden war; andererseits war die polnische Parole von der Rückkehr zu der westlich orientierten Piastentradition gerade angesichts der tatsächlichen Bevölkerungslage nicht unbegründet. Doch bis in die heutigen Tage dauert zwischen Deutschen und Polen der Streit an, ob die in den Jahren 1919 bis 1921 getroffenen Entscheidungen gerecht waren oder nicht. Diese – jetzt glücklicherweise nur mit Worten und Schriften friedlich geführte – Auseinandersetzung ist bloß ein Fragment einer in der Zwischenkriegszeit breit angelegten politischen Historikerdiskussion. Das Argument, Polen sei bloß ein „Saisonstaat" und die „Wegnahme" der seit Ende des 18. Jahrhunderts Preußen einverleibten polnischen Provinzen eine Ungeheuerlichkeit, trat darin nicht selten auf. Erinnernswert ist, daß 1848 auch die deutschen Demokraten in der Frankfurter Paulskirche nichts davon hören wollten, auf die Provinz „Posen-Westpreußen" zu verzichten, von Schlesien ganz zu schweigen. In der Paulskirche fielen u.a. Worte wie „heilsamer Egoismus". Nicht erst unter Adolf Hitler galt die Parole: Was deutsche Soldaten einmal erobert haben, gehört zu Deutschland! In milderer Form hieß es, man habe mit den nacheinander folgenden Kolonisierungswellen Kultur in rückständige Ländereien hineingetragen, diese so für die Zivilisation, für Europa gewonnen und daraus einen Geschichtsraum erschaffen. Nicht nur die polnische Geschichtsschreibung verneint diese aggressive These. Auch der Gießener Historiker Lothar Dralle, der in seinem 1991 erschienenen Buch „Die Deutschen in Ostmittel- und Osteuropa" die „Lehrmeister- und Kulturträgerrolle der Deutschen" bezweifelt, widerspricht der These von der zivilisatorischen Überlegenheit der Deutschen entschieden. Er weist vielmehr auf das selbständige Bemühen der bodenständigen Bevölkerung hin, sich das antike Erbe anzueignen, und würdigt dabei mit Recht den deutschen Vermittlerpart. Vom deutschen Sendungsauftrag an den Peripherien zwischen deutschen und slawischen Menschen will er aber nichts wissen. Mit dem Aufkommen des Nationalismus und der Setzung des Nationalstaates als absoluten Wert, schreibt er, sei die Vermittlerrolle zugunsten einer Herrscherrolle aufgegeben worden. Seitdem gilt der

Grundsatz: Einmal deutsch, immer deutsch! Gegen Ende des Ersten Weltkrieges waren der deutsche und der österreichische Kaiser zwar durchaus bereit gewesen, ein Polen auf der Landkarte wieder zu dulden, allerdings nur auf dem Gebiet, das nach der dritten Teilung Rußland zugefallen war.

Selbstbestimmung als Instrument

Nun aber, am Ende des Ersten Weltkrieges, angesichts einer deutschen militärischen Niederlage, war die Situation für die Durchsetzung deutscher Grundsätze absolut ungünstig. Die politischen Eliten der Weltpolitik waren vom Prinzip des „Selbstbestimmungsrechts der Völker" damals genauso besessen, wie sie es heute von der „Verteidigung der Menschenrechte" sind. Nicht nur Lenin in Rußland im November 1917, sondern auch US-Präsident Woodrow Wilson erklärte im Januar 1918, aus welchen Berechnungen auch immer, dieses Prinzip zum „Grundsatz staatlichen Handelns", zum Hauptregulativ völkerrechtlicher Probleme. Bei allen andersliegenden Motiven Frankreichs und Englands, das in Spa eine Milderung der Friedensregelung für Deutschland erzwang, konnten die Hauptakteure auf der Bühne der Pariser Friedenskonferenzen nicht umhin, die nationale Selbstbestimmung als Prinzip zu respektieren. Davon sollte Polen profitieren, wenn auch nicht ohne ernsthafte Probleme.

Aus den Memoiren von Eugeniusz Romer, einem zur polnischen Delegation gehörenden Geographen, erfahren wir, wie sich auf der Pariser Friedenskonferenz zwischen April und Juni 1919 infolge der Intervention des auf deutsche Proteste positiv reagierenden britischen Premiers Lloyd George das Verhältnis zu den polnischen Postulaten bezüglich Schlesien änderte. Wurden vor der Beratung in Spa Polen der gesamte Ostteil des Regierungsbezirks Oppeln sowie auch einige Gebiete im Norden des Breslauer Regierungsbezirkes (Groß-Warthenberg/Syców und Namslau/Namysłów) zugesprochen, so entschied nun der Rat der Großen Vier (USA, Großbritannien, Frankreich und Italien), die Gesamtbevölkerung im strittigen Gebiet in einem Plebiszit über ihre staatliche Zugehörigkeit abstimmen zu lassen. Damit waren weder Polen noch Deutschland zufrieden, mußten sich aber mit den Bestimmungen des Artikels 88 des am 28. Juni 1919 unterzeichneten Versailler Vertrages abfinden. Für die polnisch-deutschen Beziehungen sollten die Abstimmung sowie die voraussehbaren politischen und militärischen Folgen zum Verhängnis werden.

Polens Bittsteller am Versailler Hof der „Großen Vier", Roman Dmowski und Ignacy Paderewski, gaben sich optimistisch. Zum Abstimmungsgebiet (rund 11.000 km²) gehörten doch etwa 83% des Regierungsbezirks Oppeln, wo nach der Volkszählung von 1910 etwa 2,1 Millionen Menschen lebten. Nicht weniger als 1,3 Millionen galten – auf der Grundlage der Volkszählung von 1910 –

nach polnischen Schätzungen ethnisch als Polen. Doch Sprache ist kein Synonym für ethnische Kategorisierung. Darüber schreiben neuerdings namhafte deutsche Autoren. Norbert Conrads beispielsweise meint, daß „Muttersprache und Nationalbekenntnis speziell in diesen während eines jahrhundertelangen Prozesses eingedeutschten Räumen nicht identisch waren und daß vielmehr ... eine beträchtliche Zahl der Oberschlesier zu polnischsprechenden Preußen geworden war".

Zwar wird eingeräumt, daß „als Reaktion auf den Germanisierungsprozeß es zu einer Förderung der nationalpolnischen Gesinnung gekommen ist", diese sei allerdings von außen hineingetragen worden. Oberschlesien sei doch nie Schauplatz ethnisch motivierter Kämpfe gewesen. An dieser Stelle wäre (bei Ausklammerung der bismarckschen Sozialistengesetze) zu fragen, wo es – nach 1848 – denn überhaupt in Preußen und dann im Kaiserreich zu einer Auflehnung gegen irgendeine Unterdrückung gekommen ist.

Bei Kriegsende stellte sich eine völlig neue Lage ein. Otto Ulitz, dem niemand Polenfreundlichkeit nachsagen kann, gab davon in seinem 1971 erschienenen Buch „Oberschlesien. Aus seiner Geschichte" ein erstaunliches Zeugnis. Die Ursachen einer – wie er schreibt – „Hinwendung" vieler Oberschlesier zum Polentum seien nicht nur im Kulturkampf, sondern auch in anderen „Fehlern" deutscher Regierungen zu suchen. Diese hatten nach Oberschlesien „für die innere Verwaltung fast immer evangelische Beamte aus dem Inneren des Staates (entsandt) ..., sie blieben dem Volke fremd, wie das Volk ihnen fremd blieb. Sie konnten weder die zweite Landessprache, noch hatten sie die Gemeinsamkeit des Glaubensbekenntnisses. Der gleiche Vorgang war in der Privatwirtschaft zu beobachten. Die Entwicklung der Industrie brachte einen Zuzug von gelernten Arbeitern, Werkmeistern, Technikern, Ingenieuren und Kaufleuten aus dem Inneren des Deutschen Reiches. All diese Menschen traten zu der einheimischen Bevölkerung in ein übergeordnetes Verhältnis. Dem Binnendeutschen fehlte vielfach das Verständnis für fremdes Volkstum ...".

Der Begriff des „Binnendeutschen", der sich den an der Peripherie des Reiches lebenden einheimischen Menschen „fremden Volkstums" überlegen fühlt, verdient es, hier festgehalten zu werden, ebenso wie derjenige der „polnischsprechenden Preußen".

Die Geschichte der Abstimmungskämpfe, darunter die drei schlesischen Aufstände, in einem Kapitel skizzieren zu wollen, ist keine einfache Sache. Es fällt überhaupt schwer, darüber zu befinden, ob das Selbstbestimmungsrecht der Völker – zweifellos eine Kategorie von hohem moralischen Wert, eine Fortschreibung der von der Französischen Revolution verkündeten Freiheit jedes Individuums auf eigenständige Entfaltung – ein taugliches Instrument zur gerechten Regelung, zur Auflösung eines historisch so verschlungenen nationalen und sozialen Knotens sein konnte. Jede Übertragung soziologischer und psychologischer „Gesetzmäßigkeiten" von der Ebene des Individuums auf eine Gemeinschaft, auf die „Masse", kommt ja einem Mißbrauch gleich. Die „Großen Vier", untereinander zerstritten in ihren Visionen eines vom Bolschewismus bedrohten Europa, verhielten sich in Versailles wie Pilatus: Sie taten so, als sei die Entscheidung in die Hände der „einfachen Menschen" gegeben.

Das hochgelobte, angeblich fortschrittlichste Instrument des Selbstbestimmungsrechtes – das ja sowohl die Deutschen wie die Polen beanspruchten – war im Grunde genommen eine demokratische Heuchelei. Der deutsche Autor Lothar Dralle drückt das so aus: „Ein Blick auf die Karte der Sprachenverteilung hätte die Mächtigen eigentlich belehren müssen, welche unerhörten Schwierigkeiten man zu überwinden haben würde, wenn man für die neuen Nationalstaaten Grenzen ziehen wollte, in denen jeweils nur Menschen einer Nation lebten." Am Versailler Konferenztisch wußte man doch genau, daß in einer so stürmischen, ja revolutionären Zeit wie damals, bei so unterschiedlicher Interessenlage und so heiß geschürten Emotionen auf beiden Seiten ein Votum an der Abstimmungsurne nicht ausreichen konnte, um Ordnung und Frieden zu stiften. Das demokratische Votum mußte durch eine reale militärische Macht abgesichert sein, wie es auch aus den Protokollen der Verhandlungen in Versailles ersichtlich ist. Darf also nicht gefragt werden, ob sich seit dem Augsburger Frieden (1555) und dessen Prinzip (cuius regio, eius religio) trotz der vorübergegangenen viereinhalb Jahrhunderte sehr viel wesentlich geändert hat? Mag diese Frage auch schockierend sein: An der Tatsache, daß letztendlich bei der „Lösung" der oberschlesischen Frage – und darauf reduzierte sich 1919 die schlesische Frage – ein Waffengang notwendig war, kommen wir nicht vorbei. Später, am Ende des Zweiten Weltkrieges, in Jalta (und dann in Potsdam), war man unter den Großmächten so frei, auf das besagte Instrument zu verzichten, da wurde machtvoll nach dem „Augsburger Prinzip" entschieden – und basta. Als noch später der sogenannte Kalte Krieg zu Ende ging, wurden wir Zeugen, wie beim Zerfall Jugoslawiens das Selbstbestimmungsrecht – gleich militärisch realisiert – in „ethnische Säuberungen" ausartete.

Nach dem Ersten Weltkrieg bluteten in Oberschlesien beide Seiten für die Verwirklichung des Selbstbestimmungsrechts. Auch bei einem ehrlichen Versuch, sich heute von den damaligen Emotionen distanzieren zu wollen, bleibt man national befangen. Dies ist überhaupt eine Crux jedes Historikers. „Kann Geschichte objektiv sein?" fragt Thomas Nipperdey in seinem Essayband „Nachdenken über die deutsche Geschichte" und antwortet: „Der Historiker stellt die Vergangenheit in seiner Perspektive dar, ein standortfreier Historiker (ohne Perspektive) ist unmöglich. Seine Beziehung zur Vergangenheit ist von seiner Gegenwart geprägt, der Historiker gehört selbst zur Geschichte, mit der er sich beschäftigt."

Befangen ist man in jedem Fall; es kommt allerdings darauf an, inwieweit man entschlossen ist, sich der Wahrheit zu nähern oder aber die Vergangenheit bewußt zu verfälschen. Auf die konkrete Situation der schlesischen Aufstände bezogen, meinte beispielsweise der NS-Autor Walther Blacheta, Polen sei nach dem Ersten Weltkrieg so „frech" gewesen, das von deutschen Machthabern kolonisierte, germanisierte und industrialisierte Land an der Oder zumindest zu einem Teil für sich zu beanspruchen. Daß dies gelang, war indes weniger der damaligen „Staatsräson" Warschaus zu verdanken, das an seinen Ostgrenzen politisch und militärisch in einen Konflikt mit den Bolschewiken verwickelt war, als jenen Menschen in Oberschlesien, deren polnisches Nationalgefühl geweckt war und die zusätzlich in ihrem Klassenbewußtsein bisher auf der untersten gesellschaftlichen Stufe niedergehalten worden waren – und die Unterdrücker waren Deutsche. Bis heute behaupten deutsche Autoren, das militante Bekenntnis zum Polentum sei nur das Ergebnis einer von Wojciech Korfanty eingesetzten „demagogischen Propagandawaffe" gewesen, Resultat einer Aufhetzung gegen die Deutschen schlechthin.

Wojciech Korfanty, ein christlich geprägter nationaldemokratischer „Großpole", entstammte einer Bergmannsfamilie, die seit zwei Generationen in der Grubensiedlung Sadzawka/Teichchen in der Nähe von Kattowitz/Katowice ansässig war. Nach dem Besuch einer deutschen Volksschule – eine polnische gab es nicht – ging er auf ein deutsches Gymnasium in Kattowitz, von dem er wegen seiner pro-polnischen Einstellung kurz vor dem Abitur relegiert wurde. Durch Bemühungen kirchlicher Kreise durfte er doch als Externist die Reifeprüfung ablegen. Nach seiner nochmaligen Relegierung, diesmal vom Berliner Polytechnikum, studierte Korfanty an der juridischen Fakultät der Breslauer Universität. Schon während der Studienzeit wurde er Mitglied der geheimen „Polnischen Liga" und stieg zu einem ihrer führenden Aktivisten auf. 1903 kandidierte er als unabhängiger polnischer Kandidat – auch gegen die polnisch-katholische Zentrumspartei – für einen Platz im Reichstag und gewann das Mandat aus dem Wahlkreis Kattowitz-Zabrze. Als Mitglied des „Koło Polskie" – „Polnischer Zirkel" – im Reichstag wuchs er zum wichtigsten Führer der jungen Generation national gesinnter Polen heran. Seine Publizistik in der Posener Zeitung „Praca" (Die Arbeit) brachte ihm sechs Monate Festungshaft ein. Insgesamt wurde er bis 1919 an die 70 Mal polizeilich und gerichtlich bestraft.

Korfantys Problem in der „deutschen Zeit" Oberschlesiens bestand darin, bei den Wahlen zum Reichstag und zum Preußischen Abgeordnetenhaus die polnischen Stimmen nicht auf der einheitlichen polnischen Liste vereinigen zu können; viele Oberschlesier polnischer Zunge stimmten für das Zentrum und die SPD. Rechnet man alle polnischen Stimmen aus den neun Wahlkreisen Oberschlesiens zusammen – und der Orientierungspunkt hierbei ist die Volkszählung 1910, wonach von etwa 2,1 Millionen Menschen im Oppelner Regierungsbezirk über 1,1 Millionen als Polen eingestuft waren –, kommt man nach Berechnungen von Józef Kokot für die Reichstagswahlen 1903, 1907 und 1912 entsprechend auf 48,5%, 56,5% und 59,1% der Stimmen.

In der Zweiten Polnischen Republik 1919 führte Korfanty im verfassungsgebenden Sejm die christlich-nationale Fraktion an und wurde im Januar 1920 von der polnischen Regierung als Abstimmungskommissar für die Durchführung des Versailler Vertrags nominiert. Er forderte entlang der sich aus früheren Volkszählungen ergebenden Sprachgrenze ein Gebiet für Polen. Diese „Korfanty-Linie" zog sich im Norden von Landsberg/Gorzów Śląski, lief in Richtung Süden bis in die Nähe von Rosenberg/Olesno, südwestlich bis vor Oppeln/Opole, das nördlich außerhalb blieb, südlich nach Krappitz/Krapkowice, südöstlich nach Cosel/Koźle und weiter neben Ratibor/Racibórz bis zur tschechoslowakischen Grenze. Die Städte und Dörfer östlich dieser Linie machten in etwa zwei Drittel des Abstimmungsgebietes Oberschlesiens aus, das wiederum zu über 80% dem ehemaligen Oppelner Regierungsbezirk angehörte.

Drei Aufstände

Der Frieden nach dem vierjährigen Völkerschlachten weckte überall in Europa neue soziale und nationale Erwartungen. In Petrograd regierten die Sowjets, in Budapest, München und Wien standen Rote Garden vor der Machtübernahme. Das Zarenreich und die Donaumonarchie gehörten der Vergangenheit an. Der letzte Hohenzoller, Wilhelm II., floh Hals über Kopf in die Niederlande, die deutschen Fürstenherrschaften – 22 an der Zahl – waren am Ende. In einer Situation wie dieser schlugen die polnischen Aufständischen Mitte August 1919 erstmals gegen die deutschen „Grenzschützer" los, ein Sammelsurium polizeilicher Einheiten und Bürgerwehren. Wiesław Lesiuk betont – in seinem Beitrag „Plebiszit und Aufstände in Oberschlesien" im Ausstellungskatalog „Wach auf, mein Herz, und denke" –, daß die polnischen Unterschichten „sich gleichzeitig von der politischen Macht des deutschen Staats und dem sozialen Druck deutscher Industrieller und Junker losreißen wollten". Der erste Aufstand war aber nicht bloß eine Reaktion auf die von den Polen als ungerecht empfundene Plebiszitanordnung von Versailles, sondern Ausdruck ihres klassenpolitisch bedingten Kampfgeistes: Sie ergriffen ihre Waffen während einer massiven Streikwelle im Bergbau, die im Zuge eines Massakers in der Grube Mysłowice/Myslowitz von deutschen Polizisten, Grenzschützern und Freikorps-Angehörigen niedergemacht wurde. Der Aufstand dauerte nur eine Woche. Die deutschen Sicherheitstruppen waren in großer Überzahl. Die schlecht bewaffneten Aufständischen flohen hinter die alte Grenze zu Kongreßpolen. In einer Atmosphäre wachsenden Terrors seitens der deutschen Behörden und Polizisten wurden dann die im Januar 1919 ausgefallenen Kommunalwahlen in Oberschlesien angeordnet. Der vom Breslauer Volksrat zum Vorsitzenden des zentralen oberschlesischen Arbeiter- und Soldatenrates eingesetzte Gewerkschaftsfunktionär Otto Hörsing, der neben General Karl Höfer, dem Kommandeur einer aus heimgekehrten deutschen Frontsoldaten zusammengesetzten „Grenzsicherungseinheit", das Reich in Oberschlesien vertrat, meinte, daß nach der gescheiterten polnischen Auflehnung und bei Absicherung des Gebietes durch starke deutsche Verbände die Zeit gekommen sei, in einem „demokratischen Wahlakt" den deutschen Charakter des künftigen Abstimmungsgebietes zu demonstrieren. Als Wahltermin setzte man den 9. Oktober 1919 fest. Die „demokratische Generalprobe" fiel allerdings auf dem von Polen beanspruchten Gebiet innerhalb der sogenannten Korfanty-Linie für die Deutschen schmählich aus. Trotz oder gerade wegen des deutschen Terrors siegten an der Wahlurne die Polen.

Kurz darauf, im Februar 1920, wurde in Oppeln die Interalliierte Regierungs- und Abstimmungskommission eingesetzt. Ihr stand der französische General Le Rond vor, mit einem britischen und einem italienischen Stellvertreter sowie mit einer gemischten Truppe, deren Stärke bis zu 22.000 Soldaten umfaßte. Zu dieser Kommission entsandten Polen, Deutschland, die Tschechoslowakei und der Vatikan ihre Vertreter. Die beiden Streitparteien waren durch ihre Plebiszitkommissare – Polens Wojciech Korfanty (mit Sitz in Beuthen/Bytom) und Deutschlands Kurt Urbanek (mit Sitz in Kattowitz/Katowice) – vertreten. An eine friedlich verlaufende Abstimmung war allerdings kaum zu denken. Technisch, materiell, organisatorisch und personell sowie schließlich auch militärisch blieb die offiziell gleichberechtigte polnische Seite der deutschen weit unterlegen. Für die deutsche Seite stellte übrigens die Anwesenheit der interalliierten Truppen kein unüberwindbares Hindernis dar, die polnisch gesinnten Menschen und ihre Organisationen in Schach zu halten. Vielmehr wurden nun auch die mit den Polen sympathisierenden Franzosen angegriffen, beispielsweise in der dritten Augustwoche 1920 in Kattowitz. Es kam zu einem Scharmützel zwischen Deutschen und Franzosen. Und die Polen ergriffen am 18. August 1920 zum zweiten Mal die Gewehre, mit denen nicht nur die Mitglieder der „Polnischen Heeresorganisation Oberschlesiens" (POW GS), sondern auch jene Zivilisten umzugehen wußten, die im großen Krieg als preußische Soldaten gedient hatten. Im Ersten Weltkrieg hatten in den einzelnen Armeen der alten polnischen Teilungsmächte (Preußen, Österreich und Rußland) insgesamt etwa 250.000 polnischsprechende Soldaten – gegeneinander – gekämpft.

Auch diesmal dauerte der polnische Aufstand nur wenige Tage. Formell gesehen wurde das Ziel der Aufständischen ereicht: General Le Rond versprach, energischer die Chancengleichheit beider Seiten zu garantieren, indem er befahl, die deutsche Sicherheitspolizei durch eine paritätisch besetzte „Plebiszitpolizei" unter interalliierter Kontrolle zu ersetzen. Dem politischen propagandistischen Spuk, der Oberschlesien nun beherrschte – eine ungleiche „Materialschlacht" um die Gunst der Abstimmungsberechtigten –, konnte man allerdings nicht beikommen. Abstimmungsberechtigt – nach Artikel 88 des Vertrages von Versailles – waren ja nicht nur die in Oberschlesien wohnenden Menschen. Auch die dort Geborenen wurden zur Urne gerufen. Diese Bestimmung, die übrigens von Roman Dmowski mitgewollt war, sollte für das Endresultat der Abstimmung ausschlaggebend werden – und für Polen zum Verhängnis. Aus dem nahe gelegenen Niederschlesien sowie aus Berlin (Brandenburg) wurden nämlich 250 Sonderzüge für deutsch-schlesische Abwanderer organisiert, insgesamt 192.000 Menschen. Polen – etwa 10.000 an der Zahl – mußten individuell den weiten Weg aus dem Ruhrpott oder aus dem Rheinland antreten.

Deutscher Sieg? Polen geschlagen?
Mit den Abstimmungsergebnissen vom 20. März 1921 hat es sich die deutsche Geschichtsschreibung immer leicht gemacht: über 707.000 Stimmen für Deutschland (fast 60%), 487.000 (40%) für Polen! Damit stand für die Deutschen das Resultat fest: mehrheitlich für Deutschland, also das ganze Gebiet innerhalb der Grenzen der Weimarer Republik. Manche Autoren geben zu, daß in 597 hauptsächlich ländlichen Gemeinden die Polen eine Mehrheit erzielten, in 664 Gemeinden dagegen die Deutschen siegten. „Polen war geschlagen", hieß und heißt es hierzu. Bei einer übergreifenden Zählung lag nach deutscher Lesart die Zugehörigkeit Oberschlesiens zu Deutschland auf der Hand. Und so steht es bis heute in deutschen Lehrbüchern. Doch abgesehen von einer deutschen Mehrheit, die insgesamt – mit den 192.000 „Emigrantenstimmen" (25% des Votums für Deutschland) – bei 707.000 lag, ist diese Rechnung unrichtig. Die deutsche Interpretation ging vertragswidrig von dem en bloc hochgerechneten Endresultat aus, ohne Berücksichtigung der tatsächlichen Gemeindesituation im Abstimmungsgebiet, die im Annex zum Artikel 88 des Versailler Vertrages empfohlen wurde. Die polnische Seite verwies auf das Stimmenverhältnis in den einzelnen Kreisen, und da lagen die Proportionen (55,3% zu 44,7%) für die Deutschen bescheidener.

Im Annex des Vertrages wurde angesprochen, „das Abstimmungsergebnis nach Gemeinden durch die Mehrheit der Stimmen in jeder Gemeinde" zu bestimmen. Außerdem wurde aufgetragen, „dabei sowohl den ausdrücklichen Willen der Bevölkerung als auch die geographische und wirtschaftliche Lage der Ortschaft zu berücksichtigen".

Diese „Weisung" im Zusatzprotokoll zu Artikel 88 zeigt ganz deutlich, wie „akademisch"-oberflächlich sich die Siegerexperten in Versailles die Neuordnung Europas nach dem Krieg ausgedacht hatten. Wie der „Wille der Bevölkerung" auf Gemeindeebene und die „Lage der Ortschaft" praktisch auf einen gemeinsamen Nenner mit den Abstimmungsergebnissen gebracht werden sollten – diese Frage war schlicht unbeantwortbar.

Als es trotz Anrufung der Interalliierten Kommission und trotz reger diplomatischer Aktivität zu keiner Einigung kam und Polen nur zwei südliche Kreise (Pless und Rybnik) außerhalb des von beiden Seiten am gierigsten begehrten Industriereviers erhalten sollte, begann am 3. Mai 1921 der dritte Aufstand. Ziel des etwa 50.000 Mitglieder zählenden und mit etwa 5.000 Freiwilligen aus Polen verstärkten polnischen Aufstandsheeres war die Verteidigung der am rechten Oderufer liegenden Gebiete bis zur Korfanty-Linie, die bis knapp an Opole heranreichte. Den polnischen Insurgenten standen unter General Höfer die „Kampforganisation Oberschlesien" sowie zahlreiche deutsche Selbstschutzverbände und Freikorpstruppen gegenüber, darunter auch die bereits in Bayern berüchtigten „Oberländer" sowie Kombattanten aus dem Baltikum. Der polnische Autor Wiesław Lesiuk weist die bis heute aufrechterhaltene deutsche These zurück, der taktisch gut durchgeführte dritte Aufstand sei hauptsächlich das Werk regulärer polnischer Armee-Einheiten gewesen. Wie aus Karl Höfers „Oberschlesien in der Aufstandszeit" hervorgeht, war auf deutscher Seite die kämpfende Truppe mehrheitlich aus schlesienfremden Kriegsveteranen zusammengesetzt. Wie auch immer – es war ein lokaler Krieg, dessen sich abzeichnender polnischer Erfolg bei der Verteidigung („Blockierung") des Industrireviers nur durch eine energische Intervention der Interalliierten Kommission Ende Juni 1921 beendet werden konnte. Da die Kommission mit der Aufteilung des Abstimmungsgebietes überfordert war, ging die Lösung der „Quadratur des Kreises" an den Völkerbund, der im Oktober 1921 seine von der Botschafterkonferenz bestätigte Entscheidung über die Teilung Oberschlesiens traf. Die neue Grenze verlief durch das Industriegebiet.

Bis Juli 1922 dauerten dann die Formalitäten der Grenzverschiebung, die durch eine im Mai 1922 unter Völkerbundhoheit abgeschlossene Oberschlesische Konvention auf 15 Jahre abgesichert sein sollte. Damit war aber das Schicksal des umstrittenen Gebietes noch längst nicht entschieden. Es war dies nur eine Etappe der schlesischen Tragödie, die deshalb so viel Aufmerksamkeit verdient, weil in ihr der Keim späterer traumatischer Ereignisse lag.

„Todfeindschaft"

1922 wurde ein bislang wirtschaftlich einheitliches Gebiet auseinandergerissen, wobei auf beiden Seiten dieser „blutenden Grenze" – wie man sie in Deutschland nannte – Minderheiten verblieben. Deren Belange wurden auf ungleiche Art politisch instrumentalisiert, verstärkt von Berlin aus, denn das Minderheitenabkommen war für Deutschland rechtlich nur bedingt verpflichtend. Die deutschen Klagen vor den Instanzen des Völkerbundes in Genf stellten einen immerwährenden Tagespunkt auf der internationalen Agenda Europas dar. Dabei war es eben die deutsche Politik, die von vornherein die Grenzziehung in Frage stellte, eine Revision des „Versailler Diktats" zur Staatsräson erhob und Polen – wie es Gustav Stresemann formulierte – als „Saisonstaat" betrachtete. Im Deutschen Reichstag wurde seitens der Deutschnationalen von einer „Todfeindschaft zwischen uns und Polen" gesprochen.

Der polnischen Seite wurden zwar nur etwa 30% des Abstimmungsgebietes mit 46% der Gesamtbevölkerung zugesprochen; der wirtschaftliche Wert des ostoberschlesischen Industriegebietes war jedoch für das unterentwickelte Agrarland Polen von allergrößter Bedeutung. Von 67 Kohlegruben befanden sich 53 auf nun polnischem Gebiet, ebenso alle Eisenerzbergwerke, die meisten – 10 von 15 – Bleierz- und Zinkgruben, 11 von 18 Kokereien, eine Mehrzahl der Hochöfen, Gießereien, Walzwerke und darüber hinaus, außerhalb der Montanindustrie, etwa die Hälfte aller funktionierenden Fabriken. Die Eigentumsrechte der privaten Hand blieben allerdings größtenteils unangetastet, was deutschen Konzernherren – wie von Donnersmarck und Stinnes – ihren Besitz auch in Polen sicherte.

Kompliziert wurden die industriellen Vorgänge allerdings dadurch, daß die Grenzlinie viele Kohlefelder, Betriebe und Werke sowie bisherige Bahnlinien, Straßen, Wasser- und Stromleitungen durchschnitt. Einige Korrekturen am Grenzverlauf wie auch die gegenseitige Anpassung der Rechts-, Steuer- und Zollvorschriften waren nötig, um die Wirtschaft dies- und jenseits der Grenze nicht gänzlich erlahmen zu lassen. Der bereits zitierte Wiesław Lesiuk dazu: „Das oberschlesische Abstimmungsexperiment mit der darauf folgenden Aufteilung des Gebietes war nur unzulänglich geglückt." Abhilfe – zunächst für drei Jahre – sollte die im Mai 1922 unterzeichnete deutsch-polnische Konvention schaffen, und sie tat es auch wirklich. Doch nach deren Ablauf begann mit der deutschen Weigerung, die Produkte Ostoberschlesiens abzunehmen, ein erbitterter Wirtschaftskrieg. Die starke antipolnische Tendenz der Weimarer Regierungen zielte in der Wirtschaftspolitik darauf ab, das wiedererstandene Polen unter Druck zu halten und ökonomisch zu erdrosseln. Es stellte sich allerdings bald heraus, daß dieser Knüppel zwei Enden hatte.

Die Wirtschaftslage des ganzen damaligen deutschen Ostens in den Jahren 1923 bis 1929 analysierend, beklagten sich die Landeshauptleute der sechs ostdeutschen Provinzen, darunter auch jene von Nieder- und Oberschlesien, in einer mit Januar 1930 datierten Denkschrift an Reichspräsident Hindenburg darüber, wie schlimm die Konsequenzen dieses Wirtschaftskrieges für diese Provinzen seien. Ihre Schrift – „Die Not der preußischen Ostprovinzen" betitelt – enthält eine genaue Aufzählung von Produktions-, Handels-, Verkehrs-, Beschäftigungs-, Einkommens- und Steuerdaten, die eindeutig auf durch die Abtrennung und falsche Reichspolitik verursachte deutsche Verluste und Einbußen hinweisen. Bezüglich Oberschlesien heißt es in diesem Memorandum, die Industrie habe von jeher ihre stärksten Interessen im Osten besessen, ihre Möglichkeiten seien indes nun erheblich eingeschränkt. Zollschranken und Tarifpolitik hätten diesen einheitlichen Wirtschaftsraum auseinandergerissen und Deutschland Nachteile gebracht. Die noch vor dem Einbruch der großen Krise dargestellten Erscheinungen, so die Autoren der Denkschrift, beinhalteten zudem ein „bevölkerungspolitisches" Problem: „Die Gefahr slawischer Überflutung im deutschen Osten ist so alt wie die Ostmark selbst. Sie wächst naturgemäß noch in dem Maße, als durch die Abwanderung wertvollste deutsche Volkskraft verloren geht ... Die Ostprovinzen sind das Menschenreservoir, aus dem das Reich ständig starke Kräfte für seinen Arbeitsmarkt schöpft." So wird das stets große Sorge hervorrufende Problem der „Ostflucht" angesprochen – eigentlich ist damit die Flucht aus dem Osten in den Westen gemeint –, eine seit Jahrzehnten anhaltende Tendenz, die trotz größter Mühe der „Ostmarkenvereine" und ihrer vielen Nachfolger verständlicherweise nie wirksam abgewehrt werden konnte.

Polen, Deutsche, Schlesier

Die Bevölkerungspolitik war nicht weniger konfliktreich. Die Abstimmung galt ja nicht der Frage: Wer bist du – Pole oder Deutscher? Es ging vielmehr um die staatliche Souveränität über Oberschlesien. Das Nationale stand hinter dem Staatlichen. So geschah es, daß innerhalb des polnischen Ostoberschlesien, in der Woiwodschaft Śląsk/Schlesien, 260.000 Deutsche und im Regierungsbezirk Oppeln auf deutscher Seite 560.000 Polen verblieben.

Bei Anwendung eines objektiven Sprachkriteriums ist – was auch zeitgenössische polnische Wissenschaftler einräumen und ebenso die heutige Praxis zu beweisen scheint – eine genaue Bevölkerungseinteilung in „deutsch" oder „polnisch" nur schwer vollziehbar. Neben jenen Menschen, die sich entschieden zum Polen- oder zum Deutschtum bekannten, gab es in Oberschlesien vor und nach der Teilung auch solche, für die regionale Bindungen und Traditionen stärker waren als das nationale Bewußtsein. Diese Zwischenschicht – etwa 25% der Gesamtbevölkerung –, ihr eigenes regionales Polnisch sprechend, der deutschen Sprache kaum mächtig, schwankte in ihren Optionen, je nach politischer und, was noch wichtiger erscheint, wirtschaftlicher Konjunktur. In der deutschen Fachliteratur gebrauchte man dafür den treffenden Begriff „Schiebegewicht", welches je nach Lage die Waage auf die eine und dann wieder auf die andere Seite senkt. So war es damals, und so ist es bis heute geblieben.

Die meisten der – nennen wir das so – echten Deutschen waren nach der Teilung verbittert darüber, daß sie nun unter den „Polacken" zu leben hatten. Viele nützten das Optionsrecht und verzogen in westliche Teile Schlesiens, obwohl die deutsche Regierung dies als „unpatriotisch" bezeichnete, weil es das Deutschtum in Polnisch-Oberschlesien schwächte.

Die deutsche Minderheit in der Woiwodschaft Śląsk, zahlenmäßig nicht sehr stark, behielt allerdings sehr wichtige wirtschaftliche Positionen. Fast gänzlich in deutscher Hand blieb der Großgrundbesitz. Durch bestimmte rechtliche Auflagen durfte die in Polen verabschiedete Bodenreform in der Woiwodschaft Śląsk nicht realisiert werden. Gegen Entschädigung konnte nur ein Teil des staatlichen preußischen Eigentums „polonisiert" werden, wofür jedoch in der polnischen Staatskasse Geld fehlte; Warschau war auf französisches Kapital angewiesen. Die Kapitalfrage relativierte übrigens eine echte polnische Souveränität über das ostoberschlesische Wirtschaftspotential. Neben französischen Banken sprangen damals zur Sanierung und Aufrechterhaltung der ostoberschlesischen Industrie, gerade während der Krise in der Nachkriegsphase und eines katastrophalen Rückgangs der Gesamtproduktion um über 41%, die US-Amerikaner ein. Die „Silesian Consolidated Steel Corporation" steht hierfür als Beispiel.

Die Führungspositionen in der Industrie waren zu drei Vierteln von Deutschen besetzt. Deutsche Bergarbeiter bildeten kaum 10% der Belegschaften. In den freien Berufen konnten sich nach der Teilung im Jahr 1922 Deutsche jahrelang behaupten, mußten aber mit der Zeit ihre privilegierte Stellung vor der stärker werdenden polnischen Konkurrenz räumen. Dies führte allmählich zur Radikalisierung deutscher Parteien und Verbände. Ein französischer politischer Schriftsteller, René Martel, stellte in seinem Buch „Les Frontières Orientales de l'Allemagne", 1930 in deutscher Übersetzung als „Deutschlands blutende Grenzen" herausgegeben, die Frage: „Wie könnten übrigens die Gedanken des Friedens und der europäischen Eintracht bei ihnen (den deutschen Oberschlesiern in der Woiwodschaft Śląsk – d.A.) Eingang finden und sie zum Denken und Handeln im Geiste von Genf erziehen? Das sind schließlich Menschen, und man kann nicht von ihnen verlangen, daß sie Heilige sein sollen!" Mit Genf war in dieser dramatisierenden Fragestellung die acht Jahre zurückliegende Genfer Konvention zum Schutz der Minderheitenrechte gemeint. Für 15 Jahre gültig, verpflichtete dieser unter der Autorität des Völkerbundes abgeschlossene Vertrag Polen, die Rechte und Freiheiten von Deutschen in Ostoberschlesien zu achten. Umgekehrt, d.h. eine deutsche Pflicht gegenüber der polnischen Minderheit auf gesamtdeutschem Gebiet, existierte nichts dergleichen.

Im Schul-, Presse- und Kulturwesen wie schließlich auch im politischen Parteileben wurden den Deutschen alle Rechte eingeräumt. Auch die geringste Mißachtung der zugebilligten Freiheiten konnte bei der Oberschlesischen Gemischten Kommission – ein Schweizer, Felix Calonder, war Vorsitzender – oder direkt beim Völkerbund in Genf eingeklagt werden. Dies wurde permanent genutzt und belastete bis zum Ende der Zweiten Polnischen Republik die deutsch-polnischen Beziehungen ständig.

Einer der vielen Streitpunkte, den wir nach Jahrzehnten wieder finden werden, betraf jene bereits erwähnte Zwischenschicht, die sogenannten „Wasserpolacken". Woher der Begriff des „Wasserpolnischen" kommt, dazu gibt es mehrere Theorien. Glaubt man dem Chronisten Friedrich Lucae und seinem 1689 verfaßten Werk über Schlesien, bezog sich die Bezeichnung anfangs auf den Holzmarkt von Breslau, „wo die Wasser-Pohlen zu ihrem Holtz-Handel" kamen. Polnischen Dialekt sprechende Holzhändler flößten damals ihr Holz aus Oberschlesien die Oder abwärts bis Breslau, wo sie es zum Verkauf anboten.

Woher die Bezeichnung „Wasserpolacken" auch kommen mag – René Martel zählt auf, daß 42% der 1921 zugunsten Deutschlands abgegebenen Stimmen von jenen stammten, die die polnische Mundart sprachen. 300.000 Oberschlesier bezeichnet er einfach als „oberschlesische Deutsche polnischer Sprache". Die polnischen Behörden der Woiwodschaft Śląsk waren ganz anderer Meinung. Sie machten damals – wie auch wieder nach dem Zweiten Weltkrieg – kein Hehl daraus, daß nach einem langen Prozeß der Germanisierung nun repolonisiert werde, was sich u.a. bei der Anmeldung zu den Minderheitsschulen niederschlug. Den Grund, warum in Ostoberschlesien auch Menschen polnischer Zunge, vorwiegend Städter, ihre Kinder auf deutsche Schulen schicken wollten, sah der französische Autor in einer „höheren Zivilisation und Kultur". Er meinte überhaupt, daß in der deutsch-polnischen Auseinandersetzung um Oberschlesien, begonnen und zugespitzt nach dem Ersten Weltkrieg, „die Zukunft der Kultur auf dem Spiel steht". Soll eine höher entwickelte Art, fragte er, vor einer weniger weit entwickelten Art erlöschen?

Mit einer derartigen Fragestellung gingen die deutschen Parteien und Verbände in der Woiwodschaft Śląsk bei ihrer Klientel hausieren. Loyal gegenüber dem polnischen Staat, wie es die Genfer Konvention verlangte, waren sie allesamt nicht – von rechts bis links und umgekehrt. Von „Heiligen" kann überhaupt nicht die Rede sein. In der deutschen antipolnischen Agitation wurde stets auf wirtschaftliche und zivilisatorische Aspekte des menschlichen Daseins hingewiesen, was ja für jedermann einleuchtend war. Polnische Argumente dagegen beriefen sich mehr auf „geistige Werte", auf „geschichtliche Überlieferungen" und dergleichen mehr, die bis in die heutigen Tage beim praktisch denkenden schlesischen „Völkle" eine zweitrangige Rolle spielen. Um dieses Identitätsmanko überhaupt geistig verarbeiten zu können, bedurfte es humanistischer Bildung und Tradition. Diese war bei der aus Kongreßpolen und Galizien von der entwurzelten „szlachta" stammenden „inteligencja" stark ausgeprägt. In romantischen Traditionen antizaristischer Freiheitskämpfe erzogen, bemühte man sich in diesen Kreisen kaum, die „schlesische Seele" der Einheimischen zu verstehen. Die polnische Intelligenz bildete das Gegenstück zur Überheblichkeit der aus dem Westen zugezogenen deutschen Fachleute. Mag dies auch irgendwie irrational erscheinen, aus der schlesischen Realität ist dieser Mythos der „Seele" kaum wegzudenken, auch nicht aus dem politischen Alltag, aus dem Ringen zwischen polnischen und deutschen Parteien im Polnisch-Oberschlesien der Zwischenkriegszeit.

Aus dem Parteileben halten wir hier lediglich das Allerwesentlichste fest. Nach internationalen Bestimmungen mußten sich die deutschen politischen Parteien, die vor 1920 in diesem Gebiet gewirkt hatten, umbenennen und formal-rechtlich restrukturieren. So wurde aus dem Zentrum die Deutsch-Katholische Volkspartei (DKVP); den ostoberschlesischen Ableger konservativer deutschnationaler Kräfte der Weimarer Republik bildete die evangelisch geprägte und vom Großkapital ausgehaltene Deutsche Partei (DP); Mitglieder der SPD hatten hier ihre Deutsche Sozialdemokratische Partei. Die Kommunisten, die deutschen wie die polnischen, lassen sich in diese Auseinandersetzung nicht einreihen. Aus welchen ideologischen und politischen Motiven auch immer waren sie gegen die staatliche Teilung Oberschlesiens. Die ersten zwei der erwähnten Parteien – DKVP und DP – schlossen sich vor Urnengängen zur Deutschen Wahlgemeinschaft zusammen. Ihre Mitglieder und Protagonisten gehörten auch zum Spektrum deutschnationaler Organisationen und Stiftungen (im Schul-, Kultur-, Presse und Wohlfahrtswesen), die im Volksbund zur Wahrung der Minderheitenrechte – später als Deutscher Volksbund für Polnisch-Schlesien registriert – zusammengeschlossen waren. Als Dachverband aller deutschnationalen Organisationsformen wurde der Volksbund auf Umwegen wie Stiftungen und Scheinfirmen von der Reichsregierung in Berlin finanziert und in allen Grundsatzfragen entsprechend der deutschen Revisionspolitik instruiert. Zu den Volksbundprinzipien zählte u.a., daß jede Kooperation mit polnischen Parteien und Organisationen – auch mit ideologisch verwandten – streng untersagt war, was alle Versuche der „Nationalen Demokraten", vor allem des bis zum Staatsstreich von General Józef Klemens Piłsudski im Jahr 1926 als polnischer Woiwode in Kattowitz/Katowice amtierenden Wojciech Korfanty, die Deutschen zu loyaler Mitwirkung zu bewegen, zum Scheitern brachte.

Unter seinem Nachfolger, dem Piłsudski-Anhänger Michał Grażyński, der bis zum deutschen Überfall auf Polen am 1. September 1939 das Woiwodenamt innehatte und im „autonomen" Polnisch-Oberschlesien die höchste Staatsautorität vertrat, setzte eine weniger auf Kompromisse bedachte Politik ein. Dies war u.a. durch die Lage der polnischen Minderheit im deutschen Teil Oberschlesiens, im Regierungsbezirk Oppeln, bedingt. Dort wurden nämlich ehemalige polnische Aufständische verfolgt und vor Gericht gezerrt. In Polnisch-Oberschlesien riefen die Veteranenverbände nach „Revanche". Polnische Behörden schritten daraufhin scharf gegen den der Spionage und der Beihilfe zur Fahnenflucht bezichtigten Deutschen Volksbund ein. Triftige Beweise ließen sich aber nicht finden, und so kamen die deutschnationalen Aktivisten glimpflich davon. Durch die Welt hallten anschließend Nachrichten über Ausschreitungen polnischer Veteranenverbände der Aufständischen gegen die loyalen Deutschen in Ostoberschlesien.

Hier drängt sich eine Bemerkung auf. Das bis heute in Teilen von Europa noch praktizierte Instrument der Gegenseitigkeit in der Minderheitenpolitik zweier zerstrittener Nachbarstaaten ist bei der Beilegung von Konflikten untauglich; es trägt eher zur Eskalation der Konfliktsituation bei und erzeugt damit einen wahren Teufelskreis. So war es jedenfalls in der Zwischenkriegszeit im geteilten Oberschlesien. Wer dabei von Fall zu Fall die Oberhand behielt, ist nicht so wichtig wie die Tatsache, daß die Leidtragenden am Ende immer die einfachen Menschen waren und sind. Auch wenn sie friedlich eingestellt sind und ihren Pflichten nachgehen, befinden sie sich als Minderheit in einer Zwangssituation: einerseits dem Staat, dessen Bürger sie sind, loyal sein zu wollen, und andererseits ihrem Volkstum und dessen Organisationen die Treue zu halten. Für eine Mehrheit der Deutschen in der Woiwodschaft Śląsk hatte Deutschtreue einen höheren Stellenwert. Dies schlug sich u.a. im Schulkonflikt nieder. Der Volksbund animierte seine Mitglieder dazu, möglichst viele Kinder an deutschen Schulen anzumelden. Je höher die Kinderzahl in deutschen Schulen aller Stufen, desto deutlicher der Beweis, daß in den „verlorenen deutschen Gebieten" das Deutschtum auch unter polnischer Verwaltung lebendig blieb. Die polnischen Behörden stellten dieser Maxime die Bedingung gegenüber, daß für die Anmeldung zum deutschen Schulunterricht ein sprachlicher Beweis erbracht werden mußte – was die Regierungen in Berlin strikt ablehnten, womit sie sich nach jahrelangem Streit vor internationalen Instanzen 1931 auch durchsetzten. Den Eltern allein wurde das Recht zugestanden, zu entscheiden, welche Schule ihre Kinder besuchten. Eine ähnliche Situation sollte sich nach Jahrzehnten wieder ergeben.

Der „Fall Potempa" und die Femémorde

Terrorakte fanden in der Tat statt. Dazu gibt es eindeutige deutsche Dokumente. Eines davon, „Femémorde in Oberschlesien" betitelt, fand einer der Mitautoren in den Akten der „Sopade" im Archiv der SPD in Bonn. Ryszard Hajduk, ein verstorbener polnischer Autor, liefert weitere Beispiele, darunter den international bekannten „Fall Potempa". Man schrieb bereits das dritte wirtschaftliche Krisenjahr – 1932. Noch war Hitler nicht an der Macht, in Deutschland regierte der Zentrumsmann Heinrich Brüning mit Notverordnungen. Das schlesische Randgebiet, der westliche Teil Oberschlesiens, war besonders stark von Arbeitslosigkeit und Armut betroffen. Nationalsozialistische Schlägertrupps wüteten gegen ihre kommunistischen Gegner. In der Nacht vom 9. auf den 10. August 1932 überfiel eine SA-Schar den arbeitslosen Bergmann Konrad Piecuch in seinem Haus im Dorf Potempa bei Zabrze. Piecuch war Pole, ehemaliger Aufständischer und noch dazu KPD-Mitglied. Vor den Augen seiner Mutter wurde er von den SA-Schergen totgetrampelt. Die fünf Mörder wurden vom Gericht in Beuthen/Bytom in erster Instanz zum Tod verurteilt. Hitler protestierte persönlich gegen den scharfen Spruch. In deutschen Zeitungen hieß es, in Potempa sei kein anständiger Deutscher getötet worden, sondern ein „polnischer Halunke". Und dies sei eben ein Schicksalskampf zwischen „germanischen Edelmenschen" und „polnischen Untermenschen" („Hamburger Nachrichten"). Die zweite Instanz milderte das Urteil auf 7 Monate Festung. Nach der Machtübernahme erhielten die Mörder den NS-Blutorden und wurden als Helden gefeiert.

Obwohl dies sozusagen nebenan, im Regierungsbezirk Oppeln, geschehen war, hatte der „Fall Potempa" Nachwirkungen auf die deutsche Minderheit und ihre Organisationen in der Woiwodschaft Slask. Er führte zu deren Polarisierung und nahm das vorweg, was nach 1933 umso deutlicher hervortrat. Ein schon während der großen wirtschaftlichen Krise aufgeflammter Existenzkampf um die Arbeitsplätze verfärbte soziale Probleme und Gegensätze mehr und mehr. Deutschnationale und nationalsozialistische Strömungen innerhalb des Volksbundes wurden immer stärker und radikaler. Katholische Kreise und Sozialdemokraten verloren an Einfluß. So spiegelte sich auch hier jene Tendenz wider, die im politischen und gesellschaftlichen Leben im Deutschen Reich 1932/33 vor sich ging. Nach Hitlers Machtübernahme trennten sich die Deutsche Christliche Volkspartei und die Deutschen Sozialdemokraten vom Volksbund, der ganz auf die Linie der NS-Regierung in Berlin umschwenkte. Während die Christlichen nun, im März 1933, durch eine offizielle Loyalitätserklärung die Annäherung an den polnischen Staat suchten, konnten radikale Kräfte des Volksbundes und der Jungdeutschen Partei mit ihren extrem rassistischen und nationalsozialistischen antipolnischen Parolen die Mehrheit der Deutschen in Ostoberschlesien für ihre Politik einspannen. Daß sich dies die polnischen Behörden unter dem Woiwoden Grażyński nicht gefallen lassen wollten und Abwehrmaßnahmen ergriffen, war verständlich. In der Schlußphase der Zweiten Polnischen Republik – nach der Reichstagsrede Hitlers im April 1939 – entstand daraus deutscherseits eine geradezu hysterische Atmosphäre auch an diesem Abschnitt der „blutenden Grenze": Eine von Berlin aus gesteuerte „Massenflucht" der vom angeblichen „polnischen Terror" verfolgten Deutschen sollte wenig später als einer der wichtigsten Vorwände für den Überfall der Wehrmacht auf Polen herhalten. Aus den Dokumenten des Nürnberger Gerichtes geht hervor, daß der deutsche Angriff auf Polen ursprünglich für den 28. August 1939 gedacht war; durch eine italienische Initiative wurde dieser Plan konterkariert. Gleichwohl kabelte der deutsche Generalkonsul in Thorn/Toruń am selben Tag an das Auswärtige Amt in Berlin: „Am vorigen Sonntag hielten die Polen die Stunde für gekommen, um Rache an der deutschen Bevölkerung zu nehmen. Im Rahmen einer Evakuierungsmaßnahme wurde der größte Teil der Volksdeutschen in Marsch gesetzt ... Die Volksdeutschen dürften in eines der Konzentrationslager getrieben worden sein." Tatsächlich fanden weder Vertreibungen statt, noch gab es gar Konzentrationslager. Der Bericht des Konsuls hatte einzig die Funktion, eine Rechtfertigung für den ursprünglich am 28. August geplanten Einmarsch der Wehrmacht in Polen zu liefern.

Minderheiten in geopolitischer Großwetterlage

Blickt man auf die damaligen Tendenzen zurück, wird umso sichtbarer, wie in zusätzlich von außen geschürten ethnischen Gegensätzen Angehörige einer Minderheit chancenlos und dem totalitären Druck der jeweiligen „Zentrale" ausgesetzt waren. Minderheitenpolitik, als Instrumentarium in die staatliche Außenpolitik eingespannt, verschafft in der Regel den im Ausland lebenden Angehörigen eines Volkes mehr Nach- als Vorteile, gelten sie doch als ethnische Feinde. Wie und warum das Schicksal der jeweiligen Minderheiten beeinflußt wird, hängt dann immer von der „Großwetterlage" der Beziehungen zwischen den Nachbarstaaten ab. Diese war nach der NS-Machtübernahme in Deutschland sehr zwielichtig geworden. Einerseits wurde im Januar 1934 ein deutsch-polnischer Nichtangriffsvertrag auf zehn Jahre unterzeichnet, der von beiden Seiten als „Neubeginn" und „Fundament der Freundschaft" hochstilisiert wurde. Vorübergehend brachte er in den offiziellen Beziehungen auch tatsächlich eine Besserung. Was keine der bisherigen Weimarer Regierungen zulassen wollte – nämlich eine endgültige Bestätigung des polnischen territorialen Besitzstandes –, fiel dem deutschen Reichskanzler aus taktischen Gründen umso leichter, als er doch mit dem Polenvertrag die internationale Isolierung Deutschlands (vom Konkordat mit dem Vatikan abgesehen) durchbrechen konnte, ohne im geheimen auf die antipolnischen Revisionspläne zu verzichten. Auf der anderen Seite ließen untergeordnete deutsche Dienststellen wie der 1933 von Alfred Rosenberg gegründete, aus der „wilhelminischen" Tradition der „Hakate" hervorgegangene Bund Deutscher Osten (BDO) in ihren antipolnischen Aktivitäten nicht nach. Die deutsche Geopolitik war einer der damals modernsten Wissenschaftszweige. In einem vom BDO bevorworteten, 1937 erschienenen Bändchen – „Schlesien. Die Brücke zum Osten" – gibt ein gewisser Alfred Pudelko bereitwillig Auskunft über die Rolle Schlesiens im deutschen Kampf um die Herrschaft in Europa. Dieser wurde, wie bei Nationalisten nicht unüblich, als „Abwehrkampf" gegen den Feind – die Slawen, die Kommunisten, den Osten – gesehen. „Die verkannte Schlüsselstellung" nennt Pudelko seinen Aufruf an das deutschnationale Gewissen: Schlesien ist ihm der „Mittelpfeiler der Ostfront. Von den drei großen deutschen Osteckpfeilern ist Schlesien im Reiche am unbekanntesten geblieben. Im Süden, an der Donau, stand der deutsche Kolonialstamm der Österreicher jahrhundertelang weithin sichtbar an erster Stelle im Reich und in Europa. Im Norden erkämpfte sich das Preußentum in harter Schulung eine Weltgeltung. Die stand im Schatten dieser Entwicklungen". Nun galt es für die Nationalsozialisten, die schlesische Mittelbastion aus diesem Schatten ins Licht des deutschen „Dranges nach Osten" zu rücken.

Der gebürtige Oppelner Ryszard Hajduk dokumentierte in seinem 1976 erschienenen Buch „Pogmatwane drogi" (Irrwege), welche Vorstellungen man in Deutschland über Oberschlesien hegte. In Anwesenheit Hitlers sprach der damalige Oberpräsident beider schlesischen Regierungsbezirke (Breslau und Oppeln), Joseph Wagner, gleichzeitig Gauleiter der NSDAP, zu Teilnehmern einer BDO-Konferenz: „Jahrhunderte stand Oberschlesien unter deutscher Führung und ist trotzdem nicht deutsch geworden. Wir müssen jetzt einen richtigen Kampf um das Deutschtum dieses Landes beginnen. Der Pakt mit Polen hat damit überhaupt nichts zu tun. Praktische Politik und Diplomatie gehen eigene Wege ... Wir müssen es dahin bringen, daß alles, was auch nur an das Polentum erinnert, restlos verschwindet. In zehn Jahren wird unser Schlesien reindeutsch werden, und in 30 Jahren wird niemand in Oberschlesien etwas von Polen hören." Eine so begriffene „praktische Politik" führte auf beiden Seiten der Grenze zu Konsequenzen.

In der Woiwodschaft Śląsk deckte die polnische Polizei mehrere subversive NS-Geheimorganisationen auf und überwachte die legal tätige „Reichsdeutsche Kolonie der NSDAP" und deren „Hitler-Jugend"-Scharen streng.

Im Oppelner Land – also auf der anderen, der deutschen Seite – konnte bis zum Ablaufen der sogenannten Oberschlesischen Konvention und des Minderheitenvertrages im Sommer 1937 nur inoffiziell gegen die bestehenden Organisationen und Institutionen der polnischen Minderheit vorgegangen werden. Dies war übrigens ein Kuriosum. In diesem Teil des gesellschaftspolitisch gleichgeschalteten Deutschen Reiches bildeten bis dahin Institutionen, Verbände, Zeitungen und andere Einrichtungen der polnischen Minderheit eine durch die Genfer Konvention geschützte Ausnahme. Obwohl nach dem Sommer 1937 eine bilaterale deutsch-polnische Absprache weiter die gegenseitigen Interessen in der Minderheitenpolitik regeln sollte, wurde nun in den schlesischen Gauen ein Kurs eingeschlagen, der auf eine „restlose Eindeutschung" hinauslief. Deren harmloseste Form bestand in der Umbenennung aller slawisch lautenden Ortsnamen und geographischen Bezeichnungen. Parallel dazu wurden Maßnahmen gegen so gut wie alle polnischen Institutionen gesetzt. Relativ verschont blieb nur der polnische Gottesdienst – nach Angaben des BDO in etwa 45% aller Pfarren. Von scharfen Verfolgungen indes waren betroffen: der seit 1922 bestehende Związek Polaków w Niemczech (Bund der Polen in Deutschland), das gesamte Vereinswesen (Schulen, Zeitungen, Lesezirkel, Gesangs- und Theatergruppen, Pfadfinder, Sportklubs usw.), wirtschaftliche Vereinigungen (Volksbanken, Bauerngenossenschaften, Handwerkerkreise) – kurzum: das organisatorische Eigenleben der polnischen Minderheit in Deutschland. Nicht selten waren Verhaftungen und Terrorakte gegen aktive „Großpolen", die ab dem Frühjahr 1939 umso massiver und brutaler einsetzten und bei Kriegsausbruch zur normalen „Reichssache" erklärt wurden.

Großpolnische Aktivitäten stützten sich auf ein langes historisches Gedächtnis, das bis in die Zeit der Piasten zurückreichte. Exakte geographische Absteckungen inkludierte die großpolnische Idee nicht, setzte sich aber vom geschichtlichen „Kleinpolen" um Krakau sowie von Śląsk ab. Im 20. Jahrhundert nationalisierte sich die großpolnische Vision und wurde wegen der ständigen Infragestellung Polens als Staat zur ideologischen Basis der Abwehrhaltung gegen großdeutsche Projekte.

DER ZWEITE WELTKRIEG UND DIE SCHLESISCHE NIEDERLAGE (1939-1945)

Mit der Befreiung durch die Rote Armee gingen sechs Jahre NS-Joch zu Ende. Schon am 18. Oktober 1939 waren das polnische Śląsk sowie einige Kreise der Woiwodschaft Krakau ins Reich eingegliedert worden. Damit einher ging der jeder einheimischen Realität Hohn sprechende Versuch, die ganze Bevölkerung Schlesiens unter rassischen Gesichtspunkten zu segmentieren. Als Mittel dazu entwickelte man in Berlin das System der Volkslisten. Dafür wurden unmittelbar nach der Eingliederung von Śląsk und Teilen Krakaus alle BewohnerInnen polizeilich erfaßt.

Die sogenannten Großpolen kamen sogleich hinter Gitter. 1940 wurde in einer alten Artilleriekaserne in Oświęcim das Konzentrationslager Auschwitz seiner mörderischen Bestimmung übergeben. In diesem auf neu-deutschem und wegen der Einverleibung von Teilen der Woiwodschaft Kraków/Krakau auch neuschlesischem Grund errichteten Lager wurden in den Folgejahren bis Januar 1945 Millionen von Menschen gewaltsam zu Tode gebracht. In den ehemaligen Kasernen, Auschwitz I genannt, wurde erschossen und gemartert, in Auschwitz II/Birkenau wurden Juden und Zigeuner vergast; in 30 Außenstellen, darunter in den IG-Farben-Werken, griff das NS-Programm der Vernichtung durch Arbeit.

Unmittelbare Kriegshandlungen erfaßten Schlesien und seine Einwohner erst im Winter 1945. Im Vergleich mit anderen Regionen des Reiches blieb das von den angloamerikanischen Luftstützpunkten zu weit entfernte Schlesien – dessen östliches Industrierevier im Krieg eine echte „Schmiedekammer" war – von den alliierten Bombardierungen verschont. Schlesien galt bis Ende 1944 als Luftschutzkeller Deutschlands. Die sowjetische Januar-Offensive 1945 walzte dann sehr schnell über das Land, die materiellen Kriegsschäden hielten sich im eingekesselten Industrierevier allerdings ziemlich begrenzt. Umso erschütternder waren die Leiden der Menschen – nicht nur der „Reichsdeutschen".

Die Erinnerungskraft

Die Atmosphäre aus deutscher Sicht unmittelbar nach der Kapitulation der Nationalsozialisten schildert Herbert Hupka, der Führer der schlesischen Landsmannschaft, in dem Erinnerungsband „Letzte Tage in Schlesien" folgendermaßen: „Niemand wußte, wie es weiter gehen werde, als man am Rundfunkgerät vom Tode Hitlers und der Kapitulation der Wehrmacht Kenntnis erhalten hat. Ein kurzes beglücktes Aufatmen brachte diese Nachricht, aber dann griff die harte Wirklichkeit wieder grausam zu. Gerüchte schwirrten, die besagten, daß Schlesien polnisch werden solle, andere wollten gehört haben, daß Schlesien wieder eng mit Deutschland verbunden werden würde ... Daß sich am gegenwärtigen Zustand der polnischen Inbesitznahme nichts ändern sollte, wollte niemandem in den Kopf."

Was das Buch Hupkas an grauenhaften Berichten bringt, wollen wir uns hier ersparen, wie wir auch darauf verzichten, die deutschen Greueltaten in der Weimarer Republik, dann in der NS-Zeit und insbesondere nach der Eingliederung Ostoberschlesiens ins Reich im einzelnen zu beschreiben. Ein solches Verfahren hilft in der Tat nicht weiter. Der Grund, warum dieses Thema überhaupt angesprochen wird, ist, daß während einer 1997 im „Muzeum Górnośląskie/ Oberschlesisches Museum in Beuthen/Bytom" veranstalteten wissenschaftlichen Konferenz Zbigniew Kurcz, ein junger Breslauer Historiker, eine Sammlung von in den 1990er Jahren niedergeschriebenen Schlesiererlebnissen am Ende des Krieges vorstellte, deren Inhalte gar nicht weit von jenen abweichen, die der Band von Hupka enthält. Der polnische Autor läßt sich in seiner Einführung von dem „humanistischen Prinzip" des polnischen Soziologen Florian Znaniecki leiten: Menschliche Lebenserfahrungen müssen im umfangreichen Kontext gelesen werden – so, wie die Betroffenen erlebt, gedacht und interpretiert haben. Zugleich – auf die im Posener Westinstitut herausgegebenen „Documenta occupationis Teutonicae" (13 Bände) verweisend, welche die Geschichte der deutschen Okkupation sowie die Beschreibung der Leiden und des Sterbens von „polnischen Untermenschen" auch in Oberschlesien beinhalten – betont Zbigniew Kurcz, daß er nicht Unrecht gegen Unrecht, Verbrechen gegen Verbrechen aufzählen und schon gar nicht „die wilde ratio der Kriegsgerechtigkeit, des Rechts auf Revanche und eine falsch verstandene Genugtuung" rechtfertigen will, sondern vielmehr versucht, zur Aufklärung der fürchterlichen, von Wut und Rachsucht geprägten Nachkriegsereignisse beizutragen. Auch die objektivste Vivisektion der komplizierten gesellschaftlich-politischen Kontexte ändert nichts oder kaum etwas an den subjektiven Erinnerungen, die im menschlichen Gedächtnis der Nachfolgegenerationen weitergereicht werden und so das Denken eines Teils der noch in den 1990er Jahren in Oberschlesien lebenden Menschen beeinflussen. Dies, so der Autor, sei entscheidend für die jetzt prodeutsche Identifizierung vieler Oberschlesier. Obwohl sehr diskutabel – entscheidend ist nämlich vorwiegend der wirtschaftliche Faktor –, darf diese „Erinnerungskraft" bei der Betrachtung heutiger und künftiger Entwicklungen in Schlesien nicht mißachtet werden, zumal dazu von außen auf die Menschen nicht selten wahrheitswidrig eingewirkt wird.

Vergeltung über Gerechtigkeit

Mit Kriegsende begann für die deutsche Bevölkerung Schlesiens, darunter auch für eine große Zahl von aus dem Inneren des Reiches evakuierten Bombenopfern, ein tatsächlich trauriges und schreckliches Lebenskapitel. Aus durch NS-Greuelpropaganda noch zusätzlich geschürter, jedoch keinesfalls unberechtigter Angst vor den anrückenden Truppen der Roten Armee begaben sich Hunderttausende bei eisiger Kälte auf den Flüchtlingstreck. Verständlicherweise türmten die richtigen Nationalsozialisten von selbst. Viele Menschen aber, die, wie sie meinten, nichts auf dem Gewissen hatten und bleiben wollten, wurden von den NS-Stellen zur Evakuierung gezwungen. Ja, es stimmt, nach Hitlers Machtübernahme wurde Schlesien braun, wie übrigens ganz Deutschland. Betrachtet man die letzten Reichstagswahlergebnisse in den drei Regierungsbezirken (Breslau, Oppeln, Liegnitz) vor 1933, wird die demokratisch geäußerte politische Gesinnung der Schlesier sichtbar. Der Reihenfolge der genannten Bezirke entsprechend, votierten noch im November 1932 15, 36 und 7% für das Zentrum, 23, 9 und 27% für die SPD, 11, 17 und 10% für die KPD sowie für die Deutschnationalen (DNVP) etwa gleich 20%. Noch bei der ersten NS-Wahl im März 1933 erreichte die NSDAP „nur" 50, 43 und 54% der Stimmen. 1945 war das absolut bedeutungslos. Jetzt war der Deutsche schlechthin ein Nazi, und ein Nazi war ein Verbrecher. Die Konsequenzen einer solchen psychologischen Simplifizierung und Gleichschaltung – auch wenn es offiziell von sowjetischen wie ebenso von polnischen Stellen anders verkündet wurde – hatte eben der Deutsche und jeder, der als solcher galt, zu tragen. Ungerecht war das ganz gewiß, doch nach den Schrecken eines von Deutschen begonnenen Krieges, nach all den im deutschen Namen verübten Verbrechen – für die das auf schlesischem Boden befindliche Konzentrationslager Auschwitz stand – wurde Gerechtigkeit von Vergeltung überschattet. Wer von den Deutschen nicht auf dem großen Treck geflüchtet war, wer nicht gleich im Sommer 1945, noch vor den Potsdamer Beschlüssen vom 2. August 1945, ausgesiedelt – die Deutschen sagen dazu: vertrieben – wurde, bekam das zu spüren. Im Herbst 1945 gab es nach deutschen Quellen noch ungefähr 1,4 Millionen deutsche Menschen im gesamtschlesischen Gebiet.

Die deutsche Volksliste

Wie in der wilheminischen Epoche und den Weimarer Jahren, wie in der Hitlerzeit und insbesondere während des Krieges kehren wir bei den Zahlen von Deutschen oder Polen zu der alten Problematik – polnischsprechende Preußen, „Wasserpolen", Zwischenschicht – zurück. Sie wurde jedoch nach 1945 noch komplizierter. Es gab da nämlich während des Krieges die „Deutsche Volksliste" (DVL).

Ihre inhaltliche Aufgliederung war zum Teil ebenso verschwommen wie die Fundamente, auf denen sie aufgebaut war: immer brüchig und konjunkturbedingt. Allein die Vorgeschichte der Verordnung zur DVL vom März 1941 – fast eineinhalb Jahre nach der Eingliederung Ostoberschlesiens mit „kleinpolnischem Anhang" aus der Krakauer Woiwodschaft ins Reich – ist sehr lehrreich: Da rivalisierten jene friderizianischen Prinzipien einer möglichst großen Volksvermehrung – vom Reichsinnenministerium als „erwünschter Bevölkerungszuwachs" definiert – mit den rassenpolitischen Vorstellungen von NSDAP-Instanzen und des „Reichskommissars für die Festigung des Deutschtums" (Heinrich Himmler). Letztere gaben schließlich den Ausschlag. Befürworter einer „weichen" Auslegung des Deutschtumsbegriffs argumentierten – wie Martin Broszat festhielt –, man müsse „die These bestätigen, nach der in den nach 1918 abgetretenen Ostgebieten ein starkes deutsches Volkstum erhalten blieb". Himmlers Position dagegen, stark ideologisch und rassenpolitisch geprägt, lief auf eine härtere, allerdings in der Praxis verwässerte Behandlung der „Eindeutschung" hinaus. Neben diesem Begriff gab es die „Wiedereindeutschung". Dazu hieß es in einem Schreiben des Stabs zur Festigung des Deutschtums: „Der erste Schritt zu dieser nicht ganz objektiven, aber politisch wirksamen Begriffsbildung ist bereits dadurch erfolgt, daß die eindeutschungsfähigen Personen offiziell als 'wiedereindeutschungsfähig' bezeichnet werden, auch wenn eine deutsche Abstammung nicht nachweisbar ist." Eine 35 Jahre nach Veröffentlichung der Broszat-Studie erschienene Arbeit von Hans-Christian Harten bringt die Problematik der Deutschen Volksliste auf den neuesten Forschungsstand und bestätigt eindeutig, daß die nationalsozialistische „Volkstumspolitik" sich von folgendem Prinzip leiten ließ: Bei aller „rassenpolitischen" Strenge bestehe eine „Rückdeutschungsfähigkeit" auch bei jenen Menschen, bei denen eine einwandfreie deutsche Abstammung nicht festzustellen sei.

Dieses Prinzip galt auch in Schlesien. Die „aktiven Großpolen" – d.h. Mitglieder von polnischen politischen Organisationen, Parteien, Verbänden – ausgenommen, wurde die Bevölkerung bereits 1939/40 in einer Aktion polizeilich erfaßt, nach Fahndungslisten aus der Vorkriegszeit durchsiebt und in vier Kategorien aufgeteilt.

Gruppe 1 und 2 der „Deutschen Volksliste" erhielten den Status deutscher Reichsbürger und Staatsangehöriger (die erste Liste stand für aktive „Volkstumskämpfer", die zweite Liste umfaßte nicht aktive, aber unzweifelhaft deutschstämmige Personen), die Gruppe 3 bildeten jene Eingesessenen („Renegaten"), die „Bindungen zum Polentum" eingegangen waren, wie auch Leute aus den „Zwischenschichten slonzakischer und oberschlesischer Abstammung". Sie galten als „Staatsangehörige auf Widerruf". Der Rest wurde der Gruppe 4 zugerechnet. Sie waren „Schutzangehörige mit beschränkten Inlandsrechten", denen allerdings zum Teil die Möglichkeit eröffnet wurde, sich künftig um die Aufnahme in die DVL bewerben zu dürfen. Nach einer von Martin Broszat veröffentlichten, mit Januar 1944 datierten Zusammenstellung des „Reichskommissariats für die Festigung des Deutschtums im Ausland" – dieses hieß pikanterweise auch in Oberschlesien so, das ja mittlerweile bereits ins Reich eingegliedert war – gab es in Oberschlesien 150.000 Deutsche der ersten und 210.000 der zweiten Gruppe, 875.000 zählten zur Gruppe 3, und 1,1 Millionen galten als „Schutzangehörige und Sonstige". In der Gesamtbevölkerung Oberschlesiens (2,45 Millionen) wurden noch 40.000 volksdeutsche Umsiedler aus der Ukraine, dem Baltikum, vom Balkan und aus Rußland mitgezählt.

Was in den ins Reich eingegliederten Gebieten – also auch in Ostoberschlesien – die rechtlosen, diskriminierten und verfolgten „Schutzangehörigen" bzw. „polnischen Untermenschen" von den Volksdeutschen in den Kriegsjahren zu erleiden gehabt hatten, wurde nun nach 1945 den Deutschen aller Kategorien heimgezahlt.

Aus heutiger Sicht sollten wir tatsächlich der Wahrheit zustimmen, daß ein Verbrechen ein Verbrechen ist, ohne auf quantitative und qualitative Besonderheiten einzugehen. Damals, direkt nach dem Krieg, gab es bei einer beträchtlichen Zahl der zuvor verfolgten Polen eine haßerfüllte Vergeltungsstimmung. „Ein guter Deutscher ist einer, der zwei Meter unter der Erde liegt", hörte man oft. Es gab ja kaum eine polnische Familie, in der nicht um getötete Angehörige getrauert wurde.

Offizielle polnische Behörden konnten, auch wenn sie es gewollt hätten, kaum verhindern, daß Dienststellen des sowjetischen Sicherheitsdienstes NKWD Tausende von „Volksdeutschen" wie auch die heimgekehrten Kriegsgefangenen in örtlichen „Arbeitslagern" zusammentrieben und dann in die Sowjetunion verschleppten. Von den über 100.000 verschleppten Männern stammte knapp die Hälfte aus Oberschlesien. Nur ein Teil konnte nach Jahren aus den sibirischen Weiten zurückkehren.

Das Beispiel Lamsdorf

In Oberschlesien widerfuhr den Deutschen – und jenen, die für solche gehalten wurden – ebenfalls Unrecht. Dafür steht das Beispiel Lamsdorf. In deutschen Erlebnisberichten – u.a. von Heinz Esser – beginnt die Geschichte dieses Lagers im Sommer 1945: ein typischer Fall von Gedächtnisschwund! Auf einem großen, von Wäldereien umgebenen Gelände wurden bereits nach 1871 französische Kriegsgefangene festgehalten, ebenso im Ersten Weltkrieg, als dort ein Kgf-Lager – die Abkürzung für Kriegsgefangenenlager im Militärjargon – eingerichtet wurde. Ausgebaut wurde es dann von den Nationalsozialisten gleich nach dem Polenfeldzug 1939. Die Insassen des Stammlagers VIII B waren zuerst nur Polen, dann auch Franzosen, Engländer, Belgier und Jugoslawen. Ihre Zahl betrug zwischen 15.000 und 20.000. Im Herbst 1944 wurden etwa 130.000 sowjetische Kriegsgefangene im ebenfalls dort eingerichteten Stalag VIII F zusammengepfercht. Am 20. Januar 1945 wurden die letzten „transportfähigen" Kriegsgefangenen evakuiert. Nach dokumentarisch belegten Quellen kamen während des Zweiten Weltkrieges etwa 40.000 Kriegsgefangene in Lamsdorf ums Leben: erschossen, erschlagen, bei Schwerstarbeit, an Krankheiten und Unterernährung gestorben.

Im Spätsommer 1945 wurden die ersten „deutschen Transporte" in die Baracken des Stalag VIII F hineingetrieben. Jetzt eröffnete sich für Deutsche „die Hölle von Lamsdorf". Wenn auch nur ein Bruchteil dessen der Wahrheit entspricht, was in Essers Bericht unverhältnismäßig als „Massenmord" und „Vernichtungslager" geschildert wird, war das eine Schande. Sie wird auch dadurch nicht relativiert, wenn man berücksichtigt, daß damals in Folterkellern und Lagern des UB (Urząd Bezpieczeństva), des mit sowjetischen „Beratern" durchsetzten polnischen Sicherheitsdienstes, polnische Bürger mißhandelt und zu Tode gefoltert wurden. Allein die Tatsache, daß Frauen und Kinder vor der Umsiedlung nach Deutschland in menschenunwürdigen Verhältnissen interniert wurden, widersprach der im Potsdamer Abkommen (Punkt XIII) auferlegten Pflicht, die Umsiedlung der deutschen Bevölkerung nach Deutschland auf humane Weise durchzuführen. Was und wie auch immer zuerst von Deutschen den Polen und dann von Polen den Deutschen angetan wurde – es gehört in das dunkelste Kapitel einer Politik des gegenseitigen Aufhetzens von Menschen, die an den Peripherien der Nationalstaaten in Friedenszeiten mehrheitlich ganz gut miteinander auskommen konnten. Ursachen und Folgen sind aber auseinanderzuhalten.

Vertriebene werden Vertreiber

Von den Härten, Verfolgungen und „Bestrafungen" der ersten Nachkriegszeit blieben absurderweise gerade jene Menschen in Schlesien nicht verschont, deren Polentum eigentlich keine Zweifel hätte wecken dürfen – trotz der Deutschen Volksliste. Landeskundige Vertreter von polnischen Behörden, sogar der kommunistische Woiwode von Kattowitz, General Aleksander Zawadzki, sowie noch dezidierter seine Stellvertreter Arka Bożek und Józef Ziętek vertraten einen Repolonisierungskurs, also eine konsequente Aussiedlung aller Deutschen. In der polnischen Publizistik jener Zeit umschrieb man diesen Kurs als die notwendige Beseitigung von „Unkraut auf polnischer Scholle". Die Autoritäten warnten davor, „keine einzige polnische Seele" verlorengehen zu lassen. Die Praxis sah allerdings vielerorts anders aus.

Schlesien war damals – abgesehen von eigenen, hausgemachten Turbulenzen – die Endstation für allmählich aus den ehemaligen östlichen Randgebieten Polens eintreffende Trecks mit Zigtausenden von Menschen. Sie alle mußten ihre Heimat verlassen, die an die Sowjetunion gefallen war. Für diese polnischen Ostumsiedler, die mit den örtlichen Gegebenheiten nicht vertraut waren, galten die Eingesessenen, die Autochthonen, unisono als „Schwaby", als Deutsche also, und wurden auch wie solche behandelt. Vertriebene wurden so oft zu Vertreibern. Hinzu kam ein seit der Teilungszeit schwelender Konflikt zwischen Oberschlesiern und Menschen aus dem benachbarten „Zagłębie", dem bis 1918 zum russischen Zarenreich gehörenden Industriepott. Alle autochthonen Schlesier, Polen wie Deutsche, mußten in den ersten Wochen nach dem Einmarsch der Roten Armee weiße Armbinden tragen. Ehe Alteingesessene und Neusiedler zur Besinnung kommen konnten, geschah viel Unrecht. Im höllischen Durcheinander jener Monate, bei sich überschneidenden Kompetenzen verschiedener Dienststellen und Organisationen, die ohne Erlaubnis sowjetischer Militär- und NKWD-Organe nichts unternehmen durften, blieben die der Unheilsvorbeugung dienenden Appelle und Denkschriften von polnischen gesellschaftlichen Organisationen und wissenschaftlichen Gremien – etwa des „Polnischen Westvereins" oder des „Bundes der Polen in Deutschland" – vielfach erfolglos. Doch bereits im Spätsommer 1945 vermochten polnische Interventionen bei sowjetischen Militärstellen zu bewirken, daß in den vom NKWD, aber auch vom berüchtigten polnischen UB verwalteten etwa 30 „Arbeitslagern" – Mysłowice, Zabrze, Lubliniec, Łaziska, Miłowice, Czeladż, Katowice, Jaworcno – internierte Männer zum Teil entlassen und in den Wirtschafts- und Arbeitsprozeß eingegliedert werden konnten. Doch das ist nicht die ganze Wahrheit über diese „Arbeitslager". Erst 1999 wurden durch Veröffentlichungen in der „Gazeta Wyborcza" sowie in der Vierteljahresschrift „Karta" grausame Einzelheiten bekannt, die davon zeugen, daß UB-Funktionäre wie beispielsweise Salomon M., dessen Familie unter den Nationalsozialisten ausgerottet wurde, unschuldige Menschen bestialisch behandelten.

Im Juli 2000 kam ein weiterer Fall polnischer Greultaten vor ein polnisches Gericht. Der Kommandant des Lamsdorfer Lagers, Czesław G., soll nach Worten des polnischen Staatsanwaltes für seine „barbarischen Untaten" verantwortlich gemacht werden. Laut Anklage ließ Czesław G. im Jahr 1945 deutsche Schlesier in eine brennende Baracke hineintreiben und dann auf sie schießen. Wie immer dieser oder ähnliche Prozesse ausgehen mögen – für die postkommunistische Identität haben sie eine entscheidende Funktion: Mit ihnen wird Zeitgeschichte neu interpretiert. Im Extremfall führt dieser Ruf nach „historischer Gerechtigkeit" dazu, die Geschichte des Zweiten Weltkrieges überhaupt umzuschreiben.

Die „Verifizierungsaktion"

Parallel zum Nachkriegschaos nahm die sogenannte „Verifizierung" ihren Anfang. In mehreren Etappen zwischen 1945 und Ende 1948 durchgeführt, sollte sie auf dem Weg der Repolonisierung die zuvor stattgefundene Germanisierung Schlesiens rückgängig machen. Obzwar nicht das subjektive deutsche Kriterium – Deutscher ist, wer will –, sondern ein „objektives" Kriterium angestrebt wurde, das Sprache, Brauchtum und Religion sowie ein aktives Volkstumsbekenntnis zu berücksichtigen hatte, lief es praktisch auf Ähnliches hinaus, was zuvor die Deutschen gewollt hatten. Der „volkspolitische" Spieß wurde einfach umgedreht. Nach dem Studium von polnischen Dokumenten und der Literatur polnischer Wissenschaftler kommt man auch bei festester polnischer Gesinnung nicht an folgender Erkenntnis vorbei: Die unter den damaligen Umständen gefaßte Entscheidung, dem polnischen Staat Treue und Loyalität zu erklären, seine Bodenständigkeit und Herkunft mit Großvaters oder Urgroßmutters Dokumenten und qualifizierten Zeugenaussagen zu dokumentieren, um, als Pole „verifiziert", in der Heimat bleiben zu dürfen, war konjunkturbedingt oder aber erzwungen. Von der Verifizierung hing ab, ob man seinen Besitz behalten durfte oder wiederbekommen konnte, ob man ein Recht auf Arbeit, soziale Betreuung, Lebensmittelkarten etc. erhalten würde.

Tatsache ist: Man mußte schriftlich um die polnische Volks- und Staatszugehörigkeit ansuchen, auf die Entscheidung warten, oft in die Berufung gehen. Auf die zahlreichen statistischen Tabellen, die den Verifizierungsprozeß darstellen, ist aus heutiger Sicht wenig Verlaß. Sie überschneiden sich gebietsmäßig, klaffen je nach Quelle – administrative Behörden, „Polnischer Westverband", Außenstellen des „Ministeriums für die Westgebiete", UB-Sicherheitsamt – auseinander, sind inhaltlich verschieden und lassen somit zuversichtlich nur feststellen, daß es im gesamtschlesischen Gebiet um eine Größenordnung von etwa 700.000 bis 800.000 Menschen ging. Der Prozentsatz von abgelehnten Anträgen lag hochgerechnet unter 5%, in manchen Kreisen und Gemeinden aber um die 20%. Bei einem negativen Ergebnis der mehrstufigen Verifizierungsprozedur blieb nur die Aussiedlung oder – im Fall von gezielt zurückgehaltenen „Spezialisten" – ein Dasein als Mensch zweiter Kategorie. Das erklärt den Erfolg des Vorganges, zumal es – wie es der Publizist Alojzy Targ formulierte – neben aktiven Polen mit „vollem nationalen Bewußtsein" und passiven Polen mit „gedämpftem nationalen Bewußtsein" auch noch solche gegeben haben soll, die ein „potentielles polnisches Bewußtsein" aufwiesen. Die Schlesier insgesamt bezeichnete der polnische Wissenschaftler Eugeniusz Romer damals als „ein herrliches und zerrissenes Volk". Man könne zwar – mahnte er in einer wissenschaftlichen Konferenz 1946 – noch einige Hunderttausend für das Polentum zurückgewinnen; dabei sei aber Vorsicht geboten. Aus dem Nachlaß des Journalisten Józef Dubiel, eines „Großpolen" aus der Vorkriegszeit und Gomułkas Stellvertreter im „Ministerium für die wiedergewonnenen Westgebiete", erfahren wir, wie bei den „Verifizierungsentscheidungen" sehr oft amtlich nachgeholfen wurde. Wilhelm Szewczyk, Edmund Jan Osmańczyk und Ryszard Hajduk – ein Dreierkreis von authentischen „großpolnischen" Schlesiern – bestätigten vor Jahren dem Mitautor dieses Buches, daß, abgesehen von einem tatsächlichen Drang zum Polentum, bei der Verifizierung auch behördlicher Druck ausgeübt wurde. Romers Gebot zur Vorsicht wurde mißachtet. Aus opportunistischen, menschlich verständlichen Gründen ließen sich viele Menschen das Polentum gewissermaßen aufdrängen. Es lebte sich für sie eben im Nachkriegspolen besser als im okkupierten, zerbombten Deutschland.

Nach dem „Polnischen Oktober" im Jahr 1956, als der stalinistische Terror nachließ, relativ mehr Freiheit ins Land einzog und gleichzeitig allgemein bekannt wurde, wie in der Bundesrepublik Deutschland das dortige „Wirtschaftswunder" gezündet hatte, setzte überall in Schlesien eine „völkische Rückbesinnung" ein. Sie äußerte sich in der Forderung der nun wieder Deutschgesinnten, in die BRD emigrieren zu dürfen. Dies sollte in den kommenden Jahrzehnten in Form der Familienzusammenführung vor sich gehen.

Edward Gierek, fast 15 Jahre als Erster Sekretär des Woiwodschaftskomitees der Polnischen Vereinigten Arbeiterpartei der mächtigste Mann in Oberschlesien und dann von 1970 bis 1980 auch in ganz Polen, soll 1976 in Helsinki zu BRD-Bundeskanzler Helmut Schmidt gesagt haben: „Wir Oberschlesier bekannten uns zu Polen, als es in Polen gut ging. Wir sind aber auch Deutsche, seitdem es euch wieder gut geht." Diese Worte, dokumentiert in der Arbeit von Zbigniew Kurcz, geben in kürzester Form das wieder, worauf auch deutsche Autoren – etwa Thomas Urban in der 1993 publizierten Abhandlung „Deutsche in Polen. Geschichte und Gegenwart einer Minderheit" – aufmerksam machten.

Materielle Motive des schlesischen Strebens, wieder als Deutsche zu gelten und in die reiche Bundesrepublik zu übersiedeln, als einzigen Grund dieser nach 1956 einsetzenden Tendenz zu nennen, wäre allerdings leichtfertig. Wer um die Fehler der Nationalitätenpolitik der Nachkriegsjahre in Schlesien, um die Demütigung des „zerrissenen Volkes", um die geradezu verbrecherischen Torheiten der meist landesfremden oberen Gewalten Bescheid weiß, wer gesehen hat, wie Repolonisierung sehr oft auf administrative Maßnahmen reduziert blieb, sodaß sogar ehemalige polnische Aufständische Anträge auf Familienzusammenführung einreichten, wird gewiß den Gesinnungswandel nicht nur in der Verblendung durch das westdeutsche Wirtschaftswunder sehen.

Das Kapitel „Familienzusammenführung" ist eine der ungewollten Folgen des geschilderten „Verifizierungsprozesses", der – halten wir dies noch einmal fest – auf dem Hintergrund einer langen Germanisierungspolitik moralisch völlig berechtigt und vom national-polnischen Standpunkt aus gesehen logisch erscheint. Er war eine historische Chance, die allerdings aus ökonomischen wie soziologischen Gründen nicht dauerhaft genützt wurde bzw. genützt werden konnte.

Familienzusammenführung oder Kuhhandel?

Wie die „Verifizierung", so war auch die „Familienzusammenführung" mit gravierenden politischen Faktoren belastet. Als Journalist der deutschsprachigen „Arbeiterstimme", einer in Breslau herausgegebenen Tageszeitung, konnte der Mitautor diesen komplizierten Prozeß miterleben und zu einem winzigen Teil auch dadurch mitgestalten, daß in einem Interview mit der damaligen Präsidentin des Polnischen Roten Kreuzes, Irena Domańska, im Herbst 1956 das Begehren der Deutschen in Schlesien auf „Familienzusammenführung" zum ersten Mal öffentlich angesprochen wurde. Das Problem mit diesem Interview bestand nicht nur darin, daß es vor dem Erscheinen von verschiedenen Stellen – Innenministerium, Außenministerium, Zentralkomitee – „rezensiert" werden mußte, sondern daß es darüber hinaus nur für einen Teil der „Arbeiterstimme"-Leserschaft zugelassen wurde. Die Nummer wurde für Oberschlesien und das Oppelner Gebiet gesperrt. „Familienzusammenführung" sollte lediglich für jene Deutschen in Polen gelten, die nach 1945 in Niederschlesien (für den Bergbau) oder für die großen staatlichen landwirtschaftlichen Betriebe in Pommern zurückgehalten worden waren. Jene Menschen in Oberschlesien – gemeint ist damit auch das Oppelner Gebiet –, deren „deutsche Seele" wieder erwacht war, sollten, mit Ausnahme der Fälle tatsächlicher Trennung von Familienangehörigen ersten Grades, an der humanitären Aktion der Zusammenführung nicht beteiligt werden. Offiziell hieß es, es gäbe keine Deutschen in diesen Gebieten, da seien nur Polen. Darunter verstand man schlechthin alle Menschen, die im „Verifizierungsprozeß" schriftlich um die polnische Staatsangehörigkeit und polnische Bürgerrechte angesucht hatten. Über 30 Jahre dauerte dann der polnisch-bundesdeutsche Streit um die Anerkennung der ausreisewilligen Oberschlesier als Deutsche, denen man – wie offiziell in Bonn argumentiert wurde – nach internationalen Rot-Kreuz-Konventionen das Recht auf „Familienzusammenführung" nicht verweigern dürfe. In mehreren Etappen – 1957-1961 und 1970-1978 – folgten dann unter dem Decknamen „Familienzusammenführung" mehr oder weniger massenhafte Auswanderungswellen, die insgesamt – nach deutschen Quellen zusammengerechnet – bis 1981 etwa 420.000 Menschen (davon über 70.000 aus Niederschlesien) umfaßten. Weitere etwa 200.000 polnische Staatsbürger nützten die humanitäre Aktion in den 1980er Jahren. Der polnische Staat verhielt sich dabei gewissermaßen ähnlich wie die Ausreisenden selbst: Er ließ sich von materiellen Motiven leiten. Eine Liberalisierung der polnischen Ausreisepolitik fand immer dann statt, wenn Warschau in Bonn um wirtschaftliche Hilfe, meistens um Geld, nachfragte. Der Vorwurf, daß hier einfach Menschenhandel betrieben wurde, und zwar von beiden Seiten, ist nicht von der Hand zu weisen. Warschau, verharrend auf dem Standpunkt, es handle sich bei den ausreisewilligen Oberschlesiern um Polen, und Bonn, von ehemaligen preußischen und nationalsozialistischen Kriterien ausgehend, gingen da, grob gesagt, einen Kuhhandel ein: Es gab Kredite für die Ausdehnung des Artikels 116 des Bonner Grundgesetzes auf die Oberschlesier. Es wäre absolut müßig, in diesem Kontext auf das Zahlenspiel einzugehen. 1950 beispielsweise galt in Bonn die These, in Schlesien lebten noch 400.000 Deutsche. 30 Jahre später, als bereits mehr als 400.000 solche Deutsche in die Bundesrepublik Deutschland umgesiedelt waren, war in der bundesdeutschen Politik von einer Million Menschen der deutschen Minderheit in Polen die Rede. Die polnischen Regierungen bis 1989 wollte davon offiziell überhaupt nichts wissen. In internen Parteidokumenten aus der Feder von Ryszard Wojna und Janusz Bodnor wurden Gedanken darüber angestellt, wie und für wieviel Geld das bundesdeutsche Ansinnen, eine deutsche Minderheit in Polen zu etablieren, berücksichtigt werden könnte. Bis zum endgültigen Zusammenbruch des Regimes kam es allerdings nicht dazu.

Dem ersten nichtkommunistischen Premierminister Tadeusz Mazowiecki blieb es vorbehalten, im November 1989 in Krzyżowa/Kreisau in Niederschlesien – auf dem Familiensitz des Grafen von Moltke – beim katholischen Hochamt von Helmut Kohl brüderlich umarmt zu werden und mitanhören zu müssen, wie Tausende aus Oberschlesien herangefahrene deutsche Pilger „unseren Bundeskanzler" hochleben ließen.

DIE KOMMUNEZEIT (1945-1989)

Wenn in Nachkriegspolen von Schlesien gesprochen wurde, war damit fast ausschließlich Oberschlesien gemeint, das Oppelner Gebiet eventuell mit eingeschlossen. Diese Denkart ergab sich einfach aus der mentalen Überlieferung der Zweiten Polnischen Republik (1918-1939), als die Gegend um Katowice/ Kattowitz mit ihren Kohlengruben und Eisenhütten – von dem Schriftsteller Gustav Morcinek einzigartig beschrieben – das einzige wirklich bedeutsame Schwerindustrierevier darstellte. Politisch engagierte Menschen sahen das Oppelner Ländchen ebenfalls in Schlesien situiert, weil dort, so hatte man es in der Schule gelernt, Polinnen und Polen lebten, die nach den drei schlesischen Aufständen – mit dem Höhepunkt der Schlacht am Annaberg im Mai 1921 – als Minderheit außerhalb Polens verblieben waren und von den Deutschen unterdrückt wurden. Was westlich davon lag – bis hin zur Lausitzer Neiße und zur Oder –, galt als Teil der „wiedergewonnenen Gebiete". Der Begriff „Niederschlesien", obwohl aus geographischen Schulbüchern und politischen Schriften etwa des Posener West-Instituts wohl bekannt, bürgerte sich erst gegen Ende der 1940er Jahre allmählich in die Umgangssprache ein. Dazu trug u.a. die 1948 organisierte große „Wirtschaftsausstellung der Westgebiete" in und um die Jahrhunderthalle in Wrocław/Breslau bei. Die etwa 4 Millionen Besucher dieser für die damaligen Verhältnisse tatsächlich imposanten Propagandaschau führten den Polen vor Augen, was Schlesien insgesamt war und welch große wirtschaftliche Bedeutung es für das Land hatte. Der zum Auftakt der Ausstellung organisierte 1. Weltkongreß der Intellektuellen an der Technischen Hochschule zu Breslau, zu dem etwa 300 berühmte Künstler und Gelehrte aus allen Erdteilen erschienen, verlieh diesem in der europäischen und amerikanischen Presse geschilderten Ereignis eine wichtige internationale Note. Nicht nur die Polen selbst, sondern auch die Weltöffentlichkeit nahm Kenntnis von ganz Schlesien unter polnischer staatlicher Hoheit.

Das so wahrgenommene „ganze Schlesien" war drei Jahre zuvor Schauplatz der letzten zwei sich aus östlicher Richtung heranwälzenden sowjetischen Offensiven im Zweiten Weltkrieg gewesen. Der Widerstand der deutschen Wehrmacht wurde hier in zwei Etappen gebrochen: Im Januar und Februar 1945 nahmen Armeen der 1. und der 4. Ukrainischen Front blitzschnell Oberschlesien ein; im März und April – nach hartnäckigen Kämpfen mit Wehrmachtsverbänden unter Feldmarschall Schörner – den westlichen Teil des Landes. Der Krieg war aber im April noch nicht überall vorüber. Eine Anekdote zeigt dies deutlich: Anfang Mai 1945 fragten sich aus der Gegend von Berlin zurückkehrende und über die Trebnitzer Höhen bereits nach Hause marschierende sowjetische Soldaten, warum denn um Wrocław/Breslau noch immer der Sieg über

NS-Deutschland mit Kanonaden und Schüssen gefeiert werde. Die Antwort darauf lautete: Nein, das sei keine Siegesfeier, dort sei die 6. Armee mit der Eroberung der „Festung Breslau" beschäftigt.

Dem war tatsächlich so. Die letzten Kämpfe des Zweiten Weltkrieges auf europäischem Boden fanden in den Trümmern von Breslau statt. Die Stadt wurde bereits 1944 zur Festung erklärt. Zu Kriegsende saßen in ihr etwa 90.000 Soldaten fest, davon 60.000 „Volkssturm"-Kämpfer. Die Stadt Breslau kapitulierte erst am Abend des 6. Mai. Der Befehl „Wir beweisen dem Führer, daß die Festung Breslau fanatisch kämpfen und ihre Pflicht erfüllen wird" wurde ausgeführt. Zwei sowjetische Generalangriffe wurden blutig abgewehrt. Hitler war bereits seit einer Woche tot, als in Breslau noch immer NS-Durchhalteparolen ausgegeben wurden und Menschen im Kanonenhagel starben. „Als die Uhren stehenblieben", lautet der Titel eines Romans von Werner Steinberg, der jene dramatischen Tage beschreibt, da Breslau am 15. Februar von der Roten Armee völlig eingeschlossen wurde. In der Stadt befanden sich außer Wehrmachts- und SS-Angehörigen sowie wenigen deutschen „Hilfskräften" nur noch ausländische – darunter 18.000 polnische – Zwangsarbeiter. Auf Befehl des damaligen NSDAP-Gauleiters Karl Hanke mußten alle für die Verteidigung unbrauchbaren Zivilpersonen, d.h. vor allem Frauen, Kinder und alte Leute, die Stadt verlassen. Bei eisiger Winterkälte wurden im Januar und Februar 1945 an die 700.000 Menschen aus Breslau getrieben – in Richtung Süden auf die Autobahn, die entlang sie sich selbst bei etwa 30 Grad Frost zu Fuß in den Westen „evakuieren" sollten. Als der Breslauer Vizebürgermeister Wolfgang Spielhagen versuchte, den Hanke-Befehl in Frage zu stellen und Breslau zur offenen Stadt zu erklären, erschossen ihn SS-Schergen vor dem „Schweidnitzer Keller" im Zentrum der Stadt. So erfüllten die Festungskommandeure, zuerst General Alphen und nach ihm General Niehoff, strikt den Befehl, die Stadt „bis zum letzten Mann" zu verteidigen. Wie drakonisch dies vor sich ging, erzählt der katholische Geistliche Paul Peikert in seiner in Polen veröffentlichten „Chronik einer eingeschlossenen Stadt".

Dem evangelischen Pastor Ernst Hornig gelang es am 4. Mai 1945, die deutsche Generalität zur Übergabe der Stadt zu bewegen. General Niehoff erließ am 6. Mai einen letzten Aufruf, der auf knallrotem Papier gedruckt und an zerbombten und zertrümmerten Häuserwänden angeschlagen wurde: „Kameraden, Bürger von Breslau! Ihr habt Eure harte Pflicht getan und habt das 'Wunder von Breslau' vollbracht, wie es in der Geschichte dieses Krieges einzig dasteht ..." Das kann man wohl sagen! Zahlreiche, auch niedergeschriebene Erinnerungen polnischer Zwangsarbeiter beschreiben auf schrecklich eindrückliche Weise die Festungszeit, unter anderem den Bau eines Flugplatzes in der Nähe des Flusses hinter der Kaiserbrücke/„Grunwaldzki"-Brücke. Dort mußten die zur Zwangsarbeit getriebenen Polen unter Artilleriebeschuß und Bombenhagel ganze Straßenzüge sprengen, Häuser niederreißen und planieren, um einen Landeplatz für Flugzeuge der Luftwaffe zu errichten. Etwa 8.000 Personen sollen bei dieser Art von „Flugplatzbau" umgekommen sein. Tatsächlich sollte das Rollfeld für die Evakuierung der NS-Bonzen dienen; Gauleiter Hanke flüchtete allerdings mit einer „Fieseler Storch" vom Schloßplatz aus.

All dies wäre vielleicht im nachhinein nicht eine so detaillierte Schilderung wert, wenn nicht westdeutsche Veteranen- und Vertriebenenverbände lange nach Kriegsende den nationalsozialistischen Wahnsinn als „Heldentat" hochstilisiert hätten. Nach ihrer Rückkehr aus sowjetischer Gefangenschaft im Jahr 1955 wurden die beiden Kommandeure der Breslauer Festungsstadt in deutschen Schlesierkreisen heroisiert. Der schlesien-deutsche Revanchismus gründet in dieser Haltung.

Oberschlesien: der Stachanowist für Kohle und Stahl

Zu der Zeit, als unter den Trümmern der „Festung Breslau" noch Menschen starben, förderte man in oberschlesischen Gruben schon wieder Kohle und kochte Stahl. Das Wirtschaftspotential des Industriepotts wurde in Polen dringendst gebraucht. Das Land war durch das zweimalige Kriegswüten in seiner urbanen und wirtschaftlichen Infrastruktur bis zu 70% zerstört. Seit im Sommer 1944 auf den östlich der Weichsel liegenden befreiten Gebieten das faktisch von der Sowjetunion eingesetzte und von polnischen Kommunisten geführte „Polnische Komitee Nationaler Befreiung" (PKWN, mit Sitz in Lublin) die Funktion einer provisorischen Regierung ausübte, wurde mit der Aufbauarbeit begonnen. General Aleksander Zawadzki, ein Arbeiterkind aus dem roten Dąbrowski-Revier, zählte zur Führungsspitze der polnischen Kommunisten, die sich Polnische Arbeiterpartei (PPR) nannten. Er übernahm an der Spitze mehrerer Fachleute die Rolle des Bevollmächtigten des PKWN für die Industrieregionen um Katowice/Kattowitz und Dąbrowa Górnicza/Dambrau. Obwohl diese Gegenden dank eines gelungenen Manövers der Roten Armee die unmittelbaren Kriegshandlungen relativ heil überstanden hatten, lagen die Industrieanlagen – mit wenigen Ausnahmen – dennoch still. Steinkohlegruben mußten erst entwässert, die Fördertürme und Fördermaschinen instandgesetzt werden. In einigen Hütten hielten Belegschaften auch während der unmittelbaren Kriegshandlungen Mitte Januar das Feuer unter den Öfen. Nach wenigen Wochen härtester Arbeit konnte Anfang Februar 1945 durch den Einsatz der jeweiligen Arbeiter-Betriebskomitees die Produktion wieder anlaufen. Bis Ende Februar gelang der erste Guß in den Hochöfen. Ebenfalls in diesem Monat gingen die ersten Kohletransporte in Richtung Warschau ab, das am 17. Januar befreit worden war.

Auf der Tagesordnung des im März in der Region organisierten Gewerkschaftstreffens, das etwa 65.000 Bergarbeiter und 75.000 Stahlgießer repräsentierte, stand die Versorgungslage an erster Stelle. Die Region hatte Hunger! Ohne Brot und Fett war an eine rasche Ankurbelung der Produktion kaum zu denken. Die Lebensmittelversorgung der Bevölkerung erwies sich als allerwichtigstes politisches Problem, das kaum zu lösen war. Lieferungen aus der Sowjetunion oder aus den UNRRA-Beständen waren erst nach dem Ende der Kriegshandlungen möglich. Bis dahin hatte die Front absoluten Vorrang. Das oberschlesische Industrierevier blieb auf sich selbst angewiesen. Doch es mußte produziert werden. Ganz Polen rief nach Kohle, Kohle, Kohle ...

Dieser Ruf sollte fast ein halbes Jahrhundert lang nicht verhallen. Die Kohle war Oberschlesiens Schicksal und Fluch zugleich, umso verständlicher, als doch von den 70 Milliarden Tonnen Vorkommen – in Tiefen bis zu 900 Meter unter Tag – bis 1945 erst zirka 5% der Erde entrissen worden waren. Es galt also, diesen Reichtum zu nutzen. Er barg die große Chance für Polens Entwicklung. Jahrzehntelang die einzige, heute noch die wichtigste Energiequelle, war dieser Rohstoff für Polens Wirtschaft ein Entwicklungsfaktor, dessen Bedeutung kaum zu überschätzen ist. Auch als Exportartikel brachte die Kohle die meisten Devisen ein. Das war schon in den Vorkriegsjahren nicht anders gewesen, als im polnischen Teil des Reviers etwa 79 Millionen Tonnen jährlich gefördert wurden. Dieses Niveau wurde erst 1947 wieder erreicht, und zwar mit Hilfe von Sonntagsschichten und einem geradezu mörderischen Einsatz der Belegschaften, die durch deutsche Kriegsgefangene sowie Strafkompanien der polnischen Armee ergänzt wurden. Unmittelbar nach Kriegsende setzte sich der mörderische Arbeitseinsatz fort, diesmal auf freiwilliger Basis. Angelehnt an das sowjetische Beispiel der 1930er Jahre, als im Donbas-Becken der berühmt gewordene Grubenarbeiter Stachanow die Arbeitsnorm einer Schicht in extreme Höhe trieb, popularisierte sich auch im oberschlesischen Revier die Idee des Stachanowismus. In der Person des aus Frankreich heimgekehrten polnischen Re-Emigranten Wincenty Pstrowski fand sie im Juli 1947 ihr Idol. Pstrowski starb nach wenigen Monaten an Leukämie. Viele andere „Helden der Arbeit" – alle mit bis zu 400%iger Normübererfüllung – endeten auf ähnliche Weise. Selbstverständlich ließen sich nicht alle Bergleute zu dieser quasi-heroischen Selbstzerfleischung überreden, obwohl auch manches romantisch-patriotische Gefühl dabei mitspielte: eine in der Aufbauarbeit psychologisch begreifliche Motivation für Höchstleistung, dem überstandenen Krieg zum Trotz. Bei aller kritischen Ablehnung der damaligen schrecklichen Ausbeutung „lebendiger Arbeit", die auch mit überdurchschnittlichen Löhnen, besserer Versorgung, größeren Privilegien, hohen staatlichen Auszeichnungen und offiziellen Huldigungen zum „Bergmannstag" am 4. Dezember jedes Jahres nicht wettgemacht werden konnte, soll dieses eigenartige Ethos der Aufbaujahre nicht vergessen werden. Insgesamt war die Arbeitsorganisation im technologisch veralteten Bergbau auf Pikkel und Schaufel eingestellt, für moderne Investitionen fehlte Geld. Erst in den 1960er und 1970er Jahren begann man mit einer Modernisierung des Kohlebergbaus. Die Investitionen in dieser Branche verschlangen zeitweise bis zu 30% aller in Polen eingesetzten Finanzmittel.

Das Schlimmste bei aller Aufopferung der Kumpels war, daß es im Revier selbst an Kohle mangelte. Ein großer Teil der Fördermenge – 8 bis 10 Millionen Tonnen jährlich – ging auf „breiten Gleisen", wie man diese Form des Exports nannte, in die Sowjetunion; und zwar zu einem Spottpreis von einem Dollar pro Tonne. Der US-Dollar war damals 80 Kopeken wert. Dieser Kohle-Tribut wurde – auf eine im polnisch-sowjetischen Vertrag vom April 1945 enthaltene Direktive von Außenminister Wjatscheslaw Molotow hin – Polen vom „großen Bruder" einfach aufgezwungen. Molotow hatte nämlich Folgendes ausgerechnet: Der materielle Wert der an die Sowjetunion gefallenen Gebiete Ostpolens, also die westliche Ukraine und das westliche Weißrußland, betrug nach seinen Mathematikkünsten 3,6 Milliarden US-Dollar; auf der anderen Seite schätzte er den Wert des ehemaligen Ostdeutschland, also der für Polen „wiedergewonnenen Gebiete", auf 9,5 Milliarden US-Dollar. Der polnische Kohle-Tribut an Rußland sollte den unterschiedlichen Länderwert, wie ihn das sowjetische Außenministerium berechnet hatte, ausgleichen helfen. Daß diese „Bilanz" mit der Wirklichkeit nichts zu tun hatte, interessierte die Sowjetunion wenig. Auch die offiziellen polnischen Proteste gegen die bis Ende der 1940er Jahre anhaltenden Demontagen von Industrieanlagen aus Niederschlesien machten auf Moskau keinen Eindruck. Offiziell sollte Polen 15% der Reparationen erhalten, die Deutschland an die Sowjetunion bezahlen mußte. Doch das blieb reine Theorie. Statt dessen hieß es, die Sowjetunion überlasse Polen den Rest der nicht zerstörten schlesischen Anlagen. Manches, was zuerst von russischen Einheiten in Schlesien demontiert wurde, erhielt Polen später als „brüderliche Hilfe" zurück.

Im Januar 1946 wurden die früher vorwiegend ausländischem Kapital gehörenden Gruben, Hütten und Metallwerke in Polnisch-Oberschlesien auf der Grundlage eines Sejm-Gesetzes zu polnischem Staatseigentum. Ehemaliges deutsches Eigentum wurde kraft anderer Bestimmungen eingezogen. Dies war ein Zeichen geschichtlicher Gerechtigkeit; dementsprechend akzeptierte die überwiegende Mehrheit des Volkes diese Verstaatlichungen auch. Was die Menschen jedoch nicht wußten und erst in den 1980er und 1990er Jahren langsam erfahren sollten, war, daß für die enteigneten, vom polnischen Staat übernommenen Betriebe westliche Staaten der ehemaligen „Anti-Hitler-Koalition" eine Entschädigung erhielten. Diese gaben sie an ihre enteigneten Staatsangehörigen weiter. Kohle fungierte für die zwischen 1946 und 1949 in einzelnen Geheimverträgen mit den USA, England, Frankreich und Belgien ausgehandelten Konditionen dieser Entschädigungen als das wichtigste Zahlungsmittel. Jährlich bis zu 4 oder 5 Millionen Tonnen Kohle gingen auf diese Art und Weise als „Kapitalrate" an ehemalige Besitzer ins westliche Ausland. Während der gesamten kommunistischen Zeit blieb dieses genau ausgeklügelte System mit eigener „Handelszentrale" und Hafenanlagen an der Ostsee ein Staatsgeheimnis. Sowohl für den polnischen Anteil an deutschen Reparationen für die Sowjetunion als auch für die Entschädigung westlicher Eigentümer mußten die oberschlesischen Kumpel schuften. Erst im November 1956 konnte der an die Macht zurückgekehrte Władysław Gomułka einen vernünftigen Preis für die polnischen Kohlelieferungen an die Sowjetunion aushandeln, allerdings weiterhin auf Basis eines in Moskau festgelegten Dollar/Rubel-Wechselkurses. Die „Entschädigungs"-Kohle ging bis in die 1980er Jahre – zu einem Festpreis aus den 1940er Jahren – an westliche Empfänger.

Es war kein anonymer polnischer Staat, der diesen Preis in Richtung Osten und Westen bezahlte: Die oberschlesischen Kumpel mußten dafür roboten. Geehrt und gefeiert wurden sie schon, aber ihre physische Ausbeutung – trotz der relativ hohen, jedenfalls für Polen überdurchschnittlichen Löhne – konnte auch durch die fürsorgliche ärztliche Betreuung in grubeneigenen Sanatorien, durch soziale Privilegien, bessere Lebensmittelversorgung und Sonderzuteilungen von Konsumgütern nicht voll vergütet werden. Das gab sogar Edward Gierek zu, ab Beginn der 1960er Jahre 1. Sekretär des Woiwodschaftskomitees der Polnischen Vereinigten Arbeiterpartei (PVAP) in Katowice/Kattowitz sowie zwischen 1970 und 1980 als Parteichef mächtigster Mann in Polen. In seinen 1993 veröffentlichten Erinnerungen, „Smakżycia" („Lebensgeschmack") wird er deutlich. Im Gegensatz zur allgemeinen Meinung, Oberschlesien – „Katanga Polens" genannt – sauge Polen und die polnischen Bürger aus, schrieb Gierek, daß „man in der Warschauer Machtzentrale nie ein richtiges Verständnis für die Belange der 'schlesischen Spezifik' haben wollte. Sogar meine eigenen Bemühungen," so der ehemalige Parteichef weiter, „die Bedürfnisse dieser Region zu befriedigen, stießen hier, in Warschau, auf eine Opposition, die meinte, ich wolle Schlesien auf Kosten anderer Regionen entwickeln". Dabei blieb die urbane Infrastruktur und vor allem die ökologische Beschaffenheit der Industrieregion, in der 18% der Gesamtbevölkerung lebten, auf einem niedrigen, rückständigen Niveau. Und das, obwohl im kommunalen, sozialen und kulturellen Bereich eine Vielzahl von Investitionen getätigt wurde. Die Region war auch intellektuell zurückgeblieben. Zwar gab es in Oberschlesien technische und medizinische Fachhochschulen, Möglichkeiten für eine humanistische Bildung aber wurden erst Ende der 1970er Jahre geschaffen und dennoch wenig genutzt. Gepflegt wurden hingegen das Musikleben (Operette, Philharmonie) und die Folklore (Staatsensemble „Śląsk"). Die Herausbildung einer eigenen geistigen Elite „war ungern gesehen" – wie der mittlerweile verstorbene schlesische Schriftsteller Wilhelm Szewczyk bestätigte – und wurde faktisch auch sabotiert.

Gutes Bier, ausgelassene Volksfeste, Taubenwettflüge, Gemütlichkeit in den Schrebergärten, bester Fußball im ganzen Land, Marschmusik und alte Walzer, von Bergwerksorchestern lustig gespielt, billige Urlaubsmöglichkeiten in den Beskiden: was brauchte der Bergmann mehr? Die technische Intelligenz, gebildet am Polytechnikum von Gliwice/Gleiwitz, war hervorragend, die Medizinische Akademie zählte zu den besten Polens, wissenschaftliche Institute, die sich mit Problemen der Produktion in Gruben, Hütten, Metall- und Chemiewerken befaßten, erfreuten sich eines Weltruhms; die Allerklügsten saßen ohnedies im Parteikomitee. Und dieses gab vor, wieviel Kohle zu fördern sei, wieviel Eisen und Stahl, noch mehr Maschinen, neue Erzeugnisse, eine FIAT-Autofabrik in den 1970er Jahren; mehr Entwicklung, mehr Fortschritt in der Industrie! Und Ruhe hatte zu herrschen, Ruhe und Ordnung! Die brauchte man nämlich, um ungestört die Bergleute und andere Proletarier der „herrschenden Arbeiterklasse" auspressen zu können: in Sonntagsschichten, im Vier-Brigaden-System, das praktisch die Feier- und Sonntage aufhob, in eiserner Disziplin mit Geldabzügen und allerlei Disziplinierungsmaßnahmen.

Aleksander Kopec, 1980 Vizepremier in der „Nach-August"-Regierung, der am 4. September 1980 die Vereinbarung mit dem Vereinten Streikkomitee der Kumpel in Jastrzębie unterzeichnet hatte, erzählte uns, wie die Bergleute, mit denen er verhandelte, Tränen in den Augen hatten, als sie ihm die unmenschlichen Arbeitsbedingungen schilderten. Die oberschlesischen „Solidarność"-Branchenverbände, vorwiegend der des Kohlenbergbaus, engagierten sich dann auch während der 17 Monate des sogenannten „Freiheitskarnevals" vom September 1980 bis zum Dezember 1981 besonders stark. Der katholische Klerus unterstützte ihre politischen Aktivitäten. Die Grubenarbeiter waren sich ihrer Stärke bewußt, die sich auf die Bedeutung ihres Arbeitsproduktes, der Kohle, für das Land gründete. Die Solidarność-Mitglieder bestanden auf ihren Mitbestimmungsrechten. Als am 13. Dezember 1981 zur Rettung des politisch-ideologischen Machtmonopols der PVAP das Kriegsrecht ausgerufen wurde, das im nachhinein mit der Drohung einer sowjetischen Militärintervention begründet wurde, waren die Kumpel entschlossen, ihr Stück erkämpfte Freiheit mit Streiks zu verteidigen. Mit neun Toten, die bei der polizeilichen Erstürmung der „Wujek"-Grube am 16. Dezember 1981 im Maschinengewehrfeuer ihr Leben ließen, mußten sie dafür bezahlen. Seither gilt dieser 16. Dezember 1981 ebenso als Trauertag der Arbeiterschaft wie der 28. Juni 1956, der sogenannte „schwarze Freitag", als in Poznań/Posen auf demonstrierende Metallarbeiter geschossen wurde und 74 Tote in den Straßen liegenblieben, und die Dezembertage von 1970, als in den Küstenstädten Gdańsk/Danzig, Gdynia/Gdingen und Szczecin/Stettin die „Hungerrevolte" der Werftarbeiter mit Panzereinsatz und MG-Feuer militärisch befriedet wurde. Jedes Jahr erinnern sich Veteranen des Arbeitskampfes mit Kranzniederlegungen und patriotischen Reden an die „Schande der Kommunezeit", wie sie es nennen.

Die Steinkohle, die außer in Oberschlesien auch im niederschlesischen Revier um Wałbrzych/Waldenburg und seit den 1970er Jahren im neu erschlossenen Lubliner Pott gefördert wurde, blieb bis zum Ende der Volksrepublik Polen im Jahr 1989 Fundament der wirtschaftlichen Entwicklung des ganzen Landes. Ende der 1980er Jahre wurden jährlich über 200 Millionen Tonnen dieses sogenannten „schwarzen Goldes" aus den Bergen geholt. Es blieb auch für andere traditionelle Wirtschaftszweige, vorwiegend für die Stahlgießerei, bedeutsam. In Katowice wurde in den späten 1970er und frühen 1980er Jahren ein Riesenwerk, die sogenannte „Huta Katowice", aus dem Boden gestampft. Gerade zu Giereks Zeiten entwickelte sich – entsprechend den Anweisungen aus Moskau im Rahmen des Rates für gegenseitige Wirtschaftshilfe (RGW) – ein wahrhaft teuflischer Boom: Kohle als Rohstoff für Energie, Energie für die Hütten, die Hütten wiederum lieferten Stahl für die Metallindustrie. So wuchs das Nationaleinkommen, in Millionen von Tonnen gerechnet; auf Menschen und Natur in der Region wurde dabei kaum Bedacht genommen. Diese „Mondökonomie", wie sie schon in kommunistischen Zeiten hieß, wurde der Region nach dem Beginn der 1989er-Wende zum Verhängnis. Gekoppelt mit fiskalischen Maßnahmen und einer von den neuen Machthabern exekutierten „freien Marktwirtschaft", abgeschnitten von den bisherigen Abnehmern in der mittlerweile aufgelösten Sowjetunion und konfrontiert mit einem am Boden liegenden Weltmarktpreis für Kohle, ging der Kohlen- und Stahlpott in die von Weltbank, IWF und EU-Kommission befohlene „Rekonstruierungsphase". Praktisch läuft das im Grunde auf die Liquidierung der Montanindustrie hinaus. Die Steinkohleförderung wurde bereits auf 110 Millionen Tonnen heruntergefahren und soll noch weiter gedrosselt werden, etwa auf das Vorkriegsniveau. So wäre also mit dem Einzug der „freien Markwirtschaft" in Oberschlesien die zwei Jahrhunderte währende, auf Kohle basierende Industrietradition dem Ende nah: ein Schicksal, das vorher den Kohlebergbau im Norden Frankreichs, in Belgien und in England traf. Mehr schlecht als recht gelang dort allerdings eine Umstellung der Wirtschaft auf neue Technologien. Hier, in Oberschlesien, fehlen die nötigen Milliarden US-Dollar für eine effektive Rekonstruierung der Industrielandschaft. Trotz mancher Lichter im Tunnel ist eine zukunftsträchtige Perspektive für diese Industrieregion nicht in Sicht.

Niederschlesien: ja zu Polen

Am anderen Ende des Oderlandes, in Niederschlesien, nahm 1945 der Neubeginn einen völlig anderen Verlauf. Als um die letzte Bastion NS-Deutschlands, die „Festung Breslau", noch bis in die Maitage 1945 auf beiden Seiten gestorben wurde, herrschte im niederschlesischen Umland, abgesehen von einigen Widerstandsnestern der Wehrmacht im Vorgebirge der Sudeten, bereits Frieden. Besser gesagt: Es wurde nicht mehr wie im Krieg gekämpft. Geschossen wurde nämlich noch viele Monate – sei es durch versprengte deutsche Soldaten und SS-Leute, die sich weder den Sowjets noch den Polen ergeben wollten und versuchten, sich über die südlich gelegenen Bergkämme oder die Neiße in den Westen abzusetzen; sei es von marodierenden Russen, die im „Niemandsland" nach Beute stöberten; sei es durch bewaffnete polnische Banden, sogenannte „Schaber"-Gruppen, die in Städten und Dörfern nach Raubgut suchten.

Viel wurde damals auch vom „Werwolf" phantasiert, einer NS-Untergrundgruppe, die sich aus fanatischen jungen Männern zusammengesetzt haben soll, denen befohlen worden sei, im „vom russischen Feind besetzten Gebiet" zu kämpfen. Tatsächlich gab es bis in das Frühjahr 1946 hinein eine Reihe von Überfällen auf polnische Siedler und Amtsstellen, beispielsweise in Waldgegenden um Bolesławiec/Bunzlau. Ob dahinter tatsächlich der nationalsozialistisch motivierte „Werwolf" steckte, über den später in Warschau viel geschrieben wurde, oder aber „ganz normale", zum Teil uniformierte Banditen, läßt sich auch im Licht des Beweismaterials zahlreicher Prozesse, z.B. gegen die „Otto-Gruppe", nicht genau verifizieren.

Ohne Zweifel bleibt die Erkenntnis, daß Niederschlesien in den ersten Nachkriegsmonaten ein sehr unruhiges, gefährliches Landstück war, in dem sich große Menschenmassen hin und her bewegten: aus dem Westen heimkehrende Zwangsarbeiter, von denen es 1944/45 in Breslau und Niederschlesien insgesamt an die 100.000 gab; in der Region umherziehende Deutsche, die, zuerst auf der Flucht, wieder in ihre Heimat wollten, dort aber nicht hinkonnten und nach einer anderen Bleibe suchten (so z.B. im Hirschberger Kesseltal im Riesengebirge); aus Zentralpolen hierher strömende Polen, die aus wirtschaftlichen, aber auch politischen Gründen in Schlesien eine neue Existenz aufbauen wollten; aus den an die Sowjetunion abgetretenen Gebieten Ostpolens, der heutigen Westukraine, stammende polnische Umsiedler, also polnische Vetriebene, die in Niederschlesien angesiedelt wurden. Bald sollten auch polnische Re-Emigranten aus dem Norden Frankreichs und aus Belgien, aus dem Ruhrpott, aus Rumänien, Jugoslawien, ja sogar aus Neuseeland in die Gegend von Wrocław ziehen. Und aus Griechenland kamen linke Marcos-Partisanen, die an der Oder eine neue Heimat suchten. Noch lange war daraus kein „Schmelztiegel" geworden, in dem,

wie man später zu sagen pflegte, sich die einzelnen Bevölkerungsgruppen integrierten; noch befand sich alles im elementaren Fluß, im chaotischen Durch-, Neben- und Gegeneinander.
Aus diesem Stoff erwuchsen über die Jahre Legenden, die in Filmen und Büchern polnischer, aber auch deutscher Autoren festgehalten wurden. Der Titel eines Buches, „Najtrudniejszy językświata"/„Die schwierigste Sprache der Welt" von Henryk Worcel, spiegelt die Schwierigkeiten der polnischen Neusiedler wider. Ende 1945 lebten bereits über 390.000 von ihnen in den Städten Niederschlesiens und 160.000 auf dem Land, Ende 1947 waren es insgesamt über 1,5 Millionen.

Zu Kriegsende hielten sich hier noch über 1,5 Millionen Deutsche auf, darunter viele Evakuierte aus dem bombardierten Ruhrgebiet und aus Berlin. Nachdem im Juli 1945 die „wilden Vertreibungen" von Deutschen begonnen hatten, verblieben Ende 1945 nach amtlichen polnischen Statistiken noch 827.846 Deutsche in Niederschlesien. Da muß in den Amtsberichten etwas nicht gestimmt haben, denn die erste offizielle Volkszählung im Februar 1946 wies 1,9 Millionen Menschen in Niederschlesien aus, von denen sich über 1,2 Millionen als Deutsche erklärten. Die im selben Monat angelaufene „ordnungsgemäße", nach den Bestimmungen des Artikels 13 des Potsdamer Vertrages vom 2. August 1945 durchgeführte und vom Alliierten Kontrollrat im November 1945 überwachte Umsiedlung der deutschen Schlesier im Rahmen der „Operation Swallow" erfaßte bis Oktober 1947 rund 1,3 Millionen Deutsche. Diese wurden in 800 Transportzügen in die britische und in die sowjetische Besatzungszone ausgesiedelt. Von den ehemaligen deutschen Bürgern wurden von der Aussiedlung etwa 13.000 für polnische Betriebe, hauptsächlich für den Kohlebergbau im Waldenburger Pott benötigte Fachkräfte, und insgesamt über 11.000 in sowjetisch verwalteten Betrieben und Landgütern beschäftigte Arbeitskräfte „zurückgestellt", das heißt de facto festgehalten. Ende 1947 – so die amtlichen Daten – waren dann noch 60.000 anerkannte Deutsche in Niederschlesien ansässig, die innerhalb der Gewerkschaft ein begrenztes kulturelles Leben und im Rahmen der allgemeinen Schulpflicht ein eigenes Bildungswesen entwickeln durften sowie viel später eine „Deutsche sozial-kulturelle Gesellschaft" bildeten, allerdings lange keine vollen Bürgerrechte genossen.

Ob alle diese statistischen Angaben exakt waren, sei dahingestellt. Angesichts der chaotischen Zustände der unmittelbaren Nachkriegsmonate, die sich auch in den behördlichen, oft frisierten Unterlagen widerspiegeln, ist auf die Zahlen über Deutsche in Schlesien kein Verlaß. Derselbe Vorbehalt bezieht sich übrigens auch auf deutsche Daten, die des Deutschen Roten Kreuzes mit inbegriffen. Zieht man nämlich alle Zahlen über Vertreibung und Aussiedlung zusammen und vergleicht diese mit den in den 1950er und 1960er Jahren von

Bonn erhobenen Postulaten zur Anerkennung des deutschen Volkstumsbesitzes in Polen, dann käme man fast auf das Doppelte. Im Grunde genommen scheint dies heute alles nicht besonders wichtig zu sein: Seit der Wende des Jahres 1989 wird von Warschau der deutsche Standpunkt zum Thema „Wer ist ein Deutscher?" nicht mehr ernsthaft in Frage gestellt. Artikel 116 des deutschen Grundgesetzes – auf dem Reichs- und Staatsangehörigkeitsgesetz von 1913 fußend – erwies sich als die allerwichtigste Rechtsgrundlage. Das Motto des Jahres 2000 lautet folgerichtig: Wir sind alle Europäer, und Polen wird Mitglied der Europäischen Union.

Für Niederschlesien markierte das Jahr 1945 jedenfalls den polnischen Anfang. Schon zu Beginn stand das Problem, mit Menschen zusammenleben zu müssen, die „die schwierigste Sprache der Welt" sprachen. Der deutsche Publizist Johannes Gross erinnert in seinem Buch „Die Deutschen" daran, daß diese für die Slawen Nemci bzw. Niemcy waren – Stumme also. Nach dem schrecklichen Krieg war es für Angehörige des polnischen Volkes umso schwieriger, sich mit den „Stummen" zu verständigen, als doch – von der Vorkriegsbevölkerung ausgehend – jeder fünfte polnische Bürger die deutsche Okkupation nicht überlebt hatte. Nicht alle Opfer sind den Untaten von Deutschen zuzurechnen; auch in der Sowjetunion kamen durch die Verschleppung von Hunderttausenden nach Sibirien und Kasachstan sowie durch vorsätzliche Ermordung – über 20.000 Offiziere in Katyn und anderen Orten – ebenfalls Polinnen und Polen um. Doch 1945 gedachte man vor allem der Angehörigen, die von deutscher Hand den Tod gefunden hatten. Viel Zeit mußte vergehen, ehe diese Wunden geheilt werden konnten.

Die ersten Jahre der polnischen staatlichen Hoheit über Niederschlesien waren unverkennbar von einer Atmosphäre der Vorläufigkeit gekennzeichnet – aller staatlichen Propaganda zum Thema „endgültiger Spruch historischer Gerechtigkeit" zum Trotz. Die aus Lwów/Lwíw/Lemberg vertriebene polnische „Inteligencja", vorwiegend das Gelehrtenkorps der dortigen Universität sowie die Künstler, ließ sich allerdings vom Gefühl des Provisoriums wenig stören: Im zu 70% zerstörten Wrocław/Breslau begann sie bereits im Sommer 1945 ihre Tätigkeit. Mitte Juli wurde mit der Nationaloper „Halka" von S. Moniuszko die Theatersaison eröffnet. Im November lief der akademische Betrieb an der Universität an. Zahlreiche polnische Schriftsteller ließen sich hier nieder und veranstalteten Lesungen sowie literarische Diskussionen. Diese geistige Arbeit inmitten von Trümmerfeldern war für die Überwindung der Stunde Null moralisch von großer Bedeutung – und für die Inbesitznahme des Landes durch polnische Menschen mindestens ebenso wichtig wie die gleichzeitig begonnene Aufbauarbeit in der Industrie und der Landwirtschaft. Das Bewußtsein, hier, im alten Piastenland, Pionierarbeit für Polen leisten zu können, wurde zusätzlich durch bestimmte Fakten der internationalen Großwetterlage angestachelt und damit indirekt unterstützt. Als im März 1946 Winston Churchill in seiner berüchtigten „Fulton"-Rede zum ersten Mal die Endgültigkeit der Westverschiebung Polens in Frage stellte und bald darauf im April 1947 der US-amerikanische Staatssekretär George Marshall zum „reopening of the German question" aufrief, griff anfangs breite Verunsicherung um sich. Die heimische polnische Propaganda nützte den Außenfeind geschickt zur Konsolidierung der eigenen „Pioniergemeinschaft". Die neuen Bewohner von Wrocław und anderen schlesischen Städten rückten instinktiv enger zusammen. Doch das Gefühl, hier nur „vorläufig" zu sein, wollte noch lange nicht weichen. Es wurde auch von der – wie man damals sagte – polnischen Reaktion genährt. Gerüchte über den bevorstehenden Dritten Weltkrieg erhielten Nahrung. Das politische Klima war bei allem Enthusiasmus schlecht. Viele Menschen, die sich mit der neuen politischen Realität eines kommunistischen „Volkspolen" nicht abfinden wollten und dieses auf Basis der zur Londoner Exilregierung gehörenden „Landesarmee" auch bekämpften, meinten, im brodelnden Menschenkessel Schlesien untertauchen zu können. Sie verstanden sich als Gegner der eben installierten Warschauer Regierung, denen der Boden in Zentralpolen zu heiß geworden war. Doch darauf war der Sicherheitsapparat der neuen Macht relativ gut vorbereitet. Er entpuppte sich im Rahmen der sich eben erst bildenden polnischen Verwaltung als eine der aktivsten Dienststellen. Der politische Druck erhöhte sich im Sommer 1946 während der Kampagne zur „3 x Ja"-Volksbefragung. Die Kampagne bestand aus drei Fragen: zur Bodenreform und zur Verstaatlichung bzw. Vergesellschaftung von Großbetrieben; zur Abschaffung der zweiten Parlamentskammer, des Senats, als Symbol des reaktionären Vorkriegspolen; und schließlich zur westlichen Staatsgrenze an der Oder und der Lausitzer Neiße. Wenn auch das Abstimmungsergebnis zu den ersten zwei Fragen sicher gefälscht wurde, so mußte die Bejahung der dritten Frage nicht manipuliert werden. Über 90% der AbstimmungsteilnehmerInnen bekannten sich zur neuen polnischen Territorialität. Alle politischen Kräfte Polens, die Opposition Mikołajczyks eingeschlossen, traten für die neue Westgrenze ein. Diese Tatsache verdient besondere Betonung: Entgegen heutigen Behauptungen, das Schicksal Polens 1944-1989/90, auch seine territoriale Gestalt, sei dem Land ausschließlich – und gegen den Willen der Polen – in Jalta und Potsdam aufgezwungen worden, stellte die Forderung nach Verlegung der polnischen Westgrenze an die Oder ein programmatisches Gemeingut aller Parteien der Kriegszeit dar, sowohl der westlichen wie der östlichen Emigration als auch der Menschen im okkupierten Polen selbst. Selbstverständlich spielten bei der Westverschiebung Polens die siegreichen drei Großmächte die entscheidende Rolle. Doch man sollte im Gedächtnis behalten, daß in bezug auf die neue geographische Lage (mit dem Vorbehalt betreffend einige Städte im Osten des Landes wie Lwów/Lemberg und Wilno/Vilnius) die Potsdamer Beschlüsse von den Polen damals keinesfalls als „Verrat des Westens" bewertet wurden. So konnte auch in der damaligen polnischen Propaganda die positive Rolle der Sowjetunion, deren Roter Armee man ja die Bezwingung NS-Deutschlands zu verdanken hatte, herausgestellt werden. Ihre weitere Anwesenheit in den „wiedergewonnenen Westgebieten" – der Stab befand sich bis 1992 im niederschlesischen Legnica/Liegnitz – wurde hier nicht als Okkupation empfunden, sondern als Schutz gegen das etwaige „reopening of the German question" betrachtet. Erst nach der im Jahr 1991 erfolgten Anerkennung der polnischen Westgrenze durch ein vereinigtes Deutschland wurde der restlose Abzug der sogenannten sowjetischen „Nordgruppe" des Warschauer Paktes politisch-logisch fällig. Weder das „Görlitzer Abkommen" mit der DDR vom Juli 1950 noch der „Warschauer Vertrag" mit der BRD vom Dezember 1970 vermochten nämlich – angesichts des Inhalts der Präambel des Grundgesetzes der BRD wie auch der rechtlichen Vorbehalte der BRD aus der Entschließung des Bundestages vom 17. Mai 1972 – eine letzte Rechtsgültigkeit für die Potsdamer Grenzformel zu schaffen. Diese resultierte erst aus dem 2+4-Friedensvertrag der Kriegsalliierten mit den beiden Deutschlands vom 3. Oktober 1990.

Von der faktischen Inbesitznahme Niederschlesiens als Teil der „wiedergewonnenen Gebiete" durch Polen bis zur rechtlichen Anerkennung der Endgültigkeit dieser geopolitischen Wende in Mitteleuropa hat es also über ein halbes Jahrhundert gedauert. Ein Zeitraum, in dem bereits die dritte polnische Generation herangewachsen ist, in einem Landstück, das ökonomisch, kulturell wie auch in jeder anderen Hinsicht in Polen integriert ist.

Die nationale Frage
DAS NEUE SCHLESIERTUM

> Wo es besser ist, dort ist mein Heimatland
> (Schlesischer Sinnspruch)

Opole, Kłodzko, Jelenia Góra

Das Straßenbild von Opole ist polnisch. Nichts erinnert daran, daß dieser Teil Schlesiens bis 1945 zum Deutschen Reich gehörte. Heute hat die Hauptstadt der im Jahr 1950 gegründeten Woiwodschaft über 100.000 Einwohner. In der Fußgängerzone von Opole/Oppeln ist kein deutsches Wort zu hören, nirgendwo sind deutsche Inschriften an den Geschäftsportalen oder zweisprachige Tafeln an Ämtern oder Wegkreuzungen zu sehen, die auf die besondere ethnische Zusammensetzung dieser Region hinweisen würden. Am Zeitungskiosk im Zentrum der Stadt wird die deutsch gestellte Frage höflich beantwortet. Das „Schlesische Wochenblatt", so die Verkäuferin, habe man nicht im Sortiment, doch die Redaktion liege um die Ecke, dort könne man das Regionalblatt für einen Złoty erwerben. Anstelle der einzigen in deutscher Sprache erscheinenden lokalen Zeitschrift liegen im Geschäft – wie in jeder größeren polnischen Stadt – „Bild", „BZ" und „Stern" auf.

So unsichtbar das Deutsche im Stadtbild auch ist – in der Woiwodschaft Opolskie wächst das Bekenntnis zum Deutschtum. Seit den Kommunalwahlen vom November 1998 werden sechs von elf Oppelner Kreisen von deutschen Landräten geführt. Deutsche Bürgermeister in den Gemeinden stellen schon seit einigen Jahren keine Seltenheit mehr dar. Auf etwa ein Viertel schätzen Soziologen den deutschen Bevölkerungsteil in der Oppelner Woiwodschaft. Wahlmehrheiten auf Kreisebene sind also nur denkbar, wenn auch autochthone Schlesier polnischer Abstammung den für die deutsche Liste Kandidierenden ihre Stimme geben, was offensichtlich in größerem Ausmaß der Fall ist.

Auch aus Glatz/Kłodzko, der mutmaßlich ältesten geschichtlich bezeugten Stadt Schlesiens, ist das deutsche Element verschwunden. Nur die bauliche Anlage der Innenstadt erinnert an die Siedlerarchitektur deutscher Ostkolonisten. Anders als in Opole hat hier an der Glatzer Neiße auch keine überraschende ethnische Wiedergeburt stattgefunden. In der ganzen niederschlesischen Woiwodschaft um Wrocław/Breslau, wohin auch Kłodzko zugehörig ist, machte nach 1989 keine nennenswerte deutsche Minderheit auf sich aufmerksam. Im Spätsommer 1998 wirkt das bereits im 13. Jahrhundert nach Magdeburger Recht besiedelte Städtchen wie nach einem Bombenangriff. Zwei Jahre zuvor trat die Neiße, die mitten durch Glatz fließt, über die Ufer. Große Teile der Stadt standen unter Wasser. Die Rekonstruktion in den engen Gassen rund um den Ring, der auf polnisch Rynek heißt, wird mit bedächtiger Sorgfalt betrieben. Und zwischen den Pflasterern, die die schweren, würfelförmigen Granitsteine in den eben aufgeschütteten Sand wuchten, macht sich auch zehn Jahre nach der politischen Wende noch der Kioskkapitalismus breit. „Browar Namysłów" und „Leżajk" nennen sich die Biersorten, deren Namenszüge die allerorten aufgestellten Sonnenschirme zieren. Glatzköpfige polnische Jugendliche lassen sich hier jedes Wochenende mit Gerstensaft vollaufen, bevor sie in die trostlosen Trabantensiedlungen am Stadtrand zurückkehren. Ihre Eltern und Großeltern kamen meist erst nach dem Zweiten Weltkrieg im Zuge der Westverschiebung Polens nach Schlesien. Aus Galizien oder Weißrußland vertrieben, ließen sie sich vorzugsweise in jenen Gegenden nieder, aus denen die Deutschen ihrerseits zum Aufbruch nach Westen gezwungen wurden.

Fein herausgeputzt hat sich Jelenia Góra/Hirschberg, die am Fuße des Riesengebirges gelegene traditionsreiche Textilstadt. Im 16. und 17. Jahrhundert befand sich hier das Zentrum der schlesischen Leinenweberei. Die Hirschberger Kaufleute brachten die strapazfähigen Stoffe und auch den berühmten schlesischen Schleier in alle Welt. Von einer durchschnittlichen polnischen Kleinstadt unterscheidet Jelenia Góra einzig die innerstädtische Bausubstanz. Wie überall in Niederschlesien blieb das deutsche Stadtbild auch nach der Vertreibung der früheren Mehrheitsbevölkerung erhalten. Der viereckige Ring als städtebauliches Zeichen eines nach deutschem Recht im Spätmittelalter erbauten Marktplatzes stellt auch in Hirschberg das kennzeichnende Element des fast 70.000 Einwohner zählenden Ortes dar.
    Anstelle deutscher Reminiszenzen erwartet die hiesige Jugend von der nahen Zukunft westeuropäisches Konsumniveau. Dementsprechend sieht die Freizeitbeschäftigung aus. An einem sommerlichen Sonntagmittag im Juli 1999 werden französische Tage eröffnet. Mitten am Hauptplatz von Jelenia Góra ist dafür eine kleine Bühne errichtet worden. Martialisch dreinblickende, mit schwarzen Uniformen bekleidete Privatpolizisten bewachen das Areal. Renault, Citroën und Peugeot sponsern ganz offensichtlich das Ereignis in der Kleinstadt. Plötzlich ertönt laute Musik aus riesigen Boxen, aufgeschreckt fliegen die bislang friedlich gurrenden Tauben auf und davon. Aus einem Oldtimer mit leuchtend rot-weißer Coca-Cola-Aufschrift werden Luftballons verteilt, die den Schriftzug „Plus" tragen und für eine GSM-Handy-Firma Werbung machen. Der Lärm aus den Boxen wird bedrohlich, die Zuseher ziehen sich in die Arkadengänge rund um den Ring zurück, es beginnt zu nieseln. Eine vierköpfige Zigeunerband, die bislang die sonntäglichen Bummler musikalisch unterhalten hat, räumt das Feld. Und um die Ecke biegt ein Demonstrationszug auf den Haupt-

platz, vorneweg ein Polizeiwagen mit Blaulicht, dahinter ein kitschig napoleonisch verkleideter Mann, der eine Tafel trägt: „Renault". Zehn bis zwölf Pkw, durchwegs Marken der Klein- und Mittelklasse, fahren unter dem Dröhnen eines Edith-Piaf-Liedes auf den Hirschberger Rynek ein. Mit sich führt der Zug eine kleine Kanone, aus der fallweise Böllerschüsse abgefeuert werden. Der Renault-Demonstration folgen ähnlich zusammengestellte der Firmen Peugeot und Citroën. Jelenia Góra hat an diesem Sonntag eine Manifestation der ökonomischen Stärke Frankreichs erlebt. Schlesisch daran war nur die Kulisse, soweit sie nicht durch Spruchbänder von Pkw- und Handy-Herstellern aus dem EU-Raum verdeckt wurde. Oberflächlich betrachtet hat es den Anschein, als ob Polens Westorientierung, die durch NATO-Beitritt und EU-Aufnahmegespräche untermauert wird, lokale Identität obsolet machen würde. Einer genaueren Betrachtung hält diese Sicht allerdings nicht stand.

Drei Woiwodschaften – ein Schlesien?

Am 1. Januar 1999 ist das zuvor in acht administrative Einheiten aufgeteilt gewesene Schlesien in gewisser Weise zu seiner historischen Struktur zurückgekehrt. Die große Verwaltungsreform des Jahres 1998 hat die polenweit 49 Woiwodschaften, wie sie ab 1975 in der kommunistischen Zeit bestanden hatten, auf 16 neue Woiwodschaften reduziert. Drei davon bilden das heutige Schlesien: Dolnośląskie, Opolskie, Śląskie.

Die Polinnen und Polen werden jeweils alle vier Jahre auf Gemeinde-, Kreis- und Woiwodschaftsebene zwecks Erfüllung ihrer demokratischen Pflichten zur Urne gebeten. Zusätzlich zum gewählten Woiwodschafts-Sejmik entsendet die Regierungszentrale in Warschau den Woiwoden als ihren Statthalter in die jeweilige Provinz.

Niederschlesien umfaßt mit seiner Hauptstadt Wrocław/Breslau rund 20.000 km² und ist Heimat für 3 Millionen Menschen. Das historische Oberschlesien zerfällt nun administrativ in die Woiwodschaften Opolskie und Śląskie. Erstere kann sich mit 9.400 km² Fläche und etwas mehr als 1 Million Einwohnern die kleinste und bevölkerungsärmste polnische Woiwodschaft nennen. In der Woiwodschaft Śląskie mit ihrer Hauptstadt Katowice leben demgegenüber knapp 4 Millionen Menschen auf einer Fläche von 12.300 km². Zwischen Opole und Katowice könnten die Strukturdaten nicht unterschiedlicher sein. Während das kleine Oppelner Ländchen ein weitgehend agrarisch und kleingewerblich geprägter Raum ist, in dem eine starke deutsche Minderheit lebt, strahlt Katowice den ganzen industriellen Charme des oberschlesischen Kohlereviers aus. In der Woiwodschaft Opolskie leben viermal soviel Menschen von der Landwirtschaft wie im östlich davon gelegenen Bergbau- und Industriepott mit seiner überproportional hohen Bevölkerungsdichte. In der Kattowitzer Woiwodschaft, seit dem Preisverfall für Stahl und Kohle von manchem Zeitgenossen spöttisch „Freilichtmuseum für Rückständigkeit" genannt, lebt ein Zehntel der polnischen Bevölkerung – 4 von 40 Millionen – auf 2% des staatlichen Territoriums. Fast 90% von ihnen sind Stadtmenschen, Kohle- und Erzgewinnung sowie Stahlerzeugung prägen ihren Lebensraum. Allein die durchschnittlichen Emissionswerte für Gasschadstoffe und Schwefeldioxid geben einen Eindruck von der Unterschiedlichkeit des Lebensgefühls in Katowice und Opole. Die Belastungen im östlichen Teil Oberschlesiens sind zehn- bis 15mal höher als im Oppelner Ländchen, wo die Kindersterblichkeit dementsprechend um 30% geringer ist.

Diese Strukturdaten vor Augen, haben die Einwohner des Oppelner Gebietes gemeinsam mit ihren politischen Vertretern jahrelang für den Erhalt ihrer eigenen Woiwodschaft gekämpft. Die polnische Verwaltungsreform des Jahres 1998 hat diesem Wunsch entsprochen. Obwohl sie eine Verringerung der wichtigsten regionalen Verwaltungseinheit um zwei Drittel gebracht hat, blieb Opole als Zentrum der kleinsten Woiwodschaft erhalten.

Einer Rückbesinnung auf das historische Schlesien, wie es unter den Hohenzollern, aber auch in der kurzen Zweiten Polnischen Republik (1919-1939) nach dem Ersten Weltkrieg existierte, hätte eine Zweiteilung in Nieder- und Oberschlesien Genüge getan. Daß es anders gekommen ist und Oppeln, entgegen dem gesamtpolnischen Plan einer Auflösung von kleinen Woiwodschaften, eine eigene Verwaltungseinheit geblieben ist, kann man der Beharrlichkeit der „Oppelner Verteidigungsfront" zuschreiben – und ihrer inoffiziellen Unterstützung durch bundesdeutsche Stellen. Die konsequente Art, mit der die Oppelner um die Existenz ihrer Woiwodschaft als eigenständige administrative Einheit gekämpft haben, ist ein einmaliges Phänomen in der polnischen Verwaltungsgeschichte. Man könnte diesen Einsatz der Oppelner um ihre „kleine Heimat" in Anlehnung an den dritten polnischen Aufstand im Mai 1921 als vierten schlesischen Aufstand bezeichnen. Diesmal allerdings standen einander nicht die Volksgruppen gegenüber, nicht Deutsche gegen Polen und Polen gegen Deutsche, sondern die gesamte Oppelner Bevölkerung machte mobil, um den – an sich logischen – verwaltungstechnischen Anschluß an das krisengeschüttelte Industriegebiet um Katowice zu verhindern. Schulter an Schulter hielten die autochthonen Schlesier polnischer und deutscher Abstammung gemeinsam mit den „Neuschlesiern" aus dem polnischen Osten, deren Vorfahren nach 1945 gekommen waren, Mitte der 1990er Jahre Wacht an der Oder. Hunderte von Erklärungen einzelner Berufsgruppen, Dorf- und Straßengemeinschaften, Parteien, Kultur- und Sportvereine, Wirtschaftsverbände und wissenschaftlicher Institutionen füllten den dicken Band des „Oppelner Weißbuches", das der postkommunistischen Regierung in Warschau übergeben wurde. Gefordert wurde schlicht und einfach, die Oppelner Woiwodschaft als selbständige administrative Einheit zu belassen und sie nicht ins oberschlesische Krisengebiet einzugliedern. Das Weißbuch dokumentiert, wie sich ein ökonomisch privilegierter Kleinraum von größeren strukturellen Problemen abgrenzt, dabei alle nationalen Gegensätze überwindet und ein multiethnisches Wir-Gefühl entwickelt, das die Soziologin Danuta Berlinska vom Schlesischen Institut in Opole als „Wunder der Verbrüderung" bezeichnete. Gespeist wird dieses „Verbrüderungswunder" von Distanzierungsritualen der Oppelner Bürger gegen das oberschlesische Kohlerevier. Viele sehen ihr Ländchen wie der Chefredakteur von „Trybuna Opolska", der größten Tageszeitung in der Woiwodschaft. Maciej Siembieda beschreibt den typischen Oppelner als ruhig und sauber, als in kleinen, überschaubaren Gesellschaftskreisen verkehrenden Menschen, der – anders als der Bewohner von Kattowitz und Umgebung – „keine Großstadtkultur und keine zerrüttete Sozialstruktur" kenne. „Das war schon immer so. Wir in Opole sind z.B. von Fußball-Hooligans verschont geblieben, die gegnerische Zuschauer totschlagen." Das hat, so der 40jährige, teuer eingekleidete Siembieda weiter, mit der älteren Kultur des Oppelner Landes zu tun: „Schon vor sieben Jahrhunderten existierte hier ein piastisches Fürstentum, als im östlichen Oberschlesien noch Wald war."

Hinter diesem emotional beladenen Oppelner Heimatgefühl steckt in erster Linie die Angst, mit den wirtschaftlichen Problemen des großen oberschlesischen Bruders, Katowice, beladen zu werden. Aus regionaler Sicht mag diese Motivation verständlich sein; national denkende polnische Kreise finden den Oppelner Regionalismus allerdings verdächtig. Sie wittern hinter dem Beharren auf einer eigenen Woiwodschaft, die nirgendwo sonst in Polen auf solch kleinräumiger Ebene eingeräumt wurde, einen deutschen Plan. Tatsächlich ist solches Mißtrauen nicht ganz von der Hand zu weisen. Angeblich nur private Meinungen, wie sie beispielsweise der deutsche Konsul in Wrocław/Breslau immer wieder geäußert hat, indem er für eine eigenständige Woiwodschaft Opolskie das Wort ergriff, geben diesem Argument Nahrung. Auch Aktivisten der deutschen Minderheit in Oppeln, angeführt von Johann Kroll und seinem Sohn Heinrich, nahmen sich kein Blatt vor den Mund, wenn sie gegen die Integration der Woiwodschaft Opolskie in das oberschlesische Katowice Stellung nahmen. Diese würde, so Kroll und Volksgenossen, die Prozentzahl der Deutschen in Oberschlesien „verwässern", also vermindern. Daß die zahlenmäßig kleine deutsche Minderheit im Kattowitzer Gebiet mit den Oppelner Deutschen diesbezüglich nicht einer Meinung war, verwundert nicht. Und kann nationalpolnische Zweifel an der Loyalität der Führung der Oppelner Deutschen zum polnischen Staat umso weniger zerstreuen.

Auch der ehemalige Sejm-Abgeordnete Jan Goczoł, ein bekannter 65jähriger Poet und Intellektueller aus Opole, gibt sich gegenüber den Motiven für die allseits bejubelte Eigenständigkeit der kleinen Woiwodschaft skeptisch. „Hinter den Kulissen waren es deutsche Offizielle in der CDU/CSU", meint er, deren Druck letztlich für die Entscheidung Warschaus ausschlaggebend war, das Oppelner Ländchen als kleines Musterland mit einer relativ großen deutschen Minderheit verwaltungsmäßig unabhängig zu belassen.

Die schlesische Identität

„Hier wird von oben bestimmt, was Sie sind: einmal Deutscher, einmal Pole. Die kleinen Leute, sie werden nicht gefragt." So bringt uns der 1930 in Gleiwitz/Gliwice geborene Schriftsteller deutscher Zunge, Horst Bienek, literarisch den typischen Schlesier nahe. Sein Roman „Septemberlicht", in seiner Heimatstadt sowohl in deutscher wie in polnischer Sprache erschienen, gilt als Bekenntnis eines explizit nicht engstirnig national denkenden Schlesiers, wie es – bis zur Machtübernahme Adolf Hitlers 1933 und zur germanisierenden Volksgruppenpolitik nach 1939 – landauf und landab zu finden war. „Die Grube, die Kneipe, die Kirche und das Bett – das sind die vier Pfosten des oberschlesischen Himmelreiches", faßt Bienek die Identität seiner Heimat in sozialen Kategorien übersichtlich zusammen.

Diese sozialen Bestimmungsmerkmale wurden im 20. Jahrhundert in mehreren Etappen von nationalen überlagert. Der Aufstand des Jahres 1921, die Germanisierungspolitik zwischen 1939 und 1945, die Vertreibung der Deutschen nach dem Zweiten Weltkrieg sowie der Zuzug von Polen aus dem Osten gruben tiefe Spuren in die schlesische Identitätsfindung, die durch ein Netzwerk an Tabuisierungen in der kommunistischen Systemzeit weder geortet und schon gar nicht in ihrem nationalen Charakter überwunden werden konnten.

Schlesische Identitäten existierten auch im altösterreichischen Teil des Landes, das nach den drei schlesischen Kriegen des 18. Jahrhunderts als „Mährisch-Schlesien" bei Wien verblieb. Die Fürstentümer Jägerndorf, Troppau, Teschen und Bielitz waren auch nach 1763 – bis 1918 – österreichisch. Mit dem Zerfall der Habsburgermonarchie wurde das österreichische Restschlesien in den Pariser Vorortverträgen erneut geteilt. Ein Teil des Teschener Gebietes wurde polnisch, der größere Teil integrierte sich bis 1938 in die Tschechoslowakei, ebenso das westlich davon gelegene Hultschiner Ländchen/Hlučínsco. Anläßlich der Angliederung des Sudetenlandes an das Deutsche Reich im Gefolge des Münchner Abkommens nutzte Polen die Gelegenheit, im Herbst 1938 die südlichen Teile des Teschener Landes an sein Territorium anzugliedern. Der damaligen Parole „Heim ins Vaterland" haftete angesichts des seit 1526 böhmisch gewordenen und auch nach 1763 gebliebenen Landesteiles ein seltsamer, um nicht zu sagen absurder Mut an.

Anspruch auf schlesische Identität hätten des weiteren – zumindest theoretisch – noch die BewohnerInnen der sächsischen Oberlausitz, die im Jahr 1815 dem mittlerweile als preußische Provinz konstituierten „Schlesien" einverleibt wurde. Dieses preußische Schlesien des 19. Jahrhunderts reichte im Westen bis an den Oberlauf der Spree und umfaßte den Kreis Hoyerswerda.

Einfache Antworten auf die Frage nach einem neuen Schlesiertum sind vor dieser historischen Kulisse ständiger territorialer Veränderungen de facto unmöglich. Wir beschränken uns im folgenden auf das nach 1763 von den preußischen Hohenzollern verwaltete Nieder- und Oberschlesien, das seit 1945 – bzw. seit der Teilung des Abstimmungsgebietes im Jahr 1921 – zu Polen gehört. Revanchistische Kreise insbesondere aus den schlesiendeutschen Landsmannschaften sahen zwar in der Kapitulation Hitler-Deutschlands und der anschließenden Potsdamer Konferenz im Sommer 1945 keine formale Anerkennung der polnischen Oberhoheit über Schlesien, ja billigten eine solche nicht einmal den von BRD-Bundeskanzler Willy Brandt geschlossenen Ostverträgen zu; gar nicht zu reden von der Anerkennung des Görlitzer Vertrages, der bereits 1950 zwischen Polen und der DDR geschlossen wurde.

Eine solche Sicht des Ereignisablaufs, wie sie die Vertriebenenorganisationen die Nachkriegsjahrzehnte über pflegten, war jedoch nicht nur rechtlich zweifelhaft, sondern vor allem wirklichkeitsfremd. Die endgültige Anerkennung der deutsch-polnischen Grenze an Oder und Neiße durch BRD-Bundeskanzler Helmut Kohl im Jahr 1991 beseitigte jeden völkerrechtlichen Zweifel über die staatliche Zugehörigkeit Schlesiens. Letztlich mußte dies auch von den Vertriebenenverbänden akzeptiert werden.

Aktuell weist Schlesien in der polnischen Verwaltung jedenfalls eine regionale Dreiteilung auf. Diese findet ihre Entsprechung im Identitätsbild, das ebenfalls dreigeteilt ist, wenngleich es keinesfalls mit den drei Woiwodschaften übereinstimmt.

Als autochthone Schlesier bezeichnen sich sowohl diejenigen deutscher Muttersprache (meist Großmuttersprache) als auch die Polnischsprachigen schlesischer Herkunft. Die dritte Form einer schlesischen Existenz findet man bei den Neuzuzüglern aus dem Osten; sie beruft sich schwach bis gar nicht auf das Schlesische als kulturelle oder sprachliche Gemeinsamkeit. Diese Aufsiedler, wie die aus dem Osten kommenden Polen wegen ihrer Funktion als Siedler im Westen auch genannt werden, sind großpolnisch und nicht schlesisch geprägt. Für die autochthonen Schlesier gelten jene, die aus Krakau oder östlich davon kamen, schlicht als normale Polen. „Ich fühle mich als autochthoner Schlesier", gibt der Oppelner Intellektuelle und Ex-Politiker Jan Goczoł sein Schlesiertum zu Protokoll. „Meine sprachliche Identität ist polnisch, meine Muttersprache eine polnisch-schlesische Mundart. Deutsch spreche ich ein wenig, weil meine

Mutter in die deutsche Grundschule gegangen ist." Das oberschlesische Kattowitz, in dem der Anteil der autochthonen Bevölkerung nach 1945 größer geblieben ist als in Niederschlesien, macht auf Goczoł schon einen zu „polnischen" Eindruck. „Das Kattowitzer Schlesien gehörte schon nach der Abstimmung im Jahr 1921 zu Polen, während Opole deutsch blieb." Die daraus entstandene Differenz hat – Goczoł zufolge – eine noch heute spürbare kulturelle Distanz geschaffen.

Eine schlesische Identität jenseits deutscher und polnischer Nationalität ist jedenfalls nur mehr im Oppelner Gebiet zu finden, wiewohl bruchstückhaft und von deutschen Wiedergeburtsideen bedroht. Anfang der 1950er Jahre schätzte man im Oppelner Gebiet einen 50prozentigen Anteil bodenständiger, autochthoner Bevölkerung. Nur jeder zweite Nachkriegsbewohner in Opole kam aus dem nunmehr zur Ukraine oder zu Weißrußland gehörenden polnischen Osten.

Historisch war die spezifische Mischung aus deutsch-polnischem Schlesiertum, das je nach politischer Notwendigkeit einmal das deutsche und ein andermal das polnische Element in den Vordergrund rücken lassen konnte, vor allem in Niederschlesien daheim. Während im westlichen Teil um Liegnitz/Legnica und Breslau/Wrocław rein deutsche Dörfer und Städte überwogen, war die Gegend um Namslau/Namysłów und Groß-Wartenberg/Sycow traditionell gemischt. Doch Niederschlesien verlor nach 1945 90% seiner angestammten Bevölkerung. Die Vertreibung bzw. Aussiedlung der Deutschen sowie der Zuzug von Polen aus dem Osten haben gerade hier die Bevölkerungsstruktur extrem verändert, weit mehr noch als rund um Oppeln oder auch in Oberschlesien, wo der Anteil der autochthonen Schlesier – die allermeisten freilich polnischer Herkunft – an der Gesamtbevölkerung größer wird, je weiter ostwärts man kommt.

Einfache Formeln für spezifisch Schlesisches gibt es also nicht. Die territoriale Zuordnung des Landes hat sich in unterschiedlichen historischen Epochen verschieden gestaltet. Dazu kam die jahrhundertelange polnische Staatenlosigkeit sowie der weitgehende Bevölkerungsaustausch nach dem Zweiten Weltkrieg. Dieses Gemenge an politischen Anziehungspunkten und Fliehkräften brachte es mit sich, daß sich eine spezifisch schlesische Identität – im nationalen Sinn – im 20. Jahrhundert zwischen den Eckpunkten „großdeutsch" und „großpolnisch" angesiedelt hat. Großdeutsche nehmen für sich in Anspruch, mit der Integration Schlesiens in das preußische Staatsgebilde – in Etappen zwischen 1740 und 1815 – den Grundstein zum nationalen Deutschtum in den deutschen Landen gelegt zu haben. Die Großpolen wiederum blicken auf kein jemals existierendes territoriales Gebilde zurück, sondern speisen ihren Mythos aus der Existenz mittelalterlicher piastischer Kernländer, als polnische Geschichte erstmals das Licht der Welt erblickte. Romantische großpolnische Sehnsucht bestimmte insbesondere die Intellektuellenszene des 19. Jahrhunderts, die nach jahrhundertelanger kleinpolnischer Existenz (mit Krakau bzw. Lemberg als Zentrum) bzw. nach dem Verschwinden Polens von der Landkarte im Zuge der Teilungen des Landes von der jedem Nationalismus eigenen Wiedergeburt träumte. Manch ein Pole in Schlesien schloß seine Träume daran an, ohne seine schlesische Herkunft verleugnen zu wollen – was schon wegen seines spezifisch schlesischen Dialekts unmöglich gewesen wäre.

So fühlt sich beispielsweise der als großpolnischer Patriot bekannte Rektor der Oppelner Universität, Franciszek Marek, ebenso schlesisch wie der durch deutschnationale Ausritte immer wieder international Verwirrung stiftende Chef der deutschen Minderheit, Heinrich Kroll. Wenn die Deutschen von schlesischer Mundart sprechen, meinen sie ein spezifisch niederschlesisches Deutsch; wenn Polen einen schlesischen Dialekt verwenden, dann handelt es sich um ein oberschlesisches Polnisch.

Schlesisches definiert sich im traditionellen Sinn nicht national. Welcher Zunge oder vermeintlichen Nation auch immer zugehörig – das kulturelle Gefühl eines in der Literatur zum typischen Schlesier gemachten Menschen ist von der geographischen und geopolitischen Randfunktion des Landes geprägt. Obwohl in der Mitte Europas gelegen, war Schlesien zu allen Zeiten Randgebiet. Peripheres, an das Königreich Böhmen angegliedertes Land unter den Habsburgern, national und religiös randständiger Süden im preußischen Zentralstaat und gegenüber Polen, das historisch und kulturell mit dem Rücken zu Schlesien steht, fremd und eigenartig wirkend. Gleichwohl war Schlesien in österreichischer und preußischer sowie in polnischer Zeit ökonomisch stets bedeutsam und für Wien, Berlin bzw. Warschau unentbehrlich, ob dies nun das 16. und 17. Jahrhundert betraf, als die Leinen- und Textilfabrikation zu den führenden Sektoren gehörte, oder das 19. und 20. Jahrhundert mit seinem Bergbau- und Schwerindustrieboom. Seit vor 200 Jahren die großen europäischen Migrationswellen einsetzten, gilt das Land zudem als unerschöpflicher Arbeitskräftelieferant vornehmlich für deutsche Lande im Westen.

Die eigenartige Mischung aus ökonomischer Unentbehrlichkeit für die unterschiedlichen Zentren sowie aus politischer Randständigkeit mit den sich daraus ergebenden Abhängigkeiten hat die meisten intellektuellen Schlesier über die Generationen zu Sprachrohren von Klageliedern werden lassen. Kulturelles Verharren in längst vergangenen Zeiten, gepaart mit perfekt eingeübtem Untertanengeist gegenüber fremden Herren ... so sieht die geistige Elite Schlesiens den durchschnittlichen Bewohner des Landes. Gemischt mit dem bereits unter den Hohenzollern begonnenen Ausbau der oberschlesischen Montanindustrie, die zusätzlich mit der Schwerindustrie einen Gutteil des kommunistischen Polen mitfinanziert hat, ergibt sich daraus ein Schlesien- und Schlesierbild, das der bekannte schlesische Filmregisseur Kazimierz Kutz, selbst in einer oberschlesischen Grubensiedlung groß geworden, anläßlich der Verleihung der Ehrendoktorwürde der Universität Opole im März 1997 trefflich beschreibt: „Jahrhundertelang wurde der Reichtum dieser Erde geraubt. In meinem Szopienice wird man in hundert, ja in tausend Jahren noch aus jedem Kilo Erde ein Gramm Blei schmelzen können. So ist es an vielen schlesischen Orten. In meiner Gegend werden leukämiekranke Kinder geboren, einige Säuglinge haben eine bunte Haut, sie werden nicht alt. Durchgeräucherte Häuser, knarrender Atem, schwarzer Schnee, saurer Regen und eine ranzige Sonne! Verschreckte Gene und unumkehrbare Störungen im menschlichen DNA-Gefüge."

Wer allerdings meint, vor und in der Bergwerksgrube seien ethnische Differenzen unbedeutend, den belehrt die schlesische Geschichte des 20. Jahrhunderts eines Besseren bzw. eines Schlechteren. Nationale Identität ist auch nach der Wende des Jahres 1989, die in Polen schon etwas früher stattfand, wieder zum Instrument gesellschaftlicher Verteilungskämpfe geworden.

Dieses Problem hat auch der Oppelner Woiwode Ryszard Zembaczynski erkannt. Unmittelbar nach der Durchsetzung der Interessen des kleinen Ländchens in Form der Beibehaltung der eigenen Woiwodschaft konnten die Autoren mit Zembaczynski ein Gespräch führen. Erst 1990, so der in Jelenia Góra geborene und in Gliwice aufgewachsene Woiwode, wurde man sich in Opole bewußt, daß es eine deutsche Minderheit im Lande gab. „Die Polen staunten, als sie gewahr wurden, daß neben ihnen Deutsche lebten. Es hat doch nie welche gegeben, lautete die erste, fast empörte Reaktion auf das Einbekenntnis so manches Nachbarn oder Arbeitskollegen, daß er Deutscher sei." In der Folge hätten sich die Menschen „eingegraben. Die Polen waren unsicher, ob die neuen Deutschen loyal zum Staat stehen würden, und die, die sich als Deutsche erklärt hatten, fragten sich, ob es für sie im demokratischen Polen einen Platz geben würde". Als nationale Spannungen unter der gesellschaftlichen Oberfläche zunahmen, kam Polens Premierministerin Hanna Suchocka nach Opole, um für gegenseitige Toleranz zu werben. „Wenn es keine Störungen von außen gibt", so der optimistische Woiwode im September 1998, „könnte Opole ein modernes europäisches Gesellschaftsmodell werden, multiethnisch mit einer regionalen Identität." Wenn, ja wenn die nationale Frage nicht als Instrument für politische und geopolitische Einflüsse genützt würde. Und sich der Regionalismus nicht als kleiner Bruder des Nationalismus erwiese. Zuversicht ist diesbezüglich notwendig und gleichzeitig Skepsis angebracht.

Das Jahrhundert des polnisch-deutschen Kampfes

Das Ende des 20. Jahrhunderts gilt Optimisten als gutes Vorzeichen für einen grundsätzlichen Neuzugang zur nationalen Frage. Tatsächlich ist man zu der Feststellung geneigt, daß es schlimmer als in diesem Jahrhundert wohl nicht werden kann. Was hat die moderne Staatsidee mit ihren nationalen Wahnvorstellungen in Schlesien nicht alles angerichtet! Ob der Dreißigjährige Krieg gewalttätiger mit den Menschen des Oderlandes verfuhr, darüber streiten sich die Historiker. Die preußisch-österreichischen Kriege gelten weithin zwar als geopolitische Zäsur und ihr Ausgang als europaweit spürbare Verschiebung des Kräfteverhältnisses in Richtung Berlin; die ortsansässige Bevölkerung hat mutmaßlich weit weniger unter ihnen gelitten als unter den Folgen der Umsiedlungen und Vertreibungen des 20. Jahrhunderts. In ihrer brutalen Konsequenz waren diese wohl einmalig in der europäischen Geschichte.

Zu Beginn der großen Trennung in Deutsche und Polen waren die Führer der beiden nationalen Lager noch teilweise unbeholfen, wie die Oppelner Regionalgeschichte anekdotenhaft zu berichten weiß. Vor der großen Abstimmung um die sogenannte „nationale Selbstbestimmung" – auf diese Formel hatten sich nach dem Ende des Ersten Weltkrieges schließlich auch die alliierten Mächte London und Paris geeinigt – erlebte Opole/Oppeln eine national motivierte Massenschlägerei. Und das kam so: Polnische Bauern, geleitet von einem gewissen Szymon Koszyk, näherten sich von der linken Oderseite der großen zentralen Stadtbrücke über den Fluß, wo sie auf eine Gruppe Deutscher stießen, die von Josef Mrochen geleitet wurde. In der Mitte der Brücke kamen die etwa 300 Bauern und Arbeiter einander entgegen. Das historische Gedächtnis der Oppelner will wissen, daß sich beide Bauernführer von ihrer jeweiligen Horde trennten, aufeinander zutraten und einander wüst beschimpften. Der Führer der Polen, Koszyk, war aus Oppeln gebürtig, sprach nur gebrochenes Polnisch und schimpfte daher auf deutsch. Beim deutschen Anführer Josef Mrochen war es pikanterweise umgekehrt. Dieser stammte aus einem kleinen, mehrheitlich Polnisch sprechenden Dorf und tat sich bei unflätigen Ausdrücken eben auf polnisch leichter. Nachdem die Verhandlungen darüber, wer der größere Depp sei und welche ethnische Gruppe – auch beim Überqueren der Brücke – den Vorzug genießen müsse, programmgemäß gescheitert waren, kam es zur Massenschlägerei. 30 Bauern unterschiedlicher Herkunft und nationaler Gesinnung fanden sich anschließend im Oppelner Spital, Bett an Bett, wieder. Als der Führer der Deutschen, Josef Mrochen, im anschließenden Prozeß vom Richter auf seine KPD-Mitgliedschaft angesprochen wurde und darauf, wie sich denn eine nationalistische Schlägerei mit dem Prinzip des Internationalismus vertrüge, antwortete er auf polnisch, er sei zuerst Deutscher, dann Kommunist. Heute liegen übrigens beide Kämpfer des Jahres 1921 auf demselben Oppelner Friedhof, der eine denkwürdige Ruhe ausstrahlt.

Von Ruhe war in den 1920er Jahren in Oberschlesien nichts zu bemerken. Als Folge der unter alliierter Aufsicht durchgeführten Volksabstimmung vom 20. März 1921 territorialisierten sich die nationalen Begehrlichkeiten in Oberschlesien. In der ethnisch gemischten Bevölkerung erscholl der Ruf nach nationaler Selbstbestimmung, die entsprechenden deutschnationalen Vereinigungen und polnisch-nationalen Gruppen waren zur Durchsetzung dieses größten Mißverständnisses des 20. Jahrhunderts bereit – auch mit gewaltsamen Mitteln.

Bei der oberschlesischen Volksabstimmung vom 20. März 1921 sprach sich eine Mehrheit der Bevölkerung für den Verbleib bei Deutschland aus. Das Stimmenmehr für den Anschluß an die Weimarer Republik beschleunigte den nationalpolnischen Widerstand. Gleiches war bereits kurz zuvor im deutschen Lager geschehen, nachdem die Gefahr bestanden hatte, daß im Friedensvertrag der größte Teil von Oberschlesien – und nur um diesen ging es – Polen zugesprochen hätte werden können.

Die Teilung Oberschlesiens in ein deutsches und ein polnisches Gebiet, die dem dritten polnischen Aufstand im Mai 1921 folgte, bewirkte den ersten großen Bevölkerungsaustausch im Europa des 20. Jahrhunderts. 100.000 polnisch Fühlende zogen insbesondere aus dem Gebiet um Oppeln in die Woiwodschaft Śląsk. Diese umfaßte den bereits in Versailles Polen zugesprochenen Teil des Teschener Gebietes sowie den nach dem dritten Aufstand polnisch gewordenen Teil Oberschlesiens. Appelle des polnischen Staates an seine „Landsleute", aus nationalen Gründen im westlichen, durch die Abstimmung bei Deutschland verbliebenen Teil Oberschlesiens auszuharren, fruchteten wenig. Systematische Inhaftierungen ehemaliger polnischer Aufständischer, die sich gegen die deutsche Interpretation der Volksabstimmung zur Wehr gesetzt hatten, schufen im deutschen Teil Oberschlesiens ein Klima der Angst, das viele Polen zur Flucht bewegte. Ein von der Weimarer Republik als Assimilationsangebot gedachtes Netz an kulturellen Einrichtungen, das aus willigen Polen gute Deutsche formen sollte, wurde zwar hier und dort angenommen, kam jedoch nicht – wie von Berlin gewünscht – flächendeckend zum Einsatz. Um den polnischsprechenden Schlesiern ihren Übertritt in die deutsche Volksgemeinschaft zu erleichtern, wurden sogar alte schlesische Sagen, die meist mündlich weitergegeben wurden, ins Deutsche übersetzt und dienten in den Assimilationsschulen als Lehrstoff. Gegen diese Art der Integration kämpfte vor allem der „Verband der Polen in Deutschland" an.

Umgekehrt zur Ostflucht der Polen entschieden sich 100.000 Deutsche aus dem Raum Kattowitz/Katowice und Beuthen/Bytom, ihr Hab und Gut, soweit es mobil war, zusammenzuraffen und nach Westen zu ziehen. Die wenigsten ließen sich allerdings in Oppeln und Umgebung nieder, sondern die meisten wurden Niederschlesier. In der Wahrnehmung der deutschen Nationalen blieb die nach 1921 festgeschriebene deutsch-polnische Trennlinie die „blutende Grenze". Damit hatte ein Bevölkerungsaustausch von jeweils 100.000 Menschen dies- und jenseits der mitten durch Oberschlesien verlaufenden nationalen Grenzziehung stattgefunden. Zwischen Beuthen/Bytom auf der deutschen und Chorzów/Königshütte auf der polnischen Seite fiel ein neuer europäischer Grenzbalken in sein Schloß. Bis 1924 war es den Oberschlesierinnen und Oberschlesiern möglich, zu optieren, d.h., sich für Deutschland oder Polen zu entscheiden. 1926 war dann der Traum von einer polnischen Demokratie endgültig ausgeträumt; General Józef Klemens Piłsudski, der die polnische Armee in den Wirren der russischen Revolution 1919/21 gegen Litauen, die Ukraine und Weißrußland geschickt hatte und sich 1922 aus der ersten politischen Reihe zurückziehen mußte, stürzte im Mai 1926 gewaltsam den gewählten Präsidenten in Warschau und errichtete eine Militärdiktatur. Sieben Jahre später nahm in Deutschland mit dem Sieg der NSDAP bei den Reichstagswahlen die Weimarer Republik ihr Ende. Die nationalen Töne wurden schriller, von Berlin aus ertönte fast täglich die Forderung nach einem Ende der Schmach von Versailles. Für Schlesien konnte dies nichts Gutes bedeuten.

1939 wurde der polnische Teil Oberschlesiens „heim ins Reich" geholt. Rassenpolitik nach der „Deutschen Volksliste" bestimmte das gesellschaftliche Leben im Oderland. Germanisierung oder slawischer Untermensch, so lautete die Wahl, die freilich nicht allen offenstand. Zur Mitte des Jahrhunderts hin hatte der polnisch-deutsche Kampf seinen Höhepunkt erreicht. Und mit der Niederlage der Nationalsozialisten war er nicht zu Ende. Als sich 1945 die Front von Osten her näherte und die Wehrmacht samt ihrem Troß vor der Roten Armee davonlief, schlossen sich die deutschesten unter den Schlesiern dem Zug nach Westen an. Vor allem jene, die sich für die Nazis die Hände schmutzig gemacht hatten, packte die Angst vor der Vergeltung der Polen und Russen. Es waren nicht wenige, die als Funktionäre allerlei gesellschaftlicher und politischer Gruppen in der NS-Zeit, als „Platzanweiser" der schlesischen Bevölkerung in die Rassenlisten etwa, zu Recht um ihre Existenz bangten. Deutsch zu sein war nun plötzlich, im Angesicht des Vormarsches der Roten Armee, eine riskante Sache geworden; eine äußerst riskante Sache. „Eins, zwei ... u ciekaj (hauen ab), drei vier ... bleiben hier", lautete in Anlehnung an die von Hitler eingeführte Volksliste der wohl bekannteste Spruch in den April- und Maitagen des Kriegsendes. Wer nach 1939 zu den „deutschen Volkstumskämpfern" (Volksliste 1) oder den „unzweifelhaft deutschstämmigen Personen" (Volksliste 2) gezählt wurde, war gut beraten, abzuhauen; wer nur als „Renegat mit Bindung zum Polentum" – (Volksliste 3) bzw. als „Schutzangehöriger mit beschränkten Inlandsrechten"

(Volksliste 4) betrachtet wurde, dem wurde vom Volksmund angeraten, in Schlesien zu bleiben.

Denjenigen Deutschen, die sich gemeinsam mit der zurückweichenden Wehrmacht nach Westen absetzten, folgte etwas später als zweite Welle eine Fluchtbewegung von Deutschen, die sich in den Tagen des absoluten Chaos entschieden, das Land mehr oder weniger freiwillig zu verlassen. Erst nach dieser großen Flüchtlingswelle kamen die Säuberungen polnischer Nationalisten. Die Bilder dieser massenhaften Vertreibung, von der polnischen Historiographie konsequent als „Umsiedlung" bzw. „Repatriierung" interpretiert, prägten das kollektive Gedächtnis der Schlesiendeutschen in der Nachkriegszeit.

Beide Seiten pflegen bis in unsere Tage einen nationalen Mythos. Die allermeisten aus Schlesien geflohenen, vertriebenen oder umgesiedelten Deutschen setzen mit ihrer historischen Wahrnehmung überhaupt erst im Jahr 1945 ein und verweigern damit faktisch jede Anerkennung des Zusammenhangs von deutschem Krieg und polnischer bzw. alliierter Vergeltung. Auch wird von den Vertriebenenverbänden tunlichst verschwiegen, daß viele Deutsche bereits mit der Wehrmacht das Land verließen und somit indirekt ihre Beteiligung an deren Verbrechen eingestanden. Auf der anderen Seite beharrte und beharrt das offizielle Polen auf der „Umsiedlungs- bzw. Repatriierungsversion" für die fast völlige Entgermanisierung des Oderlandes. Die Umsiedlung als planvolle Aktion wurde von den vier alliierten Mächten im Potsdamer Abkommen vom August 1945 für rechtens erklärt. In zig-, wenn nicht hunderttausenden Fällen kann freilich von planvoller, „human" betriebener Umsiedlung – wie es im Potsdamer Abkommen heißt – nicht gesprochen werden, sondern es handelte sich einfach um brutale Austreibung mit grausamen Übergriffen auf die zivile Bevölkerung. Die insbesondere vor dem August 1945 und damit vor der international gerechtfertigten Umsiedlung betriebenen Grausamkeiten will man in Polen vergessen machen.

Am Ende der vielleicht größten Zwangsmigration in der Geschichte Mitteleuropas war Schlesien jedenfalls ein verödetes Land. Nach unterschiedlichen Angaben verließen – je nach Quelle – 1 bis 3 Millionen deutsche Schlesier ihre angestammte Heimat. Im Regierungsbezirk Oppeln/Opole blieben schätzungsweise 500.000 bis 800.000 zurück. Voraussetzung für ihren Verbleib war ihr Bekenntnis zu Polen. Im Waldenburger Kohlerevier/Wałbrzych arbeiteten 30.000 deutsche Bergleute unter polnischer Oberhoheit weiter; viele von ihnen wurden aus arbeitstechnischen Gründen, weil sie für den Bergbau unabdingbare fachliche Qualitäten besaßen, von den neuen Behörden zwangsweise festgehalten. In den übrigen schlesischen Gebieten, insbesondere in Niederschlesien zwischen Legnica/Liegnitz und Wrocław/Breslau, verblieben nach der sogenannten Verifizierung nur wenige tausend deutsche Schlesier im Oderland.

„Wer 1945 unterschrieben hat, daß er Pole ist und unter den Nazis keine Polen verfolgt hat, der ist eben Pole geworden, auch wenn er von der Abstammung her Deutscher war", stellt Michał Lis vom Schlesischen Institut in Opole die Polonisierung der ersten Nachkriegsjahre etwas zu einfach dar. Wer das „Vaterunser" auf polnisch beten konnte, so der Wissenschaftler, hatte die neue Staatsprüfung bestanden. Danuta Berlinska vom selben Institut sieht die späten 1940er und die 1950er Jahre etwas kritischer. „Für den Gebrauch der deutschen Sprache in der Öffentlichkeit drohte zwischen 1945 und 1948 Gefängnis oder Arbeitslager bis zu sechs Monaten", erinnert die Soziologin an das juristische Regelwerk im neuen kommunistischen Polen. Ab 1948 war für selbiges Sprachvergehen eine Geldstrafe zu bezahlen, bis 1956 drohte dafür der Arbeitsentzug. Die Folge war, daß die im Land verbliebenen deutschsprachigen Schlesier im Interesse ihrer Kinder auch zu Hause kaum Deutsch sprachen.

Perfiderweise beschränkte sich das antideutsche Ressentiment fast ausschließlich auf jene Gegend um Oppeln, wo eine nennenswerte deutsche, meist bäuerliche Gemeinschaft verblieb. Das war auch den polnischen Behörden nicht entgangen. In anderen schlesischen Orten, beispielsweise in Wrocław/Breslau und Legnica/Liegnitz, wo nach 1945 Deutsche aus wirtschaftlichen Notwendigkeiten zurückgehalten wurden, konnte man die deutsche Sprache sogar im Gymnasium lernen. Dieses Bildungsangebot für die sogenannten „anerkannten Deutschen" gibt indirekt Zeugnis von der tief verwurzelten Angst und der damit verbundenen nationalen Verrücktheit, die die Schul- und Nationalitätenpolitik Warschaus prägten. Auch in der Art des Vertriebs der in deutscher Sprache erscheinenden „Arbeiterstimme", die von einem der beiden Autoren dieses Buches jahrelang mitgestaltet wurde, zeigten sich Reste des deutsch-polnischen Kampfes, der Schlesien so unheilvoll heimgesucht hat. Die „Arbeiterstimme" wurde nur in Niederschlesien am Kiosk verkauft, in Oberschlesien wegen der dortigen staatlichen Repolonisierungsmaßnahmen mit Schwierigkeiten ausschließlich per Post versandt, am Kiosk lag sie fallweise in jenen Industriestädten Oberschlesiens auf. Hergestellt wurde die Zeitung übrigens in Wrocław.

Zwei alte Frauen erzählen vom nationalen Elend

Wer den Aufschwung des deutschen Elements im postkommunistischen Schlesien, insbesondere in der Woiwodschaft Opolskie, mit Argwohn beobachtet und zu Recht als möglichen Keim neuer national bzw. regional motivierter Verteilungskämpfe sieht, muß sich auch mit den Opfern der vorangegangenen Polonisierung auseinandersetzen – schon deshalb, weil es für das historische Verständnis der Region notwendig ist, neben den politischen und ökonomischen Fehlern der polnischen Spielart des Kommunismus auch die Sprachlosigkeit des Kommune-Systems in bezug auf die nationale Frage zu beleuchten. Zwei

Schicksale deutscher Schlesierinnen, die all die Jahrzehnte in Polen gelebt haben und nicht daran denken können, nach Deutschland auszuwandern, mögen einen biographischen Einblick in eine spezifisch schlesische Welt bieten, wie sie nach 1945 für manche ausgesehen hat.

In der Fußgängerzone von Opole treffen wir eine alte, gebeugt gehende Frau. Ihre Züge: ein einziges Furchengesicht. Die deutsch gestellte Frage beantwortet sie ohne jede überraschte Reaktion. Ja, sie lebt seit dem Krieg hier, eigentlich seit 1925, ihrem Geburtsjahr. Als 20jährige, unmittelbar nach der Kapitulation der Wehrmacht, hat sie zu flüchten versucht. Vater und Mutter sind auf dem mit Schikanen gepflasterten Irrweg verlorengegangen. Wann sie gestorben sind, weiß sie nicht. Sie hat nie wieder etwas von ihnen gehört. Auf der Flucht vor den Polen, so sagt die alte Frau, ist sie bis nach Böhmen gekommen, dort aufgegriffen und in ein Lager gesteckt worden. „Die Russen waren besser." Alle, so sprudelt es aus ihrer Erinnerung, waren besser als die Polen. Ihre Hände, sie sind seit 55 Jahren verkrüppelt. Ich muß sie anfassen. „Da, greifen Sie meine Handgelenke", alles schlecht verheilt. Polen haben sie zurück nach Oppeln gebracht, wieder in ein Lager. „Weil ich das 'Vaterunser' auf polnisch nicht zusammengebracht habe, haben sie mir so lange die Tür auf die Hände geschlagen, bis ich ohnmächtig geworden bin." Die gefalteten Hände zwischen den Türflügeln, das „Ojcze nasz" beten ... weil sie das nicht konnte, wurde sie zum Nachkriegskrüppel geschlagen. Schon wegen ihrer Hände konnte sie nach 1945 keine halbwegs seriöse Arbeit bekommen. „Nur Scheißarbeit." Für einen kleinen Privatbetrieb hat sie jahrelang geputzt und gewerkt, bis sie draufgekommen ist, daß ihr Chef sie um die Rente betrogen hat. „Der hat die Pension für seine Frau geklebt." Heute, mit 75 Jahren, lebt die alte Oppelnerin von umgerechnet 185 DM im Monat. Ihr Enkel fällt ihr zur Last. Erst jetzt fällt mir ein Jugendlicher auf, der die ganze Zeit während unseres Gesprächs um uns herumlungert. Etwa 14 oder 15 Jahre alt, Typ polnischer Skinhead, entpuppt sich der Junge als Enkel derjenigen, die ihr Schicksal zwar in Gottes Hand gelegt hatte, aber in der falschen Sprache. Der Junge kann kein Wort deutsch. Seine Mutter, so die Alte weiter in ihrer Lebensgeschichte, ist vor zwei Jahren an Krebs gestorben. Daß es sich dabei um ihre Tochter handelt, ist zwar biologisch eindeutig, in der Biographie der alten Oppelnerin kommt die Frau als solche auffälligerweise nicht vor. Vom Vater des Buben ist seit Jahren nichts zu hören. Der hat sich irgendwo in Deutschland als Arbeiter verdingt, als Schwarzarbeiter. „Wenn er tot wäre, würde ich wenigstens Kindergeld für den Buben kriegen." Zum Schluß unseres Gesprächs keimt die Hoffnung der Verzweifelten auf. Der Richter im von ihr angestrengten Prozeß um das Kindergeld hätte ihr nämlich versprochen, in der nächsten Verhandlung dem Vater des Jungen die Vaterschaft abzusprechen: „Dann wird alles besser."

Szenenwechsel ins Niederschlesische. Arbeitersiedlungen in Wałbrzych sind höchst interessante industriearchäologische Denkmäler. Hier griffen die Reformbestrebungen des polnischen Paradesanierers Leszek Balcerowicz zuerst. Alle Waldenburger Gruben bis auf eine wurden Anfang der 1990er Jahre geschlossen. Die Wohnbauten der Bergwerker und Arbeiter machen allerdings schon seit Jahrzehnten einen immer schlechteren Eindruck. Dies verleitete den neugierigen Autor zu einer Phototour mitten in den architektonischen Verfallsprozeß der regionalen Arbeiterkultur mit ihren vergammelten Wohnvierteln. Mit der Kamera in der Hand durch touristisch kaum erschlossene Straßen Niederschlesiens. Als plötzlich eine alte Frau hinter einem bereits etwas morschen Fensterstock den Vorhang zur Seite zieht und den Photographen anspricht. Auf deutsch. Sie winkt mich näher unter das Fenster heran, sodaß sie nicht zu schreien braucht. „Kommen Sie mal her." Der bröckelnde Putz zwischen ihr und mir muß aus Vorkriegstagen stammen, denke ich. Die alte Frau hat jedenfalls bereits zwei Kriege erlebt. Als sie elf Jahre alt war, begann Kaiser Wilhelm II. sein letztes Abenteuer. „Mit 18 bin ich aus Kattowitz gekommen." Die 90jährige erzählt, daß sie schon in ihrer Jugend, im Jahr 1921 während des großen deutschpolnischen Bevölkerungsaustausches, nach Deutschland übersiedelt ist, vom damals polnisch gewordenen Teil Schlesiens hierher ins niederschlesische Waldenburg. Jetzt will sie wieder raus, „obzwar die Erde die gleiche ist, in die sie einen legen". Aber hier in Wałbrzych kennt sie seit dem Tod ihres Mannes niemanden mehr, und in Berlin müßte noch wer von den weitschichtigen Kattowitzer Verwandten leben. „In der deutschen Zeit", spricht sie auf die Weimarer Republik an, „habe ich mal in Berlin gelebt. Können Sie mir einen Brief mitnehmen?" Als sie hört, daß ich aus Wien komme, ist sie enttäuscht. Das ist die falsche Richtung. Bis ihr einfällt, daß sie vor dem Krieg mehrmals in der Stadt an der Donau war. „... mit einem reichen Juden. Was aus dem wohl geworden ist?" sinniert sie vor sich hin. 'Und was wohl aus ihr wird?' muß ich unweigerlich denken. Ich kann ihr keine baldige Übersiedlung wünschen, die alte Kattowitzerin würde sich nirgendwo mehr zurechtfinden. Hier, in dem vor sich hin verfallenden Haus, neben dessen Eingangstüre einige betrunkene Jugendliche den Tag totschlagen und immer wieder mißtrauisch uns zwei Deutschsprechende beäugen, wird sie einen unbemerkten Tod sterben. Die Erde ist überall die gleiche, in die sie einen legen.

Die Wiederentdeckung des Deutschtums

Zwei Voraussetzungen waren notwendig, um den Keim für ein neues Deutschtum in Schlesien zum Sprießen zu bringen: die wirtschaftlich erfolgreiche Nachkriegsentwicklung in Deutschland und die Abwahl der Vereinigten Polnischen

Arbeiterpartei (PZPR) im Frühsommer 1989. Letzteres hatte unmittelbar nach dem historischen 6. Juni 1989 eine Aufwallung deutscher Gefühle in der Woiwodschaft Opolskie zur Folge. Am berühmt gewordenen „Runden Tisch" zwischen Regierung und Opposition waren Wahlen für den Sejm, das polnische Parlament, vereinbart worden. Im Vorfeld hatte man beschlossen, daß 65% der Sitze der Vereinigten Polnischen Arbeiterpartei und den mit ihr verbündeten Kräften vorbehalten bleiben sollten. Die Vergabe der restlichen 35% entschied sich an den allgemeinen Wahlurnen; die Kommunisten gewannen davon nur einen Senatssitz, alle übrigen Sitze wurden von Kandidaten der Bürgerkomitees besetzt, die der Gewerkschaftsbewegung Solidarność nahestanden. Die Aufkündigung des Regierungsbündnisses durch die kleineren sogenannten „Blockparteien" beendete die Epoche der Kommune, den Kommunismus in Polen.

In der Oppelner Woiwodschaft registrierte man den Ausgang der Sejm-Wahlen unter nationalen Aspekten. In Opole/Oppeln waren nach dem Krieg hunderttausende autochthone Schlesier verblieben. Während sich die erste Nachkriegsgeneration zum Polentum bekannt hatte, war ein beträchtlicher Teil der neuen Generation sofort mit der einsetzenden politischen Wende bereit, ihre nationale Couleur zu wechseln. Aus dem ehemaligen PAP-Funktionär und gefürchteten LPG-Vorsitzenden Jan Król wurde der Organisator der Unterschriftensammlung für die deutsche Minderheit, Johann Kroll. Sein Sohn Heinrich führte die Deutsche sozial-kulturelle Gesellschaft als Präsident. Der Name ist aufs engste mit der Wiederentdeckung des Deutschtums in Schlesien verbunden.

Jede politische Veränderung im Nachkriegspolen wurde von einer deutschen Minderheit dazu benutzt, ihre nationalen Ansprüche zu formulieren. Das war im Zuge des „polnischen Oktobers" im Jahr 1956 so. Und auch 1980, als die Solidarność mit päpstlicher Hilfe – im Juni 1979 war Karol Wojtyła im Triumphzug durch sein polnisches Heimatland gefahren – auf den Plan trat. Beide Male schlug die Deutschwerdung der Oppelner Schlesier – oder zumindest eines guten Teils von ihnen – fehl. Im Jahr 1989 sollte sie klappen. Die Bundesrepublik Deutschland war stark wie nie, in der Deutschen Demokratischen Republik tauchten im Sommer 1989 erstmals Rufe nach territorialer Veränderung auf, nach einem staatlich vereinigten deutschen Vaterland und dem bundesdeutschen Rentensystem für alle Menschen deutscher Zunge. Solche Töne blieben auch in Schlesien nicht ungehört. Vor allem das Bonner Pensionssystem war für jedermann verlockend.

In diesem Klima allgemeiner politischer Änderungen, als in Warschau die antikommunistische Opposition am Runden Tisch von Sitzung zu Sitzung ihre gesellschaftlich bereits bestehende Macht politisch erweitern konnte, meldeten sich in Opole/Oppeln deutsche Bauern um den ehemaligen, nun bereits in Rente befindlichen LPG-Vorsitzenden Johann Kroll zu Wort. Sie forderten die Anerkennung als deutsche Minderheit. Schon 1988, als Warschau die Einreisebestimmungen für ehemalige Deutsch-Schlesier lockerte, kamen Emissäre des „Bundes der Vertriebenen" ins Land, um das Terrain für etwaige Ansprüche ihrerseits zu sondieren. Die in Oppeln verbliebenen Schlesier hatten im Prinzip mit jenen rechten Vertriebenenverbänden nichts zu tun. Sie selbst bzw. ihre Vorfahren hatten sich ja – im Gegensatz zu den Vertriebenen und Ausgesiedelten – explizit zum Polentum bekannt. Sie waren eben nicht mit der Wehrmacht nach Westen gezogen oder von Nationalpolen vertrieben worden. Als in Schlesien verbliebene Oppelner standen sie loyal zum polnischen Staat, waren Antifaschisten und als solche auch offiziell anerkannt. Soweit die Theorie. In der Praxis sah vieles anders aus. Da ist zum einen an die bereits beschriebene verheerende Nationalitätenpolitik im kommunistischen Polen zu erinnern, die Angst säte und teilweise Haß erntete. Zum anderen boten sich durch die Schwäche Moskaus neue Möglichkeiten im gesamten politischen Leben. Die deutsch fühlenden Oppelner wollten diese zur Verbesserung ihrer nationalen „Selbstbestimmungsrechte" nützen. Jedem einzelnen kann man das persönlich kaum verdenken. Die politische, insbesondere auch außenpolitische Wirkung der „deutschen Wiedergeburt" ist freilich skeptischer zu beurteilen. Sie dokumentiert letztlich die Macht des deutschen Grundgesetzes, Artikel 116, über nationalstaatliche osteuropäische Verfassungen. Dazu kommt noch, daß der Charakter der deutschen Nation auf dem ius sanguinis beruht, einer Abstammungsvorstellung auf Basis von nationaler Blutsverwandtschaft, die jeden Polen – und auch andere Osteuropäer – deutscher Abstammung als deutschen Staatbürger anerkennt. Die expansive Auswirkung von deutschem Grundgesetz und ius sanguinis kann in diesem geopolitischen Zusammenhang nicht bestritten werden, wie verständlich das Bekenntnis zur deutschen Nation im Einzelfall auch immer sein mag.

Innerhalb weniger Monate sammelten Vater Johann und Sohn Heinrich Kroll – letzterer hatte es als Sejm-Abgeordneter zu politischer Reputation gebracht – fast 250.000 Unterschriften für die deutsche Sache. „Ich erkläre mich hiermit als Deutscher", lautete die einfache Formel, mit deren Hilfe Kroll und seine Anhänger die Zulassung eines nationalen Vereins erreichen wollten. Daß die Warschauer Zentralbehörden dies vorerst mit fadenscheinigen Gründen verhinderten, stellte nur die letzte verzweifelte Geste einer völlig verfehlten Minderheitenpolitik dar, die auch heute noch keine konsistente Linie aufweist. Da sind Klagen über wahrscheinliche oder tatsächliche Bestechlichkeiten im Zuge der Zusammenstellung der Krollschen Unterschriftslisten fehl am Platz. Selbst wenn es, wie von polnisch-nationaler Seite behauptet wird, anfangs für ein deutsches Bekenntnis 100 DM gegeben haben sollte – was nicht eindeutig bewiesen worden ist –, kann dies nicht über die Fehler der polnischen Politik ihren Staatsbürgern in Opole gegenüber hinwegtäuschen. Erst ein Jahr nach der Einreichung der Unterschriften zwecks Zulassung einer deutschen Minderheit in Opole wurde diese gerichtlich gewährt. Auch dies nur, weil der junge Kroll mittlerweile beim deutschen Botschafter in Warschau um internationale Hilfe vorstellig geworden war, die in Form diplomatischer Interventionen und ökonomischen Drucks prompt erfolgte. Allein die 40 Milliarden US-Dollar Außenschuld, mit denen Polen bei westlichen Banken in der Kreide steht, geben ausländischen Wünschen wie jenem nach Zulassung einer deutschen Minderheit in Schlesien enormes Gewicht; ihre Fälligstellung bzw. die Verweigerung der Umschuldung beim nächsten Gang zu den Gläubigerklubs stellen ein Drohpotential dar, dessen sich beide Seiten – Gläubiger und Schuldner – bewußt sind. Ob das deutsche Außenamt dem hochverschuldeten Polen in Zusammenhang mit den Deutschen in Oppeln einen diesbezüglichen Wink gegeben hat oder nicht, ist vor der enormen deutsch-polnischen wirtschaftlichen Schieflage für die politische Einschätzung der Zusammenhänge schon fast ohne Belang.

Offiziell jedenfalls wurde jede Drohgebärde abgestritten. Im Gegenteil war vor allem von bundesdeutscher Seite davon die Rede, deeskalierend gewirkt zu haben. Dies schon deshalb, so hieß es von höchsten Stellen nicht ganz ohne Süffisanz, weil die Grundlagen einer deutsch-polnischen Zusammenarbeit noch nie so gut gewesen waren wie in jenen Tagen. Historiker fühlen sich anläßlich solch schmeichelnder Floskeln an Zeiten erinnert, in denen „das geschichtlich beste offizielle Verhältnis" Deutschlands mit Polen ebenfalls hochgepriesen wurde. Die Rede ist vom Jahr 1934, als in Berlin ein deutsch-polnischer Freundschaftsvertrag unterzeichnet wurde, der die kommenden zehn Jahre zur Freundschaftsepoche erklärte. Selbst 1938, als erstmals von deutscher Seite Grenzrevisionsansprüche an Polen angemeldet wurden, den sogenannten „Korridor" über Pommern nach Ostpreußen betreffend, waren sich das Goebbelssche Propagandaministerium und die amtliche polnische Pressestelle noch einig. Jeder Zweifel an der Richtigkeit der offiziellen Thesen wurde per staatlich kontrollierter Informationspolitik auszulöschen versucht. Für das Gedeihen bester Beziehungen der beiden Länder stellten weiterhin deren Führer die absolute Garantie dar. In Warschau war man schon ökonomisch, jedenfalls aber politisch darauf angewiesen, Berlin nicht zu provozieren. Und beiden war 1938 noch daran gelegen, Zeit zu gewinnen, um eine für die jeweilige Seite günstigere europäische Konstellation zur Durchsetzung eigener Interessen abzuwarten.

Neudeutscher Revanchismus

Prominente Vertreter von deutsch-schlesischen „Vertriebenenverbänden" hielten in Einklang mit dem Einheitsgebot des deutschen Grundgesetzes über die Jahrzehnte der Blockkonfrontation die Frage der staatlichen Zugehörigkeit Schlesiens offen – oder sie versuchten es zumindest. Parlamentarisches Gewicht hatten solche Stimmen vor allem in den bundesdeutschen Unionsparteien CDU und CSU. Der mittlerweile verstorbene prominente CDU-Politiker Herbert Czaja etwa, dem für seine Großraum-Ideen sogar die deutschen Reichsgrenzen von 1937 zu eng waren und der das Jahr 1914 als deutsches Staatsideal im Visier hatte, plauderte in seinem 1969 erschienenen Bändchen „Ausgleich mit Osteuropa" aus der Schule des modernen Revanchismus. In Richtung Schlesien blickend, schrieb er, daß „am Rande nationaler Kerngebiete für die Zukunft auch ein Aufbau europäisierter, internationaler Territorien in den strittigen Gebieten erwogen werden" müsse. Die Schreibe ist weiter von „Hoheitsrechten für die Volksgruppen", wozu Czaja ausdrücklich das Finanz- und Steuerwesen, die Wirtschafts- und Sozialpolitik, die Verwaltung, die Justiz sowie selbstverständlich kulturelle und schulische Angelegenheiten zählt. Derlei war also bereits 1969 aus der Feder eines bundesdeutschen Parlamentariers zu lesen, der keiner isolierten Fraktion angehörte. Minderheiten- und Volksgruppenrechte müssen im gesamteuropäischen Kontext durchgesetzt werden – auf politische Formeln wie diese einigten sich die modernen Nationalen in Hinblick auf das supranationale Projekt der EG/EU. Ergänzt um den schwammigen Begriff der Menschenrechte ist damit in den 1990er Jahren ein propagandistisch nutzbares Repertoire entstanden, um das imperiale Projekt des westeuropäischen, im Kern deutsch geführten Zentrums nach Osten ausgreifen zu lassen. In Bosnien-Herzegowina und im Kosovo entstanden zwischenzeitlich übrigens bereits Administrationen, die dem Konzept von „Hoheitsgruppenrechten für Volksgruppen" entsprechen, wie es Czaja gefordert hat. Dort wurden unter dem Vorwand, Menschenrechtsverletzungen bekämpfen zu müssen, von der Europäischen Union bzw. der UNO Verwalter eingesetzt, die am „Aufbau europäisierter, internationaler Territorien" arbeiten. Wolfgang Petritsch und Bernard Kouchner sind die ersten modernen Kolonialbeamten des 21. Jahrhunderts. So oder ähnlich mag sich die deutsch-europäische Großraumidee auch die Zukunft anderer „Euroregionen" vorstellen, sollte eine friedliche Unterordnung unter die Interessen der Großraum-Zentrale nicht möglich sein.

Hartmut Koszyk schließt in dem 1991 von Heinrich Trierenberg herausgegebenen Sammelband „Schlesien heute" an die (west)europäische Erweiterungsidee unter regionalistischen Aspekten an. Und ortet die konkrete Möglichkeit, die „schlesische Frage" durch die Etablierung einer Euroregion (Neiße) einer EU-konformen Lösung zuzuführen und damit gleichwohl im deutschen Sinn zu erledigen. Solche Ideen einer EU-konformen Integration Schlesiens verlangen freilich reformierte Grundsatzüberlegungen bei den Vertriebenenverbänden. Im Zuge des weitgehend abgeschlossenen Generationenwechsels könnte eine Modernisierung des Revanchismus stattfinden.

„Das Diskutieren und Akzeptieren europäischer Modelle ist ein Preis für Europa, den Polen bezahlen muß, um in den Genuß der wirtschaftlichen Vorteile des europäischen Wirtschaftsraumes zu kommen." Wie diese Preisliste genau auszusehen hat, darüber hat sich die Vorsitzende des „Bundes der Vertriebenen", Edith Steinbach, bereits konkrete Gedanken gemacht. Steinbach fordert von der Europäischen Union das generelle Rückkehrrecht für Vertriebene nach Schlesien sowie eine Entschädigung von Polen für diese Menschen bzw. ihre Erbberechtigten. Juristisch stützt sie sich dabei pikanterweise auf ein polnisches Gesetz aus kommunistischen Zeiten, das die nach dem deutschen Exodus zugewanderten Ostpolen, in der Literatur auch „Aufsiedler" genannt, nicht zu Eigentümern des von ihnen bebauten Grund und Bodens gemacht hat. Vielmehr erhielten diese polnischen Vertriebenen bloß ein 99 Jahre währendes Nutzungsrecht an jenem Hab und Gut, das zuvor meist deutschen Schlesiern gehört hatte. Übrigens hat sich der deutsche Bundestag der Steinbachschen Forderung nach Rückgaberecht und Entschädigung per Beschluß im April 1999 bedingt angeschlossen und die Freiheit der Wahl des Wohnsitzes in der Europäischen Union betont. In einer vieldiskutierten Pressekonferenz in Berlin zog Steinbach im Juni 2000 ihre EU-Aufnahmebedingung für Polen zurück, pochte allerdings auf eine zu zahlende Entschädigung für die deutschen Vertriebenen und Ausgesiedelten.

Die diesbezügliche Beschlußfassung im deutschen Bundestag ging sogar dem ohnedies kompromißbereiten polnischen Sejm zu weit. Auf Antrag der Bauernpartei PSL stellten die Abgeordneten im Mai 1999 mehrheitlich ihre Sicht der Dinge klar. Demnach will Polen zwar als Aufnahmekandidat der Europäischen Union ein Siedlungsrecht für alle Bürger dieses Raumes gewähren; dies sei jedoch etwas gänzlich anderes als das von Steinbach und Bundestag noch 1999 geforderte Rückkehrrecht der deutschen Schlesier, die 1945 das Land verließen. Was die Hoheitsrechte regional ansässiger Minderheiten betrifft, so wies die polnische Regierung mehrmals darauf hin, daß die Kompetenzen der Woiwodschaften keineswegs die Souveränität und Integrität des Gesamtstaates berühren dürften. Eine verwaltungsmäßig eingeführte Regionalisierung habe mit Verzicht auf Hoheitsrechte nichts zu tun, auch wenn sie im europäischen Gewand einherschreite, gibt sich Warschau entschlossen. Die wegweisenden Schriften für eine neuerliche Osterweiterung sowie die dahinterstehenden Ziele, per wirtschaftlicher Macht und militärischer Absicherung die Integration von osteuropäischen Regionen nach dem Muster und dem Willen Brüssels bzw. Berlins gestalten zu können, lassen Warschau nur einen geringen Spielraum. Vor allem dann, wenn es weiterhin offizielle Politik bleibt, in jeder erdenklichen Form den Anschluß an EU-Europa hinnehmen zu wollen.

Das Phänomen der doppelten Staatsbürgerschaft

Auf insgesamt 2 Millionen schätzt Jochen Welt, Beauftragter der deutschen Bundesregierung für Aussiedlerfragen im Berliner Innenministerium, die Zahl polnischer Staatsbürger, die gleichzeitig einen deutschen Paß ihr eigen nennen. Diese unfaßbar hoch anmutende Zahl äußerte der deutsche Staatssekretär in einem Interview gegenüber dem Oppelner Fernsehen. Bei den zwei Millionen handelt es sich offensichtlich nicht nur um sogenannte § 116-Deutsche aus Schlesien, die das deutsche Grundgesetz als deutsche Staatsbürger definiert, sondern es sind darin auch jene Polinnen und Polen inkludiert, die bereits in den vergangenen kommunistischen Jahrzehnten ihr Land in Richtung BRD verlassen haben. Zwar ist und war es laut polnischer Gesetzeslage nicht erlaubt, neben der polnischen eine zweite Staatsbürgerschaft anzunehmen; die Autorität des Staates reichte allerdings weder zu Zeiten General Wojciech Jaruzelskis noch heute dazu aus, diese legislative Bestimmung entsprechend zu exekutieren.

Die 2 Millionen Polen-Deutschen erfüllen zwei Funktionen. Für Deutschland und den deutschen Arbeitsmarkt stellen sie eine imposante personelle Reserve dar, die im europäischen Maßstab durch die im Schengener Vertrag festgelegten Restriktionen nicht vorgesehen ist. Der Schengener Vertrag regelt den Zuzug von Ausländern in die Hochburg der Europäischen Union; da es sich bei den 2 Millionen Polen mit deutschem Paß nicht um Ausländer handelt, fungieren sie für den Arbeitsmarkt als flexibles Reservoir jenseits der Quotenregelung. Berlin hat damit de facto eine Ausnahmeregelung vom Schengener Gesetzeswerk erwirkt, die international nicht diskutiert zu werden braucht. Für Polen wiederum stellen die Doppelstaatsbürger eine ziemlich direkte Bedrohung seiner Souveränität dar. Ohne Kontrolle der Behörde kann sich eine bemerkenswerte Anzahl an polnischen Staatsbürgern bei Bedarf den damit verbundenen Pflichten – beispielsweise dem Wehrdienst – entziehen. Der deutsche Staat hat auf mehr als 5% der registrierten Polinnen und Polen formalen Zugriff. Dieses Faktum kann in krisenhaften Zeiten destabilisierend wirken – sowohl, was die Loyalitäten von Bürgern zu ihrer Verwaltung, als auch, was steuerliche und militärpolitische Erwägungen betrifft.

Die Mehrheit dieser Doppelstaatsbürger dürfte jedenfalls wegen des deutschen Grundgesetzes unter die schwarz-rot-goldene Fahne gekommen sein. Der § 116 gilt als das Herzstück des ius sanguinis, das die deutsche Nationalität ethnisch-sprachlich respektive völkisch bestimmt. Nach ihm hat jede Person, die 1937 deutscher Bürger war bzw. nachweisen kann, als Kind solcher Bürger geboren worden zu sein, das Recht auf die deutsche Staatsbürgerschaft. Mit dieser grundgesetzlichen Konstruktion wurden in Bonn – und später in Berlin – die europäischen Grenzveränderungen nach 1945 in einem sehr praktischen

Bereich, der Staatsbürgerschaft – nicht nachvollzogen. Wer einmal deutsch war, bleibt immer deutsch, lautet die Devise. Für die deutsche Staatsbürgerschaft genügt die deutsche Abstammung sogar dann, wenn der oder die Betreffende außerhalb der Reichsgrenzen von 1937 leb(t)e, wie der Umgang mit Deutschen aus dem Osten – vor allem Rumänien und Rußland – beweist. Von dieser Regelung ausgenommen sind nur Österreicher und deutschsprachige Schweizer.

Wie leicht es einem geborenen Schlesier nach 1989 gefallen ist, als Deutscher registriert zu werden, schildert uns Waldemar Gielzok, ein 25jähriger Redakteur des „Oberschlesienjournals". Gielzok ist muttersprachlich polnisch erzogen worden, spricht gutes Deutsch und studiert neben seiner Tätigkeit beim deutschen TV-Sender an der Oppelner Universität. 1992, im Alter von 19 Jahren, ging er zum deutschen Konsul nach Wrocław und füllte eine Handvoll von Formularen aus, die ihn zum Deutschen machten. Als Beweis seiner neuen Identität genügte dem Konsul, so der junge Mann, ein „Stammbuch" seines Vaters. Dieser wurde 1944 unter den Nationalsozialisten im Oppelner Kreis geboren, und auch der Großvater kam aus der Gegend. Doch im konkreten Einbürgerungsverfahren waren des Vaters Dokumente aus der NS-Zeit ausreichend für die Erteilung der deutschen Staatsbürgerschaft. „Ein Glück", so Gielzok zum Schluß unseres Gespräches, „daß die Eltern die alten Dokumente aufgehoben haben." Hitlers Ahnenpässe leisteten bei der aktuellen Eindeutschung zehntausender Schlesier ihre Dienste.

Wieviele Doppelstaatsbürger vor allem in der Woiwodschaft Opolskie leben, zeigt ein Blick in die bäuerlichen Hinterhöfe. Bald in jedem von ihnen ist ein Pkw mit deutschem Kennzeichen geparkt. So auch in dem kleinen Ort Gogolin nahe Opole. Das vor dem Krieg mehrheitlich deutsch besiedelte Dorf ist dies auch heute wieder. Die Regionalpresse fungiert ganz offen als Stellenanzeiger für den deutschen Arbeitsmarkt. „Arbeit in Deutschland. Bedingung: deutscher Paß", ist da zu lesen. Oder, sprachlich etwas gröber: „30 Fleischer gesucht für die Verarbeitung von Schweinen mit deutschen Papieren", kamen dem Texter die Fleischer mit den Schweinen etwas durcheinander. Im Oppelner Radio tönt die Losung in polnischer Sprache: „Düsseldorf hat Arbeit. Deutscher Paß erforderlich." Für die Doppelpaß-Schlesier stellt die Quotenregelung auf dem deutschen Arbeitsmarkt also kein Hindernis dar. Ihre Löhne sind durchschnittlich. Wohl deshalb, weil Lohndumping mit Menschen, die ihren Lebensmittelpunkt zumindest teilweise im benachbarten Polen haben, reibungsloser funktioniert als mit Gastarbeitern aus weiter entfernten Ländern, die keine wöchentliche Rückzugsmöglichkeit bieten.

Daß die schlesischen Familien, deren Mann bzw. Vater für DM irgendwo zwischen Ruhrgebiet und Bayern robotet, oftmals zerrüttet sind, verwundert nicht. Die in der Regel als Saisonarbeiter beschäftigten jungen Männer entwikkeln leicht zwei Identitäten, die auch mit Beziehungsproblemen gegenüber ihrer Heimatfamilie einhergehen, insbesondere gegenüber der in Schlesien verbliebenen Frau. Auch alleinstehende Schlesierinnen finden – meist schlechtbezahlte – Arbeit in Deutschland. Als Putzfrauen und Kindermädchen werken sie in den größeren deutschen Städten. Der neue deutsche Mittelstand bedient sich ihrer vor allem im Haushalt, wo die deutsche Frau immer weniger Zeit verbringt, geht sie doch – emanzipiert, wie es an der Zeitenwende vom 20. zum 21. Jahrhundert nun einmal Brauch ist – einer bezahlten Beschäftigung nach. Damit kehrt Schlesien sozialpolitisch zu einer seit Jahrhunderten bestehenden Tradition zurück, nämlich eine Arbeitsreserve für die industriell entwickeltsten deutschen Gebiete zu bilden. Nicht umsonst ging in den 1920er Jahren der Spruch durch Berlin, wonach jeder zweite Berliner am Breslauer Bahnhof geboren sei.

Die Kommunalwahlen 1998

Der November 1998 brachte einen Germanisierungsschub für die Woiwodschaft Opolskie. Die Gemeinde-, Kreisrats- und Woiwodschaftsratswahlen endeten mit einer Sensation. Die parlamentarische Eindeutschung der mittleren schlesischen Woiwodschaft war mit einem Schlag unübersehbar geworden. Sechs von elf Kreisen werden seither von Starosten – in etwa Landräten vergleichbar – der deutschen Liste geführt, 28 von insgesamt 70 Gemeinden erhielten deutsche Bürgermeister. 500 Vertreter der deutschen Minderheit werken seit den 1998er Wahlen auf kommunaler Ebene.

Als Heinrich Kroll im Jahr 1989 die Agenden der Deutschen in Schlesien von seinem Vater Johann übernahm, lag ein solcher Erfolg noch in weiter Ferne. Das 1990/91 per Unterschrift eingeholte Bekenntnis zum Deutschtum kann als ein erster Schritt in Richtung nationaler Identitätswechsel gesehen werden; bei den ersten postkommunistischen Sejm-Wahlen im Jahr 1991 konnte die Kroll-Liste bereits 160.000 Urnengänger auf der deutschen Seite verbuchen. 1998 war schließlich das vorläufige Gipfeljahr im nationalen Ringen um das Oppelner Ländchen. Bei einem geschätzten deutschen Bevölkerungsanteil von 25% in der Woiwodschaft Opolskie gibt der parlamentarische Erfolg der „Liste der deutschen sozial-kulturellen Gesellschaft" einen Hinweis darauf, daß nicht nur deutsch Bekennende die nationale Liste gewählt haben können. Wenn in mehr als einem Drittel der Gemeinden nun deutsche Bürgermeister sitzen und mehr als die Hälfte der Kreise von Mandataren der deutschen Liste verwaltet wird, dann müssen auch Schlesier, die sich zum Polentum bekennen, „deutsch" gewählt haben. Greifbar wird dieses Phänomen in so manchem Ort, der ein unzweifelhaft polnisches Gepräge und dennoch – seit 1998 – einen deutschen Bürgermeister hat. Zum Beispiel Głogówek/Oberglogau – in der 6.500 Seelen zählenden, mehrheitlich polnisch besiedelten Kleinstadt stellt die deutsche Liste den Bürgermeister. Noch eigenartiger ist die Situation im Dorf Gogolin, wo sich eine aus Ostpolen stammende polnische Ärztin auf der deutschen Liste in den Gemeinderat hat wählen lassen. Tausende Schlesier – vor allem die Autochthonen, aber auch manche aus dem Osten zugezogene Polen – wählten im November 1998 pragmatisch. „Viele von uns Polen haben die Deutschen gewählt, weil die besser wirtschaften", erklärt sich etwa der Chefredakteur von „Trybuna Opolska", Maciej Siembieda, das Wahlverhalten seiner MitbürgerInnen, „das bringt uns DM und deutsche Investitionen." Mit deutscher Wirtschaftskraft im Rücken läßt es sich auch leichter „besser wirtschaften". Wenn z.B. Bauernvereine im Oppelner Gebiet als Zweigstellen von deutschen Vereinen gegründet und Ortspartnerschaften mit Blickrichtung auf Hilfeleistungen und Investitionen aus dem Westen getätigt werden, dann hat das deutsche Bekenntnis in Opole eine stark ökonomische Schlagseite – ganz nach dem alten schlesischen Motto, daß dort das Heimatland lacht, wo es einem gut geht.

Eine Drehscheibe dieses ökonomisch motivierten Deutschtums ist der „Fonds zur Entwicklung Schlesiens", der von Ländern und Gemeinden in Deutschland gespeist wird. Auch Baden-Württemberg ist in dieser Angelegenheit engagiert. Veraltete, aber noch funktionstüchtige Maschinen für die Landwirtschaft, aber auch für Gewerbebetriebe wie Bäckereien etc. finden so ihren Weg nach Schlesien. Der „Verein der deutschen Bauern" in Oppeln verteilt Traktoren und andere Gerätschaften, die nicht explizit nur an Deutsche, jedoch de facto fast ausschließlich an national Bekennende vergeben werden.

„Ich schwöre feierlich, meine Pflichten gegenüber dem polnischen Volk gewissenhaft und redlich zu erfüllen, die Souveränität und die Interessen des polnischen Staates zu schützen, die Verfassung und die Gesetze zu achten, zum Wohl des Vaterlandes und der Kommune wie auch aller Bürger der sich selbst verwaltenden Gemeinschaft beizutragen." Auch die 28 Bürgermeister, die auf der „Liste der deutschen Minderheit" zu Ortsvorstehern gewählt wurden, legten diesen Amtseid auf die staatliche Souveränität und territoriale Integrität Polens ab. Ob dieser Eid und das deutschnationale Gewissen der Minderheitenvertreter miteinander langfristig vereinbar sein werden, wird wesentlich auch von der wirtschaftlichen Entwicklung abhängen. Konfliktebenen zwischen polnischem Staat und deutscher Identität gibt es jedenfalls genug. Von zweien – dem Kampf um das Gedenken an die Kriegsopfer und der Auseinandersetzung um die Zweisprachigkeit von Ortstafeln – soll im Folgenden berichtet werden.

Kulturkampf: Kriegerdenkmäler und Ortstafeln im nationalen Streit

Gleich nach der Wende des Jahres 1989 war im Oppelner Gebiet eine heftige Aktivität deutschnationaler Gruppen und Grüppchen aus der BRD bemerkbar. In Deutschland – und später in der Ukraine – gedruckte Flugblätter und Zeitschriften ließen unschwer erkennen, daß vor allem die „Republikaner" in Schlesien ein neues Betätigungsfeld suchten. Der Oppelner Woiwode Ryszard Zembaczynski bestätigt die rechtsradikalen Umtriebe. „1990 hat man uns hierher neofaschistische Gruppen geschickt, und es gab Krach." Parallel dazu trat der selbsternannte Vertreter der Deutschen in Opole, Herr Kroll, vor die Kameras und stellte die Grundlagen der Potsdamer Verträge in Frage, also sowohl die territoriale Integrität Polens als solche als auch die von den Alliierten nach Kriegsende anerkannte Rechtmäßigkeit der nationalen Umsiedlungsprogramme, der Aussiedlung der Deutschen aus Schlesien.

Unmittelbar nach der Wende 1988/89 begannen rechte Kreise aus der Bundesrepublik in Schlesien zu operieren; sie fanden teilweise Widerhall bei der sich eben konstituierenden deutschen Minderheit im Oppelner Ländchen. Ein 1994 erschienenes Buch von Walter Goldenbach und Hans-Rüdiger Minow mit dem Titel „Deutschtum erwache!" legt eine organisierte Germanisierungsbestrebung in Schlesien nahe, die rund um den „Verein für das Deutschtum im Ausland" (VDA) bewerkstelligt wurde. Dieser in Bonn ansässige Verein stellt seit Jahrzehnten das Bindeglied zwischen bundesdeutschen Regierungen – insbesondere der von den rechtskonservativen CDU/CSU-Parteien geführten – und der nationalen deutschen Szene dar. Seit dem 19. Jahrhundert interveniert der „Verein für das Deutschtum im Ausland" auf immer dieselbe Art und Weise. Völkisches Gedankengut wird in die Ostgebiete getragen, die Deutschen im Osten werden als Vorposten des ewigen „Dranges nach Osten" instrumentalisiert. Ob das im wilhelmischen, Weimarer, nationalsozialistischen oder parlamentarisch-demokratischen Umfeld passierte – der „Verein für das Deutschtum im Ausland" änderte über die Jahrzehnte nicht einmal seinen Namen. In den 80er und frühen 90er Jahren des 20. Jahrhunderts erlebte der VDA eine neue Hochblüte, als es darum ging, die im Zuge des Zerfalls der Sowjetunion und des gesamten Rates für gegenseitige Wirtschaftshilfe (RGW) politisch und gesellschaftlich heimatlos gewordenen Deutschstämmigen in Osteuropa geistig „heim ins Reich" zu führen. Für diese Aufgabe erhielt der VDA ausreichend staatliche Unterstützung. Goldendach und Minow belegen, daß allein zwischen 1989 und 1993 an die 100 Millionen DM aus dem bundesdeutschen Budget in die Kassen des VDA flossen. Personeller Dreh- und Angelpunkt dieser nationalen Kooperation zwischen Staat und Verein war Horst Waffenschmidt, seines Zeichens Aussiedlerbeauftragter der Bundesregierung. Nebenher besetzte Waffenschmidt auch den Posten eines Verwaltungsratsmitglieds des privaten „Vereins für das Deutschtum im Ausland". „Vierzig Jahre nach der deutschen Katastrophe", schreiben Goldendach und Minow, „nunmehr erneut und unter der identischen Bezeichnung im Ausland getarnte Minderheitenpolitik zu betreiben, dies war eine gesteigerte Qualität des neuen Bonner Machtbewußteins." Der VDA mischte sich von Breslau bis Moskau in die Belange der deutschen Minderheit und damit auch in die innerstaatliche Zuständigkeit der postkommunistischen Länder Polen, Ukraine, Rumänien, Rußland und Ungarn ein. Die nationale „Wiedergeburt" der deutschen Minderheiten im Osten konnte auf finanzstarke Hilfe aus Bonn rechnen. Der „Verein für das Deutschtum im Ausland" fungierte dabei als politische Hebamme.

Wie organisiert das nationale Wiedererwecken auch immer war, kulturellen Ausdruck fand es in mancherlei Form. Besonders hervorzuheben ist dabei der Kampf um die Symbole des Kriegsgedenkens, um die Kriegerdenkmäler.

Auch in anderen ehemals von Deutschen besiedelten Teilen Osteuropas ist nach 1989 – teilweise mit Erfolg – versucht worden, die Geschichte des Ersten und Zweiten Weltkrieges umzuschreiben. Mehr noch: Die Installierung von deutschen und österreichischen Soldatenfriedhöfen beispielsweise in der Bukowina oder in Galizien diente letztlich auch dazu, Ländern wie etwa Rumänien oder der Ukraine in Sachen nationaler und antifaschistischer Identität die historische Sichtweise der Deutschen im Osten nahezubringen. Organisationen wie das „Schwarze Kreuz", das gefallenen Soldaten „die letzte Ehre erweist", spielen dabei eine wichtige Rolle und stellen ein Bindeglied zwischen offiziellen staatlichen Stellen und rechten Gruppen dar.

Im Oppelner Schlesien ist es zu einer Auseinandersetzung um Kriegerdenkmäler gekommen. Die deutsche Minderheit benötigte anläßlich ihrer Wiedererwachung nationale Symbole. Also erinnerten die Alten an die 1945 abgebauten Kriegerdenkmäler, die die ganze Zeit der Weimarer Republik und des Nationalsozialismus hindurch die gefallenen deutschen Soldaten des Ersten Weltkrieges ehrten. Nach dem Rückzug der Wehrmacht und der Vertreibung bzw. Aussiedlung der Deutschen aus Schlesien wurden diese Denkmäler von der polnischen Staatsmacht entfernt. Viele wanderten ins Depot. Die neuen Helden waren die antifaschistischen Widerstands- und Freiheitskämpfer; gedacht wurde der Opfer der NS-Aggression.

Knapp 50 Jahre später, nach der 1989er-Wende, beschloß so mancher Gemeinderat die Wiederaufstellung der deutschen Kriegerdenkmäler. „Gott mit uns. Für Volk und Vaterland" hieß die in den 1920er Jahren in Granit gemeißelte oder in Eisen gegossene Losung. 79 solche Kriegerdenkmäler erblickten im Zuge der Regermanisierung des Oppelner Landstriches in den 1990er Jahren (wiederum) das Licht der dörflichen Hauptplätze. Reaktionen von polnischnationaler Seite blieben nicht aus. In der Ortschaft Prószkow rissen allpolnische Jugendliche die deutsche Denkmalsprovokation aus ihrer Verankerung.

Die Empörung über die Zurschaustellung des alt-neuen nationalen Gedächtnisses der Deutschen wurzelt in der gänzlich unterschiedlichen Rezeption der historischen Ereignisse. Zum Skandal wurde die politische Unvereinbarkeit zwischen deutscher Täterverehrung und polnischem Opfergedenken durch die Ausweitung der Denkmalsymbolik auf den Zweiten Weltkrieg. Anläßlich der Neuaufstellung der alten granitenen oder gußeisernen Monumente wurden nämlich in vielen Fällen die Namen deutscher Soldaten aus dem Zweiten Weltkrieg hinzugefügt. Und was schon im Ersten Weltkrieg als deutscher „Drang nach Osten" für die slawische Welt eine äußerst leidvolle Erfahrung beinhaltet hatte, war im Zweiten Weltkrieg eine rein rassisch argumentierte Landnahme – ganz abgesehen von der Dimension der deutschen „Vernichtung durch Arbeit" in den Konzentrationslagern, der Millionen von Polen insbesondere jüdischer Herkunft zum Opfer fielen. Ehrerbietung für die Soldaten dieses hitlerischen Projektes verbot sich bei den Opfern des NS-Vormarsches selbstverständlich. Daß nun mitten in Polen – besser gesagt: in Schlesien – Dutzende von Bürgermeistern darangingen, die Soldaten der Wehrmacht als Helden zu ehren und ihre Namen in die alten Kriegerdenkmäler aus dem Ersten Weltkrieg neu einmeißeln zu lassen, mußte zum Konflikt führen.

In der Oppelner Woiwodschaft wurde ein Ausschuß eingerichtet, der die meist aus Marmor angefertigten Zusatztafeln untersuchen sollte. Der Woiwode, der Bischof und die Minderheitenvertreter besuchten gemeinsam die 79 Stätten des Geschichtsrevisionismus. Ein Appell der Behörde, das Wort „Held" in Zusammenhang mit einem gefallenen deutschen Soldaten durch das Wort „Opfer" zu ersetzen, wurde mancherorts gehört, an anderer Stelle blieb es bei der mit dem polnischen Nationalgefühl unvereinbaren deutschen Soldatenverehrung.

Wenn sich die Bundesrepublik Deutschland nach 1989 die DDR einverleiben und damit den Verlust des Zweiten Weltkrieges – zumindest großteils – de facto wettmachen konnte, mögen sich die Neu-Deutschen in den betroffenen Oppelner Gemeinden gedacht haben, dann muß sich solches doch auch auf schlesischem Boden niederschlagen. Ihre polnischen Mitbürger reagierten daraufhin irritiert, verstört, widerständig oder panisch. In Pawłowice beispielsweise, einem kleinen Dorf an der Neiße, wurde ebenfalls das alte Kriegerdenkmal aus dem Depot geholt und um zwei Tafeln ergänzt, die an die deutschen Gefallenen zwischen 1939 und 1945 erinnern. Das Kuriose in diesem Fall: In Pawłowice leben ausschließlich polnische Neusiedler aus dem Osten, keiner der Bewohner hat einen Vorfahren, der die Zeit des Zweiten Weltkrieges hier in Schlesien verbrachte. Das Deutschtum ist also auch dort, wo es seit Generationen überhaupt keine Wurzeln mehr besitzt, kräftig im Vormarsch. Und weil in Polen die Aufstellung und Pflege von Denkmälern Gemeindesache ist, findet der Streit um selbige im Oppelner Gebiet auf unterster kommunaler Ebene statt. Und er ist allem Anschein nach prolongiert.

Zeitgleich mit der konfliktträchtigen Vergangenheitsbewältigung macht sich – bislang hinter den Kulissen – der Kampf um die Ortsschilder bemerkbar. In den von deutschen Bürgermeistern regierten Gemeinden wird der Ruf nach zweisprachigen bzw. rein deutschen Ortstafeln immer lauter. Das polnische Recht, das – anders als in bezug auf Denkmäler – in dieser Frage von den zentralen Behörden in Warschau exekutiert wird, läßt mehrsprachige Ortsnamen nicht zu. Bislang nicht. Denn die Europäische Union macht bereits Druck auf Warschau, den Minderheitenrechten diesbezüglich zum Durchbruch zu verhelfen. Eine Doppelbezeichnung von Orten, in denen mehrheitlich Menschen einer nationalen Minderheit wohnen, wird mittlerweile auch im Sejm diskutiert. Eine dreijährige Verschleppung im Minderheitenausschuß des Sejms hat bisher zu keiner Gesetzwerdung geführt.

Doch um Minderheitenrechte allein geht es im Ortstafelstreit nicht. Die Sache ist politisch weit brisanter. Denn vor allem in kleineren dörflichen Gemeinden Oberschlesiens, in denen sich heute wieder Deutschtum regt, wurden alte slawische Namen oft überhaupt erst zur Zeit der NS-Diktatur eingedeutscht. „Weg mit der polnischen Fassade", hieß das Motto, das ab 1936 zu einer systematischen Germanisierung sämtlicher Orts- und Gebietsnamen beitrug. Gauleiter Josef Wagner machte damals kein Hehl daraus, daß auch jene kleinen Weiler, die seit Jahrhunderten mit polnischen Bezeichnungen ausgekommen waren, in einem modernen deutschen Staat deutsche Namen zu bekommen hätten. Wer heute von Minderheitenrechten und zweisprachigen Ortstafeln spricht, muß sich dieser Problematik bewußt sein. Die Wiedereinführung von Ortsnamen, die nur unter Hitler Bestand hatten, würde also ein politisch brisantes Signal senden, anders als bei jenen Namen, die auf eine lange deutsche Tradition zurückblicken können. Dadurch, daß gerade die alten deutschen Städte mit ihren bekannten Namen heute mehrheitlich von polnischsprachiger Bevölkerung besiedelt sind, wird die Auseinandersetzung um die Zweisprachigkeit der Straßenschilder noch vielschichtiger und komplizierter.

Die Schule ist polnisch, der Unterricht deutsch

„Fern vom gebildeten Menschen, am Ende des Reiches", fühlte sich der deutsche Dichterkönig Johann Wolfgang von Goethe, wenn er an Schlesien dachte. Erst relativ knapp davor war in Schlesien die Schulpflicht eingeführt worden. Der Hohenzoller Friedrich II. erließ unmittelbar nach der preußischen Eroberung Schlesiens im Jahr 1765 ein entsprechendes „Schulreglement für Schlesien und die Grafschaft Glatz". Dieses Reglement etablierte erstmals so etwas wie eine Schulpflicht in Preußen und damit in Schlesien und war somit eine fortschrittliche Sache. Unterrichtssprache war selbstverständlich das Deutsche. Eine polnische Unterrichtssprache – und diese nur für Grundschulen – konnte erst im Zuge der revolutionären Bewegungen des Vormärz, also in den 40er Jahren des 19. Jahrhunderts, in den Grundschulen Einzug halten.

Der großpolnische Historiker Franciszek Marek, ehemaliger Rektor der Universität Opole, ist überzeugt davon, daß Polentum und Deutschtum in Schlesien immer schon ihren unterschiedlichen Preis hatten, auch im schulischen Bereich. „Wenn der Oberschlesier sich zum Polentum bekannte", so Marek, „hat er dafür bezahlt; wenn er sich zum Deutschtum bekannte, hat man ihn bezahlt." Jedenfalls für die Zwischenkriegszeit ist dieser Spruch überprüfbar. Diverse Stiftungen wie der „Deutsche Volksbund" waren damals von der Germanisierung als einer guten Tat überzeugt. In den abtrünnigen Gebieten jenseits der neu gezogenen deutsch-polnischen Grenze – also im Kattowitzer Revier – wurde in die deutsche Unterrichtssprache investiert. Jedes Kind, das nach 1921 in jenem Teil Schlesiens, das nun zur Republik Polen gehörte, eine deutsche Grundschule besuchte, erhielt 50 Mark von national gesinnten Stiftungen aus Berlin. Im bei Deutschland verbliebenen Teil Schlesiens mußten die polnischen Kinder ohne finanzielle Unterstützung auskommen. Für die Oberstufe standen ihnen ganze zwei Gymnasien zur Verfügung, eines davon in Bytom/Beuthen.

Seit 1991 existieren wieder deutsche Schulen in der Oppelner Woiwodschaft. Lehrer aus Deutschland bilden in der Regel den Grundstock des Fachpersonals. Geschätzte 70% aller Deutschlehrer kommen aus den angrenzenden Bundesländern. Wie sehr die deutsche Sprache in den vergangenen 50 Jahren verschüttet worden ist, zeigt sich schon am umgangssprachlichen Verhalten der Schülerinnen und Schüler untereinander. Trotz deutschem Selbstverständnis ist in den Pausen kaum ein deutsches Wort zu hören. Die polnische Sprache bestimmt den Alltag. „Manche Schüler", erzählt uns eine überlastet wirkende Lehrerin aus Baden-Württemberg, „kommen mit einem Zettel in der Hand in unsere Schule, auf dem in deutsch geschrieben steht, daß sie muttersprachlich unterrichtet werden wollen. Sagen können sie das nur auf polnisch, also schreibt es ihnen meist ihre Großmutter auf ein Stück Papier. Eigentlich müßte man bei jeder Schule ein Heim bauen, damit die Kinder nicht nach Hause gehen, wo sie doch wieder nur polnisch sprechen." Polnisch oder einen polnisch-schlesischen Dialekt, dem eine deutsche Sprachstruktur innewohnt.

Wie sehr das Polnische die deutsche Sprache auch dort überlagert, wo Deutschtum explizit gepflegt wird, machte uns ein Besuch in der Redaktion des „Oberschlesischen Journals" deutlich. Diese kleine TV- und Radiostation liegt mitten in der Stadt Opole/Oppeln und bietet einem knappen Dutzend junger Leute Arbeit. Bezahlt wird das Unternehmen vom deutschen Auswärtigen Amt, an der Wand des kleinen Redaktionszimmers hängt ein Bild der deutschen Bundesregierung, das gewohnte Schröder-Lächeln wirkt hier ein wenig exotisch. Zweimal 20 Minuten in der Woche geht das „Oberschlesische Journal" auf Sendung, noch einmal soviel Zeit nimmt das Radioprogramm in Anspruch. Volkskultur und Geschichtliches nehmen einen breiten Raum ein, aber auch Politik aus Deutschland und Schlesien, insbesondere dem Oppelner Gebiet, wird von den Redakteuren auf Bilder und Tonspuren gebannt. Obwohl sich alle hier als Mitarbeiter einer deutschen Station begreifen, ist die Arbeitssprache dennoch in der Regel Polnisch. „50 Jahre lang war die deutsche Sprache hier verboten", rechtfertigt der 30jährige Chefredakteur Sebastian Fikus die schnell gesprochenen polnischen Befehle und Akkordierungen, die den redaktionellen Alltag erleichtern. „Vor allem die Leute zwischen 25 und 40 Jahren sind sprachlos geworden." Das durchaus sympathische redaktionelle Klima und die Offenheit Fremden gegenüber läßt den Besucher einen Hauch dieser deutschen Opferrolle spüren. Ein Teil der Oppelner Jugend, das wird einem hier in den Räumen der TV-Station deutlich, kämpft um ihre Identität. Daß daraus leicht ein nationaler Kampf werden kann, der die andere, die polnische Seite diffamiert, liegt nicht unbedingt am persönlichen Engagement der jungen Redakteure. Vor dem Hintergrund deutscher ökonomischer und geopolitischer Interessen in Schlesien und der defensiven Abwartehaltung Warschaus angesichts der EU-Osterweiterungs-Gespräche wäre eine aggressiv gestaltete nationale Orientierung nicht verwunderlich. Vor allem dann nicht, wenn die deutsche Minderheit in Zeiten möglicher wirtschaftlicher Krisen die ethnische Frage als Verteilungsinstrument entdeckte. So könnte sich das „Oberschlesische Journal" schnell als Spielball übergeordneter Interessen wiederfinden.

Provokation an der Mauer

National gefärbte Provokationen sorgen in Opole immer wieder für Aufregung. Die sogenannte Maueraffäre verdeutlicht, daß die ruhig und friedlich wirkende Kulisse der schlesischen Stadt bisweilen bloß eine Fassade für dahinter ausgefochtene nationale Auseinandersetzungen abgibt. Im Frühjahr 1999 kam ein ehemaliger Mitarbeiter des deutschen TV-Kanals „Oberschlesisches Journal" zur polnischen Tageszeitung „Trybuna Opolska", um eine Untat aufzuklären, die sechs Jahre zurücklag. Damals, im Jahr 1993, war halb Opole von polnischnationalen und anti-deutschen Sprayaktionen in Aufregung versetzt worden. Mitten in der Stadt tauchten Sprüche an Hausmauern auf, die den Neu-Deutschen nahelegten, „heim ins Reich" zu gehen, weil sie hier in Schlesien nicht erwünscht wären. Das „Oberschlesische Journal" brachte einen ausführlichen Bericht über die anti-deutsche Stimmung im Land und die Gefahren, die von nationalistischen Großpolen ausgehen würden. Nun fand sich also Ende April 1999 in den Redaktionsräumen der polnischen Tageszeitung von Opole ein Mann ein und gab zu Protokoll, er sei damals als technischer Mitarbeiter der kleinen deutschen Fernsehstation von Chefredakteur Sebastian Fikus beauftragt worden, anti-deutsche Parolen zu sprayen. Zweck der ganzen Provokation war die medienwirksame Inszenierung der – vom Regiepult des deutschen Senders gewünschten – polnischen Aggressivität gegen das schlesische Deutschtum. Bei derselben Gelegenheit gab jener reuige Mitarbeiter des deutschsprachigen Fernsehens auch gleich zu, Leute dafür bezahlt zu haben, daß sie im Stadtzentrum von Opole einen deutschen Bänkelsänger anstänkerten und schikanierten.

Der Skandal war perfekt. Der beschuldigte Chefredakteur Fikus wehrte sich. Nicht er habe damals Provokationen veranlaßt, sondern das angebliche Outing durch den Mitarbeiter des „Oberschlesischen Journals" sei eine Provokation der polnischsprachigen Tageszeitung „Trybuna Opolska", um ihn und die deutsche Sache in Mißkredit zu bringen. Das alles erinnere ihn, Fikus, an die schlimmsten Zeiten des stalinistischen Terrors. Er werde der Rufmordkampagne nicht weichen. Der städtische Friede ist jedenfalls nachhaltig gestört. Auch der deutsche Botschafter in Warschau schaltete sich kurzfristig ein und bewirkte angeblich einen Rausschmiß von Fikus, was indirekt einem Schuldeingeständnis der deutschen Seite gleichkommt. Tatsächlich war allerdings von einer Kündigung des mutmaßlichen Provokateurs auch Wochen nach dem Outing des Sprayers nichts zu bemerken.

Die Menschen in der Woiwodschaft fühlen sich politisch verunsichert. Wenn tatsächlich ein vom deutschen Außenamt unterstützter TV-Sender zwecks Quotenjagen und nationalem Ehrgeiz die politische Provokation pflegt – wie wahrhaftig sind dann die Debatten um Kriegerdenkmäler, ihre fallweise Sprengung durch großpolnische Jugendliche und dergleichen mehr? Opole ist, hinter den Kulissen, in nationalem Aufruhr. Was auch Maciej Siembieda, Chef der polnischsprachigen Tageszeitung, bestätigt: „Nach solchen Geschichten wie der Maueraffäre würde es mir leicht fallen, Hunderte von Polen dazu zu animieren, hinter mir gegen die Deutschen herzulaufen."

Das neue Schlesierbewußtsein

Daß es keine eigene schlesische Ethnie gibt, ist aus dem bislang Geschriebenen deutlich geworden. Eine schlesische Sprache indes war und ist teilweise noch in Verwendung; genauer gesagt: zwei schlesische Sprachen. Denn der deutschstämmige Schlesier spricht ein anderes Schlesisch als sein polnischstämmiger Landsmann. Beide Sprachen, sowohl das von Deutschen als auch jenes von Polen gesprochene Schlesisch, nehmen dabei in starkem Ausmaß Anleihen bei der jeweils anderen Sprache, gleichermaßen Vokabular wie Grammatik betreffend. Autochthone Schlesier stellen sohin weder ethnisch noch sprachlich eine Einheit dar. Wieweit der deutsch-schlesische Dialekt einem autochthonen polnischen Schlesier verständlich ist und umgekehrt, hängt in der Regel eher von der sozialen Schicht, vom Beruf und der Rolle in der Gesellschaft sowie auch von der Region ab, in der jemand aufgewachsen ist. Das sicherste Mittel, einander zu verstehen, bleibt jedenfalls die Beherrschung sowohl der deutschen als auch der polnischen Hochsprache.

Wenn es so etwas wie ein neues schlesisches Bewußtsein geben sollte, dann wurzelt dieses weniger im nationalen oder sprachlichen Sonderfall als in der geopolitischen Lage des Landes. Gern und häufig betonen die schlesischen Intellektuellen dabei die Brückenfunktion des Landes zwischen Deutschland und Polen, zwischen der Europäischen Union und den Osterweiterungsgebieten. Von der Euroregion Neiße ist in diesem Zusammenhang die Rede und von der Vision, daß letztlich alle, Deutsche wie Polen, Europäer seien. Die Ironie dieser EU-freundlichen Position liegt in der kleinräumigen Abgrenzung gegenüber den östlichen Problemregionen. Denn für die meisten nieder- und mittelschlesischen Europa-Apologeten endet ihr Schlesien genau dort, wo die große ökonomische Krisenregion beginnt; das rechts-oderische Katowice, wiewohl unbestreitbarer Bestandteil des historischen Schlesien, wird vom neuen Schlesiertum, wie es vornehmlich in der Woiwodschaft Opolskie anzutreffen ist, ausgeschlossen. Zu schwere Zeiten mit zu heftigen sozialen Auseinandersetzungen stehen den Bergbau- und Hüttenstädten in den nächsten Jahren bevor. Die soziale Frage bestimmt damit letztlich das regionale, vermeintlich ethnische oder nationale Bewußtsein. Auch und gerade im Schlesien unserer Tage.

Die soziale Frage
DIE NEUE ARMUT

Polnische Kohle wärmt seit Jahrzehnten unzählige Haushalte zwischen Warschau, Berlin und Wien. Im „Revier", wie die Region um das oberschlesische Katowice genannt wird, sind die Leute stolz auf ihre Gruben und Hütten. Im übrigen Polen ist über die Woiwodschaft Śląsk/Kattowitz seit der Wende 1988/89 nichts Schmeichelhaftes mehr zu hören. Die in der Kommunezeit um ihre gesellschaftlichen Privilegien beneidete Region gilt heute vielen Politikern und Intellektuellen als „Stolperstein Polens auf dem Weg in die Europäische Union" oder als „Freilichtmuseum für technologische Rückständigkeit". Von Bytom/Beuthen bis knapp vor Oświęcim/Auschwitz reicht das Band von Steinkohlebergwerken und Hüttenbetrieben. 240.000 Beschäftigte leben von der Kohle, 80.000 von der Buntmetall-, Eisen- und Stahlproduktion. Die Arbeitslosigkeit im Kattowitzer Revier zählte im Herbst 1999 mit knapp über 6% zu den niedrigsten in ganz Polen. Noch erfüllt die nicht kostendeckende Kohleförderung ihren Zweck. Noch getraut sich keine Regierung, die längst laufenden Schließungsprojekte konsequent durchzuführen. Die Angst vor der Kraft der Kumpel ist enorm. Und doch weiß jeder, daß es so nicht weitergehen kann.

Szenenwechsel: Wrocław/Breslau. Von der größten Stadt Schlesiens sind die rauchenden Schlote und tief reichenden Grubenschächte weit entfernt. Die Arbeitslosigkeit liegt auch in Breslau mit 7,5% unter dem polnischen Durchschnitt. Die Stadtverwaltung versucht, der niederschlesischen Metropole ein westeuropäisches Gepräge zu verleihen. Die löchrig gewordene Autobahn in Richtung Deutschland erinnert an die Vergänglichkeit von Hitlers monströsen Verkehrsprojekten, und dennoch: Sie stellt die Grundlage der geplanten Anbindung an das frühere Mutterland dar; Brüssel plant ihre Instandsetzung und Verlängerung bis Krakau und weiter nach Osten. Das Zentrum Breslaus verstrahlt geistige Ruhe. Auf der Dominsel steht die Zeit still, die Arme der Oder haben um Schlesiens katholisch-klerikales Zentrum einen Sicherheitskordon gelegt, den auch die kommunistischen Jahrzehnte nicht zu sprengen wagten. Draußen, in der sozio-ökonomischen Wirklichkeit, profiliert sich die Stadt als Handelsplatz. In den südlichen Vororten nimmt die Warenwelt skurrile Formen an. Schnell und billig aufgebaute Konsumwüsten wachsen aus dem Boden, auf dem eben noch Traktoren die Felder pflügten. Bunt bemalter Beton nach US-Vorbild dominiert. Riesige Parkplätze, ausgreifende Ab- und Auffahrten zu ebenerdigen Hallen brauchen den meisten Platz. Der Name „Euro-Cash" an einem der Supereinkaufsmärkte erinnert daran, daß man sich nicht irgendwo im mittleren Westen Amerikas, sondern im Süden Breslaus befindet. Zwischen den offensichtlich ohne jeden Bebauungsplan errichteten Einkaufstempeln wuchten riesige, auf stählernen Füßen montierte Reklametafeln in die Höhe. Zehn mal fünfzehn Meter große, abends von Scheinwerfern bestrahlte Kaufaufrufe stellen noch post festum jede sozialistische Parole in den Schatten, die je von einer Fabrikswand zu Arbeitsfleiß oder Parteiliebe aufrief. Manchen dieser Tafeln fehlte im Sommer 2000 noch die Inschrift; die metallene, unbeklebte Fläche wirkt aussagekräftiger als jede vorstellbare Produktwerbung. Trauriges Breslau.

Direkt an der Einfahrtstraße hat McDonalds seinen Drive-In-Betrieb aufgenommen. Unmittelbar gegenüber gammelt noch ein Restbestand der Epoche des Kioskkapitalismus vor sich hin. Die Bar „Max" mit ihren unvermeidlichen Plastikstühlen und -tischen wirkt anachronistisch vor den kastenartigen Quadern aus Beton, in denen Tag und Nacht der Złoty rollt. So mickrig waren die damals, am Ende der Kommunezeit, seliggesprochenen 1990er Jahre. Heute zieht sich eine gigantomanisch anmutende Supermarktarchitektur immer enger um die Stadt. „Daewoo Serwis 24 h", klotzt ein weiterer Betonblock in der Landschaft. Hier visualisiert sich die kulturelle Armut des neuen Schlesien; die Diskussion über die soziale Armut droht im Überangebot an für viele unerschwingliche Waren unterzugehen. Mehr noch: Die Stadtverwaltung der „Ethos"-Parteien – also die Post-Solidarność-Koalition – ist stolz auf die wuchernden Einkaufsstempel, läßt weitere Handelshäuser ins Umland von Breslau kommen und bemüht sich für 2010 um die Organisation der Expo-Weltausstellung.

Breslaus Stadtväter gaben 1997 und 1998 Riesensummen aus, um den Breslauer Ring, die Dominsel und genau jene Straßenzüge rundzuerneuern, in denen Papst Wojtyła mit seinem Papamobil unterwegs war. Damit agierten sie nicht viel anders als 1965 die Parteibonzen der kommunistischen Zeit im Vorfeld eines Besuches von Parteichef und Zentralsekretär Leonid Breschnjew.

Euroregion oder Sonderwirtschaftszone?

Wrocław/Breslau als größte schlesische Stadt galt in der Volksrepublik Polen jahrzehntelang als Hauptstadt Niederschlesiens. In der unmittelbaren Nachkriegszeit bis 1956 wurde in dieser Region nur wenig investiert: im Hirschberger Kesseltal in die Pharmaindustrie, in Bolesławiec/Bunzlau in die Chemie, in Breslau in die Metall- und Elektrobranche. Die 1960er Jahre sahen eine massive industriepolitische Erschließung, Milliarden wurden in die Erschließung der größten europäischen Kupferreviere bei Lubin/Löbau und Głogów/Glogau gesteckt. Im Ländereck Polen-Tschechoslowakei-DDR an der Neiße baute man ein auf Braunkohle basierendes Kraftwerk (2.000 MW) in der Nähe von Oława/Ohlau. Auf dem Gelände der ehemaligen Krupp-Panzerwerke entstand die Autofabrik „Jelcz", in Breslau die Elektronikfirma „Elwro". Dies alles zusammen nannte man in der Kommunezeit die „niederschlesischen Spezialitäten".

Was nach der Transformation seit 1989/90 daraus geworden ist, erzählte uns der regionale Sejm-Marschal Jan Waszkiewicz im Frühjahr 1999. Die Braunkohlevorräte sind beinahe erschöpft; und die dort gegründete „Euroregion Neiße" steht vor der neuen Aufgabe, das ökologisch verwüstete Landstück zu rekultivieren. Die Breslauer „Elwro-Werke" gibt es nicht mehr – zuerst privatisiert und dann an Siemens verkauft, wurden sie 1993 einfach in den Boden gestampft. Die mit französischer Lizenz Busse herstellende Autofabrik „Jelcz" wurde nach der Privatisierung entflochten und über einen polnischen Mittelsmann an schwedische und deutsche Firmen verschleudert. Übriggeblieben sind von den „niederschlesischen Spezialitäten" lediglich der Kupferbergbau und die damit verbundenen Hütten, die nach der Privatisierung – je nach Lage an der Londoner Metallbörse – mit Gewinn oder Verlust arbeiten. Die Produktionsperspektiven für das Kupferbecken gestalten sich indes nicht besonders rosig – die Erzvorräte liegen zu tief, die Förderungskosten sind zu hoch, Kupfer gibt es in Afrika und im südamerikanischen Chile billiger. Was die Breslauer Elektronik betrifft, hat sich gezeigt, daß die an der hiesigen Technischen Hochschule ausgebildeten und weiterhin geförderten Elektroniker und Informatiker in einer unüberschaubaren Zahl von Minifirmen tätig sind. Die von Japanern und Deutschen übernommene Autobranche liegt in den Mitte der 1990er Jahre von der sozialdemokratischen Koalitionsregierung eingerichteten „Sonderwirtschaftszonen", die zur Anlockung von ausländischen Investitionen gegründet wurden. Als Anreiz für das gewünschte Investment gewährte die Regierung Steuerfreiheit auf zehn Jahre und garantierte uneingeschränkten Gewinntransfer. Geworden ist daraus im großen und ganzen ein Zentrum für Zulieferindustrie, die vornehmlich Unternehmen in der Europäischen Union bedient. Als „verlängerte Werkbänke" stehen diese Sonderwirtschaftszonen, im polnischen Kontext betrachtet, gar nicht schlecht da.

Das Hauptproblem der drei Sonderwirtschaftszonen um Wałbrzych/Waldenburg, Legnica/Liegnitz und am Fuße des Riesengebirges kommt aus Brüssel: Die EU will diese Sonderzonen abschaffen. Sie seien mit dem Prinzip der freien Konkurrenz unvereinbar. Statt dessen, so die Brüsseler Direktive, müßten „lokale Zonen" auf kommunaler Ebene und im Rahmen der europäischen Regionalpolitik eingerichtet werden. Die Erfahrungen mit den bisher bestehenden zwei schlesischen Euroregionen – „Euroregion Neiße" und „Euroregion Glaciensis" in der alten Grafschaft Glatz/Kłodzko – sind jedoch aus ökonomischer bzw. industriepolitischer Sicht keineswegs vielversprechend. Die Zielsetzungen von Euroregionen gehen ganz generell über kommunale, ökologische und kulturelle Motivforschungen nicht weit hinaus. Offensichtlich besteht ein Widerspruch zwischen der von Brüssel geforderten und geleiteten Regionalpolitik und einer aus gesamtpolnischer Sicht nutzbringenden zentralen Investitionspolitik. Der

Streit darüber spielt in den EU-Aufnahme-Gesprächen Polens eine bedeutende Rolle. Die niederschlesischen Probleme unterscheiden sich, anders als die tiefgreifenden Restrukturisierungsfragen in Oberschlesien oder die „nationale Frage" im Oppelner Ländle, nicht allzusehr von den ganz Polen betreffenden wirtschaftlichen und sozialen Schwierigkeiten. Von den drei schlesischen Woiwodschaften ist Dolnośląskie/Breslau somit die am typischsten polnische.

Krisenregion Katowice

Neben dem russischen Workuta und dem ostukrainischen Doneck-Gebiet zählt das Kattowitzer Steinkohlerevier als das größte in Europa. Der Ruhrpott und die Gegend um die Lorraine, der Norden Belgiens und das englische Derby County blicken auf 20 Jahre industriepolitische Umstrukturierungsmaßnahmen zurück, die mittelenglischen Kohlegruben haben in den 1980ern den Thatcherismus nicht überlebt. Die Ironie dieser Geschichte: Damals waren es genau jene staatlich betriebenen Bergwerke im Kattowitzer Revier, die der „Eisernen Lady" in England angesichts der englischen Grubenbesetzungen mit Kohlelieferungen aushalfen. Die polnischen Kumpel fielen ihren englischen Kollegen, die unter dem legendären Arbeiterführer Arthur Skargill einen jahrelangen Kampf gegen die Rationalität des Kapitalismus führten, in den Rücken. 20 Jahre später stehen sie selbst und ihre Söhne vor derselben Akkumulationslogik. Die polnische Margret Thatcher ist ein Mann, heißt Leczek Balcerowicz und plant Hand in Hand mit den Rationalisierern von Weltbank und Internationalem Währungsfonds eine Umgestaltung der Region, die das Kattowitzer Industrierevier nicht überleben wird. Noch getraut sich allerdings auch Balcerowicz nicht, sich mit den mächtigen Gewerkschaften der Kumpel anzulegen. Seit im Juli 2000 seine Partei, die Freiheitsunion, aus der Koalition ausgetreten ist, realisiert sein Nachfolger, Finanzminister Jarosław Bauc, seine Vorhaben.

30% des Nettoeinkommens des polnischen Haushalts kommen aus der oberschlesischen Woiwodschaft Śląsk/Kattowitz. Auf 2% des polnischen Territoriums leben hier 10% der Gesamtbevölkerung, davon 87% in den Industriestädten Katowice/Kattowitz, Gliwice/Gleiwitz, Bytom/Beuthen, Chorzów/Königshütte und Zabrze/(Hindenburg). 53 Kohlegruben – von ehemals 67 – und 24 Hütten, die Eisen, Stahl und Buntmetalle kochen, geben der ganzen Woiwodschaft ein spezielles schwerindustrielles Gepräge. Hunderttausende Kumpel und Industriearbeiter leben hier mit ihren Familien. Die Fördermengen an Steinkohle, früher schwarzes Gold geheißen, betrugen die ganzen 1990er Jahre hindurch jährlich 130 Millionen Tonnen; fast ein Drittel davon ging in den Export. Neben dem gesamten Steinkohlebedarf Polens stammen von hier auch 100% der Zink- und Bleiproduktion; 70% des benötigten Kokses und 55% des Stahls werden im Revier erzeugt. Pläne zur Schließung von 17 und zur Drosselung der Förderung für weitere neun Gruben liegen seit Jahren in Warschauer Ministeriumsschubladen und werden nur sehr zögerlich umgesetzt. Unter den Stichworten Rentabilität und Ökologie soll die industrielle Kernregion Polens – und freilich auch Schlesiens – radikal deindustrialisiert werden. Die Weltbank hat sich bereiterklärt, dafür Geld lockerzumachen. Für die Europäische Union gilt die Stilllegung der schlesischen Industriekapazitäten als Voraussetzung für einen Beitritt Polens zur westlichen Gemeinschaft. Ganz nach dem Motto: An Energie- und Stahlproduktion herrscht im EU-Zentrum kein Mangel. Wie so oft in scheinbaren Ideologie- oder Ökologiefragen, geht es auch in Oberschlesien um den einfachen Faktor Konkurrenz. Zu mächtig sind die Produktionszahlen, so groß die Betriebe, zu stark die Gewerkschaften, als daß Polens Marsch in den Westen mit derlei Bürden möglich wäre. Die Zerschlagung des oberschlesischen Reviers wird schwere soziale Kämpfe auslösen.

Polens Reformkurs war „in der Kohle verankert"

Begonnen haben die Attacken Warschaus auf den Kattowitzer Kohlebergbau mit dem berüchtigten Balcerowicz-Plan aus dem Jahr 1990. Der damalige polnische Finanzminister Leszek Balcerowicz, ein Jahrzehnt der eigentliche Feldherr der polnischen Wendepolitik, hat einen Gutteil seiner Budgetsanierung „in der Kohle verankert". Mit Hilfe einer staatlich verfügten Preispolitik für Kohle gelang es ihm zudem, die Inflation zu dämpfen. Der Finanzminister dekretierte Kohlepreise, die weit unterhalb der effektiven Förderkosten lagen. Eine Tonne Steinkohle mußte laut dem staatlichen Preisdiktat um 11 Złoty (anstatt der notwendigen 17 Złoty – auf heutiger Währungsbasis berechnet) an die Elektrizitätswirtschaft verkauft werden. Da beide Bereiche – Kohle und Energie – in Staatsbesitz waren und großteils noch sind, war der Kohle-Energie-Kontrakt des Finanzministers möglich. Balcerowicz nützte also einerseits die so verbilligte Energie, um Betriebe zu sanieren, die anschließend privatisiert wurden. Andererseits brachte er mit dem staatlich verordneten Preisdiktat für Kohle eine dämpfende Wirkung auf die Inflation zustande. Das wiederum hat ihm kurioserweise den Ruf eines liberalen Marktwirtschaftlers eingebracht, obwohl sein Erfolg für jedermann sichtbar auf einem rigorosen staatlichen Eingriff in die wichtigste Ressource der Industriegesellschaft – die Energie – beruhte. Nur der Eingriff in den Bergwerkssektor war in der Lage, auf diesem Niveau inflationshemmend zu wirken; keine andere Branche hat eine solche Bedeutung für Polens Budget und somit auch für seine Währungspolitik.

Die Bergwerksunternehmen wußten währenddessen nicht, wie sie mit dem niedrigen Kohlepreis, der ja vom Eigentümer, dem Staat, bewußt herabgesetzt wurde, die Kosten der Kohleförderung decken sollten. Um Lieferanten zu befriedigen, mußten die Gruben Kredite aufnehmen. Gemeindesteuern und die staatliche Sozialversicherung ZUS blieben unbedient. Das wiederum hatte zur Folge, daß die Kommunen des Kohlereviers tief in die roten Zahlen rutschten. Der polnische Staat erließ daraufhin den Gruben die kommunalen Schulden sowie die Schulden bei der Sozialversicherung, was zwar den Kohleabbau sicherte, Gemeinden und Versicherungen jedoch in die Krise schlittern ließ. 1994 folgte ein weiterer Kohlekontrakt, der wiederum ein Preisdiktat beinhaltete. Bis heute liegt der staatlich dekretierte Preis für Steinkohle 20% unter den Förderkosten. Profiteur ist in erster Linie die Energiewirtschaft. Sie hat sich auf dem Rücken der Kohle saniert, modernisiert und damit für ausländische Investoren attraktiv machen können.

Mit einer weiteren vom grünen Tisch in Warschau geplanten Kostenverschiebung unterstützte der „ultraliberale" Balcerowicz in den vergangenen Jahren die Staatsbahnen PKP. Wiederum zuungunsten der Kohle wurde staatlicherseits verordnet, daß die Transportkosten der Steinkohle an die Ostseeküste vom Produzenten getragen werden müssen. Die umgerechnet 12 US-Dollar pro Tonne gingen zu Lasten der Staatsgruben.

Die im Weltmaßstab unrentable oberschlesische Kohleförderung war offensichtlich von Anfang an nicht für Privatisierungen vorgesehen. Deshalb haben die Nachwenderegierungen – und insbesondere der liberale Kern dieser Epoche, die „Freiheitsunion" Balcerowicz' – keinen Wert darauf gelegt, die Gruben rasch zu entstaatlichen. Diese wurden vielmehr dazu genutzt, um innerhalb des Staatshaushaltes Kostenverschiebungen im Dienst jener Betriebe zu betreiben, die für Privatisierungen geeignet schienen oder aus Gründen der Infrastruktur erhalten bleiben mußten. Vor diesem Hintergrund darf es nicht verwundern, daß die wirtschaftspolitische Debatte im Land kuriose Wendungen genommen hat. Denn während Balcerowicz mit seinem liberalen Image heftig und ausgiebig Staatseingriffe tätigt, werfen die radikalen Bergarbeitergewerkschaften ihm und seinen Regierungen vor, marktwirtschaftliche Preise bei der Kohle zu verhindern. Daniel Podrzycki, der junge Vorsitzende der Kattowitzer „Sierpień 80", der mutmaßlich mächtigsten und kompromißlosesten Kumpelorganisation im Revier, plädiert für den freien Markt. Von diesem erhofft er sich Kohlepreise, die ein Überleben der Gruben und mit ihnen der Bergarbeiter garantieren würden. Warschau indes hat es mit der Entstaatlichung der Gruben nicht eilig.

Katowice – ein soziales Minenfeld

Noch jede Nachwenderegierung hat ihre speziellen Pläne für die Restrukturierung der Bergbauregion ausgearbeitet, um sie anschließend zu schubladisieren. Seit 1997 liegt nun ein „Ökonomischer Generalplan" für die Region vor, der die

Schließung von einem Drittel der Gruben und die Entlassung der Hälfte der Kumpel bis 2002 vorsieht. Die Ausarbeitung des noch unter der sozialdemokratischen Regierung Czimoszewicz beschlossenen und später von der Solidarność-Regierung ein wenig abgeänderten Generalplans wurde von Umstrukturierungs-Programmen aus Brüssel unterstützt. Mit der Umsetzung hapert es bislang. Den ersten Schock versetzten die Kattowitzer Kumpel ihrer Regierung bereits im Herbst 1997, als sie zu 20.000 mit Bussen in die polnische Hauptstadt einrückten und die eben neugewählten Staatsmänner Buzek und Freunde vor dem Regierungsgebäude mit allem bewarfen, was nicht niet- und nagelfest war.

Die Liberal-Konservativen haben dem sozialdemokratischen Schließungsprogramm noch 26 weitere Gruben angefügt, in denen der Kohleabbau gestoppt werden soll. Dazu wurde eine Art Abfindung für arbeitslos werdende Kumpel zur vermeintlichen Abfederung sozialer Probleme ins Budget genommen. 44.000 Złoty, umgerechnet knapp 22.000 DM, hatte die Regierung jedem Bergmann angeboten, der sich 1998 entschloß, freiwillig den Arbeitsplatz zu räumen. Bedingung: Er durfte zukünftig keine weiteren Ansprüche mehr stellen, das Geld galt als Starthilfe in die Selbständigkeit, und er mußte den Anspruch auf Arbeitslosenunterstützung aufgeben. Sofort nach Bekanntwerden dieses Abfindungsplans meldeten sich 17.000 Bergarbeiter zur Selbständigkeit, für den zuständigen Minister eine unerwartet hohe Zahl. Also stoppte man das Programm mit dem Hinweis, daß nicht genügend Geld für die Abfindung vorhanden sei. Viele von denjenigen, die sich bereits gemeldet hatten, erhielten statt der Złoty einen Wechsel auf einen Teilwert der Grube. Grubendirektoren und Minister stritten noch lange darüber, wer diesen Wechsel einzulösen habe: die Regierung als Vertreterin des Staatsbesitzes oder die Grube, die ohnedies nicht rentabel wirtschaftet. Das Chaos war jedenfalls perfekt.

1999 ließ dann ein spezieller Bittgang zur Weltbank einen neuen Kredit Wirklichkeit werden. Mit 300 Millionen Dollar sollten zumindest jene 15.000 Kumpel ausgesteuert werden, die sich bereits zum Dienstverzicht gemeldet hatten. Damit ist das soziale Minenfeld Kattowitz jedoch keinesfalls entschärft. Umso weniger, als auch eine ausbezahlte Abfindung von 22.000 DM das Überleben einer Familie nur für höchstens zwei Jahre sichert. Und danach, das wissen die Kumpel hier, zieht die Armut in die Betriebswohnungen ein.

Die Zeiten, in denen die Bergarbeiter zur gutbezahlten Arbeiteraristokratie gehörten, sind ohnedies längst vorüber. Zwar liegt ein durchschnittlicher Lohn für einen Kumpel noch immer um gut 60% über dem eines Fabriksarbeiters; mit den umgerechnet 1.100 DM im Monat ist das Ansparen für schlechtere Zeiten angesichts ständig steigender Preise jedoch nicht möglich. Vor allem der Verlust einer alten Mietwohnung kann existenzbedrohend sein. Die Wohnkosten für eine Zweizimmerwohnung in einem Neubau kommen in schlesischen

Städten auf monatlich bis zu 500 DM und höher. Neuen kommunalen und sozialen Wohnbau gibt es kaum mehr.

Wer einmal aus dem aktiven Produktionsprozeß hinausgefallen ist, ist unmittelbar von absoluter Armut bedroht. Die Statitik weist Mitte 2000 eine durchschnittliche Rente in der Höhe von umgerechnet 400 DM auf – zu wenig, um ohne Nebeneinkünfte überleben zu können. Vor allem, wenn man in Betracht zieht, daß die Kosten für Gesundheitsversorgung und Medikamente extrem gestiegen sind. Ältere Leute müssen sehr oft auf vom Arzt verschriebene Arzneien verzichten, nachdem sie in der Apotheke erfahren, wieviel diese kosten. Die Lokalblätter sind voll von privaten Inseraten, in denen darum gebeten wird, auf ein bestimmtes Konto eine Spende zu überweisen, um lebenswichtige Operationen oder Spezialgeräte für Invalide finanzieren zu können. Die 1989 enthusiastisch ausgerufene und durch die Gesundheitsreform durchgeführte Privatisierung hat im Bereich der medizinischen Versorgung voll gegriffen – auf Kosten der Patienten.

Selbstversorgung auf allen Ebenen ist vor diesem Hintergrund hochmodern. Gartenarbeiten und Einwecken stehen in voller Blüte. Das Wissen über Eigenvorsorge und teilsubsistente Lebensweise hat übrigens in Schlesien eine lange Tradition, die auch zu kommunistischen Zeiten nicht unterbrochen war. Im Gegenteil: Das kleinräumige bäuerliche Wirtschaften galt als polnisches Spezifikum im Rat für gegenseitige Wirtschaftshilfe (RGW). Zur Wende des Jahres 2000 leben fast 30% der Menschen hier von der Landwirtschaft, so viele wie nirgendwo sonst in Europa.

Zwischen US-Coal und Gazprom

Der weltgrößte Kohleproduzent sind die USA. Im Jahr 1997, so schätzen polnische Experten, kamen in Übersee 200 Millionen Tonnen überschüssiger Kohle auf Halde. Auch 1998 und 1999 förderten die US-amerikanischen Kumpel Millionen Tonnen von Überschüssen. Daniel Podrzycki, der Chef der Kattowitzer Bergarbeitergewerkschaft „Sierpień 80", ist überzeugt davon, daß die USA als Preisbrecher längst den europäischen Markt im Visier haben. Doch auch vom Osten her droht der polnischen Kohle Konkurrenz. Parallel zur staatlich verordneten Kohlekrise unterzeichnete die postkommunistische Regierung bereits 1992 einen Vertrag mit der russischen „Gazprom", der die Errichtung einer von Sibirien kommenden Gaspipeline bis zum Jahr 2010 sicherstellen soll und den Russen eine Abnahme von Gas in einer Menge garantiert, die Kohleförderung kaum mehr nötig macht. Ernste Probleme gibt es zur Zeit mit der Verlegung der Pipeline. Denn wehrhafte Bauern der Selbsthilfegruppe „Samoobrona" kämpfen gegen die Zwangsenteignungen ihrer Wiesen und Felder, im Osten Polens um die Stadt Włocławek auch schon einmal mit der Waffe in der Hand.

Die Gewerkschaften des Kattowitzer Reviers sehen ihre Kohle vom Westen wie vom Osten in die Zange genommen. Im Westen weigert sich die EU, Polen mit seinem nicht „reformierten" Bergbau aufzunehmen; im Osten steht der „Gazprom"-Vertrag als Bedrohung für das gesamte Kohlerevier. Und damit nicht genug, ist im Juli 2000 ein neuer Gasvertrag der Warschauer Regierung mit Norwegen signiert worden. Um nicht von Rußland abhängig zu werden, signalisiert man damit seine Bereitschaft, dreimal soviel wie für das russische Gas zu bezahlen. Für die meisten Kumpel ist die Politik der aktuellen Solidarność-Regierung blanker Verrat. Deshalb hat die Gewerkschaft Solidarność im Revier auch erheblich an Einfluß verloren. Die radikale „Sierpień 80", die sich in der Tradition der Solidarność des Jahres 1980 sieht, hat Anfang 1999 ein Bündnis mit der OPZZ geschlossen, der ehemaligen kommunistischen Gewerkschaft, die zwar stark an Mitgliedern, aber schwach in der Aktion ist.

Wie angespannt die Lage in Oberschlesien zur Zeit ist, zeigt sich im alltäglichen Kampf. So wurde erst im Dezember 1998 Solidarność-Chef Krzaklewski von den Kohlekumpels mit Gewalt daran gehindert, einen Kranz zu Ehren von neun Solidarność-Kämpfern niederzulegen, die unter dem polnischen Kriegsrecht im Jahr 1981 von streikbrechenden Milizen auf dem Gelände der Grube „Wujek" erschossen wurden. In Katowice waren sich alle einig: Ein Verräter wie Krzaklewski ist nicht würdig, toter Kameraden zu gedenken.

Die oberschlesischen Gruben tragen nicht nur sozialen und politischen Sprengstoff in sich, auch technisch ist die Schließung von Steinkohlegruben nicht gerade einfach. Zusperren wie ein Fabrikstor geht nicht. Allein die Kostenstruktur eines Bergwerks zeigt die ganze Problematik: Zwischen 70% und 90% der Kosten sind für die Aufrechterhaltung des Bergwerks, die Betreuung der Stollen, die Regulierung des Wasserhaushalts im Berg und der kontrollierten Gasentweichung nötig. Nur der relativ kleine Rest wird für effektive Förderung genutzt. „Das Schließen einer einzigen großen Grube kostet 1,5 Milliarden Złoty" (750 Millionen DM), meint „Sierpień 80"-Chef Daniel Podrzycki. Bergschäden müssen saniert, für die Entwässerung muß gesorgt werden, und der Unterbau verschlingt Millionen. Ohne planmäßige, technisch anspruchsvolle Schließung besteht die Gefahr, daß ganze Berge explodieren oder in sich zusammenfallen. Dessen ist sich auch die Regierung bewußt. Sie weiß, daß ohne ausgebildete und motivierte Fachkräfte kein Steinkohlenbergwerk zugesperrt werden kann. Auch daraus erklärt sich ihre vorsichtige Haltung den Gewerkschaften gegenüber. Und gerade weil der polnische Transformationsmythos anders als in den übrigen osteuropäischen Ländern ein gewerkschaftlicher ist, werden die Kumpelorganisationen in den kommenden Jahren der weiteren Westernisierung Polens eine bedeutende Rolle spielen. Nicht zuletzt im Kattowitzer Revier entscheidet sich die Zukunft Polens und damit auch Schlesiens als Industrieland.

Ein literarischer Seitensprung
„ENDLICH ZUGELASSEN"
von Kazimierz Kutz

Anläßlich der Verleihung der Ehrendoktorwürde hielt der bekannte polnische Filmemacher Kazimierz Kutz am 10. März 1997 an der Universität Opole eine Rede, die wir im Folgenden dokumentieren wollen. Sie ist ein seltsames und gleichwohl charakteristisches Zeitdokument. Kutz gibt die Gedanken und Emotionen eines in Oberschlesien geborenen polnischen Intellektuellen wieder, der offen ausspricht, worauf nationalpolnisch gesinnte Oberschlesier immer geschimpft haben: auf die Überheblichkeit der aus anderen polnischen Regionen nach Oberschlesien entsandten Fremden. Unter „Schlesien" versteht Kutz, in typisch neu-polnischer Denkungsart, ausschließlich Oberschlesien und vorrangig den Kohle- und Stahlpott seiner engeren Heimat. In verkürzter Form, die Vergangenheit mit symbolischen Begriffen und literarischen Symbolen überspringend, zeigt Kutz auf, wie ein Pole in Oberschlesien seit Generationen die verschiedenen Herrschaften erfahren hat und welche menschlichen Eigenschaften sich daraus entwickelt haben.

Das „Ausharren", das Kutz als Schlüsselwort zum Verständnis einer „oberschlesischen Mentalität" mehrmals gebraucht, erfordert keinen Kommentar. Der Filmemacher pflegt zu dem polnischen Ultraliberalen Leszek Balcerowicz ein geradezu enthusiastisches Verhältnis und sitzt als liberaler Bekenner für die apologetisch marktwirtschaftliche „Freiheitsunion" in der zweiten Kammer des polnischen Parlaments, im Senat. Bezüglich der schlesischen Geschichte, der Gegenwart und der ersehnten „europäischen Zukunft" vertritt er eine widersprüchliche Haltung: heimatidyllisch und kosmopolitisch zugleich. Als Dokument des Versuchs einer postkommunistischen oberschlesischen Identität verdient seine Ansprache jedenfalls Aufmerksamkeit. Julian Bartosz hat die Rede ins Deutsche übersetzt.

Über Oberschlesien zu reden, das ist wie die Teilnahme beim Kreuzigungszug auf den Hügel Golgotha. Schon der Klang dieses Wortes läßt in mir das Blut erstarren, adrenalisiert mich, und im Mund verspüre ich, wie mir eine Knolle wächst, die mich beim Sprechen stört. Angenehm ist das nicht. Oberschlesien, das ist ein unverdaulicher Brocken, der noch dazu schlecht ins Gebiß paßt. Wenn Hunden so etwas passiert, graben sie den Brocken ein und suchen nach leichterem Fraß. Diese Möglichkeit ist mir nicht gegeben.

Jede Region Polens hat selbstverständlich ihre eigenen Probleme; jede hat eine Bestandsaufnahme zu machen, aus der gewesenen Gesellschaftsordnung ebenso wie aus Tagen, die wir heute erleben. Um klüger zu werden, durchsiebt jeder einzelne Mensch seine Zeit. Und obwohl die neue Gesellschaftsordnung angebrochen ist und unsere Realität schneller verändert, als wir dies wahrnehmen wollen, so ist doch hier, in Schlesien, alles anders. Die weit zurückliegende Vergangenheit, die neuere Geschichte wie die Gegenwart haben ihre Eigenart, die schwer verständlich und mit kaum etwas vergleichbar ist. Schlesien ging andere Wege nach Europa, andere auch nach Polen. Sein Ohr am Vergangenen vernimmt verschiedene Töne; und es hört, zum Glück, auch eine andere Melodie. Ebenso verstummte es auf eigene Art, ist also in der polnischen Kultur nicht anwesend.

Denn Polen hat seinen Westmarken bereits im Mittelalter den Rücken gekehrt, und so ist es in gewisser Weise bis heute geblieben. Und wenn es sich schon einmal nach Schlesien umdreht, dann tut es dies, um daraus etwas herauszupressen, zum Beispiel Kohle oder Stahl. Für materielle Vorteile, allenfalls. Es ist dies ein historisch festgelegtes Modell der Behandlung Schlesiens durch die Deutschen, die Sicht eines Fuhrmanns auf seinen Gaul. Das Vorkriegs- wie das Nachkriegspolen erbte diese Behandlungsweise, das gegenwärtige Polen hält sich auch daran. Besorgt schaut es hierher insbesondere im Herbst – über die Heizungsrohre. Die Behandlung Schlesiens hat Polen zweifellos von Europa übernommen. Schlesien wurde im Lauf der Jahrhunderte bohemisiert, germanisiert und wieder repolonisiert, und doch behielt es seine Eigenart, seine alte Kultur, seine Sprache und seinen Stil. Wer weiß, ob Schlesien, hätte es die Möglichkeit gehabt, seine eigenen Eliten zu gründen, nicht zu einer eigenen Staatlichkeit gekommen wäre. Schlesien hat sich weder im böhmischen noch im deutschen noch im polnischen Staat wohlgefühlt. Und es war nicht seine Schuld, daß es sich nicht völlig und leicht anpassen konnte.

Obwohl Schlesien heute auf der offenen Landstraße nach Europa wie ein Wrack daliegt, kann man es umso weniger überspringen oder links liegen lassen. Man kann aber darüber stolpern. Ich hab' dieses Bild von einem Minister aus dem Kabinett Olszewski, der öffentlich verkündet hat, daß Schlesien der größte Stolperstein Polens auf dem Weg nach Europa sei und daß es am besten wäre, ihn loszuwerden. Dies ist eine ganz neue Idee! Eine perfekte Exemplifizierung kolonialen Denkens. Klondyke ist ausgeschürft – Klondyke wird verworfen. Dieser Herr, wohl ein Intelligenzler aus einer sehr guten polnischen Familie, hat uns durch seine ehrliche Meinung vor Augen geführt, wie winzig auch heute die Bande der gegenwärtigen politischen Eliten mit Oberschlesien sind. Für diese Offenheit zollen wir diesem Herrn unseren Dank.

Nehmen wir also die Geschichte. Als im 14. Jahrhundert Kasimir der Große einwilligte, Böhmen Schlesien zu überlassen, hatte er bereits die Hoheit über dieses Gebiet verloren. Das Interesse der polnischen Krone für Schlesien war zu dieser Zeit bereits erloschen. Als Polen 1772 zum ersten Mal geteilt wurde, war Schlesien bereits seit einem halben Jahrhundert ein Teil Preußens. Als Polen zum zweiten Mal auseinandergerissen wurde*, waren in Schlesien bereits Gruben in Betrieb und der polnische Adel germanisiert. Als die polnischen Novemberinsurgenten** in ihrer sibirischen Verbannung ankamen, nahm in Schlesien der deutsche Kapitalismus seinen Anfang; neben den Gruben wurden Zinkhütten errichtet, und unweit der Werke entstanden die ersten primitiven Arbeitersiedlungen. Schlesien wurde in eine innere deutsche Kolonie verwandelt. Dies war auch der Anfang des oberschlesischen Proletariats. Als der Januaraufstand*** sich auflöste, regten sich in Schlesien die ersten Arbeiterverbände. Als im russischen Teilungsgebiet die Polen sich mit Unabhängigkeitsgedanken trugen, organisierten sich die Schlesier gegen die Ausbeutung und systematische Germanisierung. Sie gründeten Konsumgeschäfte sowie Hilfskassen und führten die ersten Streiks. Sie schufen sich Theater- und Gesangsgruppen. Sie gruben sich in ihr Urgemeinschaftswesen ein, bauten Schanzen aus der Familie, aus der alten Sprache, aus der Sitte, im Matriarchat oder Patriarchat, aus der Pfarrei. Die Idee des Vaterlandes verwandelten sie in ihr Sippenverständnis. Schon seit langem haben sich die Schlesier der Macht des Verharrens ergeben, weil der Zusammenschluß in der altpolnischen Vertrautheit für sie ein erprobtes Mittel zum Überstehen eines bösen Schicksals geworden ist. Unter dem großindustriellen Joch erlernten sie eine Fleißigkeit, an die sie im Traum nicht gedacht hatten; sie stellten sich neuen Berufen und eigneten sich neue Technologien an. Mindestens zweimal billiger als die westfälischen Arbeiter gingen sie ihren europäischen Wandlungsweg: hin zu moderner Zivilisation und zu mehr Demokratie. Sie beteiligten sich an den schäbigen Profiten und gingen in fremde Kriege. Sie wurden deutsche Proleten, und wenn der deutsche Staat sie brauchte, dienten sie als Kanonenfutter. Doch sie behielten ihre Selbstorganisation, pflegten ihre archaische Kultur, überall und immerzu ihr eigenes gesellschaftliches Gewebe flechtend.

Und als die Katastrophe des Ersten Weltkrieges das Bündnis der Teilungsmächte endgültig auseinanderriß, als der polnische Staat wiederentstehen konnte, war Schlesien bereit, seine eigenen Aspirationen anzumelden und das, was daraus resultierte, auch wehrhaft durchzusetzen; aus eigenem Willen faßte es den Entschluß, sich Polen einzureihen. Und so ist es geschehen.

Ausharren. Es ist dies der allerwichtigste Begriff für die Menschen dieses Landstriches. Jedes Ausharren – und mag es auch am längsten dauern – zielt auf verlorene Werte. In Schlesien war dies der Wunsch, zur eigenen Identität zu-

---

* 1793 erfolgte die zweite Teilung Polens, zwei Jahre später die dritte.
** Gemeint sind die Aufständischen des Jahres 1830.
*** Die Rede ist vom Januaraufstand des Jahres 1863.

rückzufinden. Mit der Zeit wurde daraus ein langsamer Weg nach Polen. Mit der Entwicklung der nationalen Selbstbestimmungsbewegung im Europa des 19. Jahrhunderts wurde daraus ein Traum des Volkes, der schlesischen Bauern und Arbeiter.

Dieses viele Jahrhunderte dauernde Ausharren wandelte sich in eine Eigenart um, zeichnete geistig die Gemeinschaft wie den einzelnen Menschen. In ihrer familiären Fügsamkeit haben sie es erlernt, alles Fremde, alles, was von außen kam, auf Distanz zu halten. Denn das von außen kam immer nur, um sie zu knechten und auszubeuten. Es erschien hier, um zu regieren und das Land und seine Menschen zu Niedrigkosten auszupressen. Die aus Polen nannte man „gorole". Ja, gerade die, vor und nach dem Krieg, sind hierher mit ihrer buckligen Mission gekommen, um die Schlesier zum Polentum zu bekehren, was tatsächlich zur wiederholten Germanisierung beigetragen hat. Der polnische Komplex des abgewandten Rückens hat in der Tat viele Festungen des heimischen Polentums ausgemerzt. Es ist so weit gekommen, daß nicht nur die Kinder der Insurgenten, sondern auch diese selbst ausgewandert sind.

Das Verharren in der Piastenkultur, gepaart mit der Verproletarisierung im fremden Staat, hat das psychophysische wie das psychomoralische Anderssein der Schlesier geprägt. Ein jahrhundertelanges Funktionieren dieser besonderen Rückkoppelung war Ursache für die Herausbildung eines typischen, anderswo kaum vorfindbaren Menschenschlags – des Schlesiers eben.

So ist also der Weg der Schlesier nach Polen ein eigener gewesen, ein ganz anderer, bis heute mit den geschichtlichen Erfahrungen anderer Teile Polens nicht vergleichbar; anders bis zur Grenze der Unbegreiflichkeit.

Im 20. Jahrhundert erhielt das wiedererstandene Polen ein von vielen Politikern, auch von Piłsudski, ungewolltes Geschenk, einen Schatz, den zu bewerten und zu werten es nicht imstande war. Da also 1922 Oberschlesien nach sechs Jahrhunderten ein Teil der Zweiten Republik wurde, hat sich seine Gebrechlichkeit geoffenbart, welche ich den polnischen Komplex des abgewandten Rückens nenne. Polen fragte nach Schlesien, und so ist es bis heute geblieben – nicht „was", sondern nur „wo"?

Ein Mutterland* zu haben, das heißt, bei sich zu Hause zu sein. Und so haben sich die Schlesier die res publica vorgestellt. Zu Hause zu sein – das heißt wiederum, sich selbst zu verwalten, sich zu bilden und einen offenen Weg zum gesellschaftlichen Aufstieg zu finden, wie alle anderen auch. Die Schlesier wollten Demokratie und Gerechtigkeit – nicht mehr, und diese zwei Prinzipien verbanden sie mit Polen, genauso wie der Rest aller Bürger im wiedererstandenen Staat. Es handelte sich vor allem darum, zugelassen zu werden. Denn die Deut-

---

* Polinnen und Polen begreifen ihr „Vaterland" weiblich: ojczyzna – macierz.

schen haben die Schlesier zu Industriesklaven erniedrigt, sie haben die Schlesier auf höhere Sprossen der gesellschaftlichen Leiter nicht aufsteigen lassen; harte Arbeit, manchmal niedrige administrative Posten waren ihr Schicksal. Der einzige Weg zum gesellschaftlichen Aufstieg führte über die Germanisierung. Polen bedeutete ihnen nun – vielleicht eben vorwiegend – eine Hoffnung, sich von der politischen und gesellschaftlichen Praxis der Deutschen zu befreien. Diese Hoffnung beinhaltete den Unterschied in der Behandlung einer menschlichen Person als Objekt oder als Subjekt. Ein solches Verständnis des Polentums quoll aus geschichtlichen Überlieferungen, aus der alltäglichen Erfahrung des schlesischen Daseins, es entwickelte sich in ihrem Milieu; inmitten von Feldern, in den Gruben, Hütten, in der Werkssiedlung und in der Bierstube; nicht in Palästen und nicht in ländlichen Adelssitzen, nicht im Salon. Und hier – wie man so sagt – liegt der Hund begraben, wenn es um die tatsächlichen Unterschiede zwischen Schlesien und dem restlichen Polen geht. Die Schlesier dachten Polen in gesellschaftlichen und nicht in national-freiheitlichen Kategorien, und das ist der wichtigste Bruch zwischen Oberschlesien und dem restlichen Polen – damals wie heute. Die längst verlorene Bindung zum Mutterland, die Liebe zu ihm war eine sentimentale Sache, gezeichnet durch Naivität und Illusion der schlesischen Plebejer im preußisch besetzten Land. All dies hatte wenig gemeinsam mit dem Freiheitskomplex des Adels und der Intelligenz im zaristischen Teilungsstück von Polen. Das sind zwei ganz verschiedene Schollen, und hätte es die Möglichkeit gegeben, etwas gemeinsam darauf anzubauen, dann wäre wohl das Gewächs so unterschiedlich wie die Palme und der Kieferbaum. Nun liegen die Dinge aber so, daß das Polen des 19. Jahrhunderts, unabhängig von den uns aufgestülpten Gesellschaftsordnungen, von den geschichtlichen Erfahrungen, also auch von der Mentalität des russischen Teilungsstücks, überwuchert worden ist. Ein schwacher Staatsinstinkt und Ordnungssinn, ein Selbstherrlichkeitsgefühl, ein moralischer Relativismus, ein ständiges Querliegen und Aufwiegeln, im sarmatischen Nihilismus begründet und nachher in der langen Unfreiheit unter der zaristischen Knute des russischen Imperiums festgewachsen – all diese Eigenschaften treten immer noch hervor und dominieren weiterhin unser gesellschaftliches und politisches Leben. Zum ersten Mal stießen die Schlesier damit zusammen, als sie Teil der res publica wurden, also 1922. In der kaum wiedergewonnenen Freiheit kam es kurz darauf zu einer dramatischen Zusammenballung dieser Eigenschaften, was den Maiumsturz* verursachte, die junge Demokratie auspustete und somit die Erwartungen Schlesiens in seinen prinzipiellen Lebensfragen vereitelte. Die erlangte Autonomie war inhaltlich eine Attrappe.

---

*   Im Mai 1926 übernahm General Piłsudski mit einem Staatsstreich die Macht in Warschau.

Halten wir fest: Kurz vor dem dritten Aufstand* beschloß die polnische Regierung die Autonomie Schlesiens. Darin kam der Wille der Schlesier zum Ausdruck. Doch gleichzeitig buhlten der polnische wie der deutsche Staat um die Gunst der Schlesier. Nach dem zweiten Aufstand, als Vorbeugung gegen einen dritten und um das Land im Reich zu halten, versprachen die Deutschen den Schlesiern die Autonomie und veranlaßten somit Polen zu einem Gegenvorschlag. Das polnische Projekt ging weiter als das deutsche, es entstammte der Feder Korfantys, seiner Rechtsberater und eines Regierungsdirektors, der ein Schlesier aus der Teschener Gegend war. Durch diesen glücklichen Zufall konnte ein ordentlicher Rechtsakt entstehen. Abgesehen von den wirtschaftlichen und verwaltungsmäßigen Bestimmungen wurden hier die gesellschaftlichen Wünsche wie auch der binationale Charakter Schlesiens festgeschrieben. Es war dies eine rechtmäßige Konstatierung der Eigenart Oberschlesiens auf vielen Ebenen; Ausdruck seines gemeinsamen Selbstbewußtseins, aber auch seiner Angst vor der Wiederholung des bösen Schicksals, darunter auch der Angst vor der kümmerlichen polnischen Staatlichkeit. Hauptsächlich ging es aber um die Gleichberechtigungsgarantie im gesellschaftlichen Leben, um die Zulassung einer Möglichkeit zur Herausbildung eigener Eliten. Denn das jahrhundertelange Kastrieren – wie die Germanisierung der eigenen Intelligenz, insbesondere der humanistischen – gehörte mit zu den am meisten erniedrigenden und schmerzlichen Erbschaften dieses Landes. Wer dagegen ankämpfen wollte, ward zu Verbannung verurteilt. So dienten dann viele begabte Schlesier fremden Völkern in weltweiten Landschaften. In dieser Beziehung hat sich bis heute nicht viel geändert. Auch jetzt sagt man doch: Wer etwas werden oder etwas für Schlesien tun will – muß von hier weggehen. Ein Fluch ohne Ende.

Es gab aber solche, die sich dem nicht beugen wollten. Wojciech Korfanty gehörte zu ihnen. Er konnte etwas aus sich machen – dank der sich im Deutschen Reich entwickelnden Demokratie. Der Bergmannssohn aus der Gegend von Siemanowice hat sich zum ersten großen Schlesier hinaufgearbeitet, der sich um sein Land – und dann auch um Polen – verdient gemacht hat. Als mehrmals gewählter Abgeordneter der polnischen Minderheit im preußischen Landtag, als unermüdlicher Organisator des Polentums in den Westmarken, als Volkstribun und Diktator der schlesischen Aufstände. Daß Schlesien zu Polen gekommen ist, war sein Lebenswerk.

So bedeutete der Konflikt Korfanty-Piłsudski, der Korfanty durch seine Festnahme und Ausbürgerung, seine erneute Inhaftierung und schließlich seinen Tod zum tragischen Verhängnis wurde, das Ende der Hoffnungen auf ein geistiges Potential einer schlesischen Autonomie. Man darf heute annehmen, daß nur

---

* Im Mai 1921 erhoben sich die Polen Oberschlesiens zum dritten Mal.

in den ersten vier Jahren, das heißt von der Eingliederung Oberschlesiens in die polnische Republik 1922 bis zum Maiumsturz 1926, die Schlesier sich zu Hause fühlten und die Gewißheit hatten, zugelassen zu werden. Die Realität kehrte indes bald wieder in die alten Bahnen zurück. Piłsudski hievte seinen Stellvertreter auf den schlesischen Thron – Michał Grażyński. Korfantys Parteigänger wurden ihrer Ämter enthoben, erneut kamen Fremde ins Land, um Schlesien zu regieren und – was noch schlimmer war – zu repolonisieren. Die ganze geschichtliche Hoffnung der Schlesier, ihr hartnäckiges Treiben hin nach Polen, ihre soziale Auflehnung waren dahin – alles nur Trug und Nichtigkeit. Eine große Enttäuschung war's und eine bittere Lektion. Ende eines Mythos. Das größere Östliche hat das kleinere Westliche gefressen. Oberschlesien, durch den Maiumsturz seiner Mündigkeit beraubt, kehrte in seine Subkultur zurück.

Doch es war Polen – wie auch immer, aber Polen –, und die jüngste Generation des polnischen Elements Schlesiens konnte die polnische Schule schmecken. Zu ihrem Dialekt und zur deutschen Sprache kam nun das literarische Hochpolnisch hinzu. Und das Lernen polnischer Geschichte. Das war schon etwas.

Eines muß jedoch eindeutig und klar gesagt werden – Vorkriegspolen hat hier schwer gesündigt: Aus politischen Motiven vereitelte der Legionistenclan* in den Jahren 1926-1939 die Chance für eine Öffnung der Republik auf das polnische Schlesiertum, auf dessen Europaverständnis. In bezug auf die Schlesier wurde die in Amerika gegenüber der schwarzen Bevölkerung praktizierte Methode angewandt. Die Weißen nannten gewöhnlich die Schwarzen „Asphalt", und in ihrer rassischen Überheblichkeit meinten sie, daß „Asphalt" unten zu sein hat. So etwas passierte bei uns vor dem Krieg. Es war dies einfach die Verlängerung einer alten deutschen Praxis, jetzt in polnischer Ausführung. Die „hell Erleuchtete"** verstrahlte Finsternis. Der Komplex des abgewandten Rückens triumphierte.

Dann kam der Zweite Weltkrieg, und Schlesien wurde wieder Teil des Reiches, diesmal des Dritten. Die Schlesier teilte man in vier Volksgruppen ein und verwarf die fünfte, die zur Endlösung, zum Zermalmen im unweit gelegenen Auschwitz bestimmt war. Nur die ersten zwei Gruppen – die der zugewanderten und die der hiesigen Deutschen – genossen das Privileg, sich oberhalb der Grundschule zu bilden. Zur militärischen Musterung mußten aber alle – sogar die Insurgentensöhne.

Dann hat uns der Herr mit der Volksrepublik Polen bestraft, und die Schlesier mußten ihren Arsch hinhalten – für die drei schlesischen Aufstände wie für

---

* Mitglieder der von Piłsudski im Ersten Weltkrieg geführten, teilweise vom österreichischen Generalstab mitgegründeten militärischen Einheit.

** Die „hell Erleuchtete" – Jaśnie Oświecona –, so wird Polen hagiographisch bezeichnet.

die Verbrechen der Wehrmacht; ihr Schicksal war wie immer das eines Arbeitsochsen. Die durch ein Wunder am Leben gebliebenen Aufstandsführer wurden, als sie aus dem Westen heimkamen, eingekerkert – für ihren Nationalismus von anno dazumal. Im Oppelner Land kam es sogar vor, daß ehemalige Insurgenten, die die hitlerischen Todeslager überstanden hatten, in sibirische Gruben verschickt wurden oder in polnischen Gefängnissen landeten, um dort zu sterben. Jene, die den Krieg in der Wehrmacht oder in der Anders-Armee* erlebt hatten, wurden zu Bürgern zweiter Kategorie erniedrigt. Von jeglichem Aufstieg ausgeschlossen, trugen sie ihr Schicksal, das ihnen seit Friedrich dem Großen bestimmt war. Jetzt machten sie sich mit der asiatischen Version bekannt. Die Schlesier empfanden nämlich den Nachkriegskommunismus als eine Invasion des östlichen Imperiums. Nach jahrhundertelanger deutscher Dressur wurden sie in die leninistisch-stalinistische Schafsherde getrieben. Die Genossen, die nach dem Krieg über Oberschlesien herrschten, waren nicht viel anders als die vorigen Peiniger. Ihre schlesierfressende Gesinnung war markant.

Nach dem Krieg wurde uns jedoch ein Jerzy Ziętek beschert, ein genialer Verwalter, der, zu Kriegsende mit der polnischen Armee aus dem Osten kommend, in Schlesien auftauchte. Er kam, um seine Jugendsünden wiedergutzumachen. Der ehemalige Aufständische aus der Gleiwitzer Gegend wählte, als Gleiwitz auf deutscher Seite blieb, den Umzug. Nach dem Maiumsturz schloß er sich Piłsudski und dessen Statthalter Grażyński an, wurde in Radzionków Bürgermeister und Sejm-Abgeordneter auf der Sanacja-Liste**. Als er im Krieg jenseits des Kaukasus im sowjetischen Lager landete, holte man ihn dort heraus, um die gefangenen Schlesier für die polnische Armee zu gewinnen. So kam er nach dem Krieg mit guten Referenzen nach Schlesien und durfte es – selbstverständlich unter Parteiaufsicht – verwalten. Jerzy Ziętek kollaborierte mit den Kommunisten. Aber er war ein richtiger Wohltäter, eine ganz ungewöhnliche Persönlichkeit; ein „Volks-Korfanty", dem es gegönnt war, viel zu leisten und im eigenen Bett zu sterben.

Mit so einem Buckel geschichtlicher Erfahrungen verharrte Schlesien bis zum Ausbruch der „Solidarność"-Zeiten. Diesen Buckel wollte es auf dem Hof der „Wujek"-Grube loswerden – durch ein Blutopfer. Noch einmal haben die Schlesier an das wohltuende Licht Polens geglaubt. Wenn man aus oberschlesischer Perspektive auf die letzten sieben Jahre im Land zurückblickt, dann möchte man das verbrauchte Arbeiterlied paraphrasieren: Es war dies ihr letzter Kampf. Die alte, atavistische Liebe zum Mutterland wird nicht mehr aufleben. Vorbei

---

* Eine von General Anders Anfang 1942 in der Sowjetunion aufgestellte Truppe aus verschleppten polnischen Soldaten, die noch im selben Jahr über Persien nach Palästina verlegt wurde.

** Sanacja wird das Piłsudski-Lager genannt.

ist die Zeit vaterlands- und gottliebender Mythen, vergangen die Arbeiteridylle. Am 16. Dezember 1981, in Kattowitz vor der „Wujek"-Grube, ist mit dem Tod der neun Kumpel die schlesische Klassentreuherzigkeit verreckt, wie auch die dem vorigen Jahrhundert entstammende nationale Energie entschwunden ist. Das nationale Jahrhundert-„Napalm" war ausgebrannt.

Doch die alten Probleme Schlesiens haben sich nun durch die Gesetze des freien Marktes aufgebauscht und aufgetürmt. Neue sind hinzugekommen. Die Frage, wieviel sich aus Schlesien herausquetschen läßt, wird heute nicht mehr gestellt. Ganz im Gegenteil: Wieviel muß man jetzt in Schlesien hineinstecken, um der Explosion einer sozialen Auflehnung vorzubeugen, die zur Balkanisierung ganz Polens führen könnte?

So stehe ich heute vor Ihnen und habe die Ehre und sogar das Vergnügen, dies eben zu sagen. Und nicht ohne Grund verkürze ich meine personifizierte Aussage auf Wojciech Korfanty und Jerzy Ziętek. Diese beiden Männer sind nämlich ein Beispiel dafür, wieviel – trotz des von ihnen bezahlten Preises – Schlesier den Ihren und Polen hätten geben können, wenn sie sich hätten bilden können, vor allem bei sich zu Hause, und ihnen die Möglichkeit gewährt worden wäre, auf ihre Heimat Einfluß zu nehmen. Wären die Universität in Kattowitz 1923 und Ihre Universität in Oppeln 1947* gegründet worden, würde heute Schlesien ganz anders dastehen, und anders auch Polen. Deswegen ist diese magische Zahl – 1989 – so wichtig. Denn dank der Ereignisse, die in Polen stattgefunden haben, können wir das tun, wozu wir imstande sind. Sie und Ihre Hochschule sind dafür der beste Beweis. Endlich wird sich hier eine heimische Elite hervortun. Ohne diese Bildungsschicht ist Schlesien wie eine tote See. Alles hängt nämlich von begabten und gebildeten Menschen ab; nur müssen ihnen entsprechende Voraussetzungen für ihre Selbstverwirklichung geschaffen werden, sie müssen zugelassen werden, damit sie sich Einrichtungen gründen, die ihnen im Dienst für die Ihren notwendig sind.

Allmählich erwacht Schlesien aus seinem geschichtlichen Scheinschlaf. Zugrunde gerichtet, ohne solche Menschen wie Korfanty und Ziętek, steht es nackt vor dem 21. Jahrhundert da. Wie die Sahara den Regen, so erwartet Schlesien seine eigenen Führungsschichten. Nur sie, gemeinsam mit den Nachkommen der Menschen aus den Ostmarken, aus der Lemberger Gegend, die hier ihre Wurzeln geschlagen haben, werden für ihre Pflichten, ihre Bedürfnisse und ihre Chancen gerüstet sein.

Das wichtigste Gebot für die aufkommenden Eliten wird die Festigung des Heimischen, des Schlesischen sein; eine radikale gesellschaftliche Aktivierung; die Teilnahme an der Machtausübung auf allen Stufen und die Überwindung

---

* Die Universität Katowice wurde 1968, die Universität Opole 1994 gegründet.

des polnischen Komplexes des abgewandten Rückens. Dies erfordert eine außerordentliche Einstellung zu sich selbst und zu Schlesien. Angebrochen ist die Zeit der menschlichen Selbstbetätigung in der eigenen Heimat, aber auch die Zeit, in der die Rechnung gezahlt werden muß für die alte Schande, für die Zerstörung der Natur und für die ewige Apartheid. Die vor Ihnen stehenden Aufgaben sind wie quadratische Eier, die ein Leben lang gerollt werden müssen. Denn wahr ist: Heute muß der Schlesier für sich und die Seinigen das Doppelte schaffen wie andere Menschen in Polen. Es ist dies eine große Herausforderung, niemand kann vor ihr davonlaufen. Ich sag' noch mehr: Das ist die Chance für ein würdiges Leben. Davon haben die Schlesier seit Jahrhunderten geträumt. Die, welche diese Universität gegründet haben, zeigen den richtigen Weg. Von ihnen müssen wir lernen.

Jahrhundertelang wurde der Reichtum dieser Erde geraubt. In meinem Szopienice wird man in hundert, ja in tausend Jahren noch aus jedem Kilo Erde ein Gramm Blei schmelzen können. So ist es an vielen schlesischen Orten. In meiner Gegend werden leukämiekranke Kinder geboren, einige Säuglinge haben eine bunte Haut, sie werden nicht alt. Durchgeräucherte Häuser, knarrender Atem, schwarzer Schnee, saurer Regen und eine ranzige Sonne! Verschreckte Gene und unumkehrbare Störungen im menschlichen DNA-Gefüge.

Damit nun langsam Schluß! Die Hölle des ausbrennenden Jahrhunderts, denke ich, liegt schon hinter uns. Wir sehen, wie dieser geschichtliche Müll verweht. Polen und mit ihm das autonome Schlesien geht in ein Europa der Vaterländer ein. Auf diesem Weg sollen sich die Schlesier zum ersten Mal nicht von anderen vertreten lassen. Mit seiner historischen Eigenart, mit den Vorkriegstraditionen der Autonomie, mit der Hinterlassenschaft als Grenzland, also mit dem polnisch-tschechisch-deutschen Kulturcode beschreitet Schlesien diesen Weg mit Hilfe eines besseren Kompasses. Es ist historisch privilegiert. Auch mit seinem wichtigsten Kapital, mit dem „goldenen Erz" – den Menschen dieses Erdstücks. Heute kann man sagen: Der Herr sieht endlich auf uns. Wir sollen aber wissen: Jeder Gott, sogar jener, der über die Geschichte herrscht – und dieser vor allem –, kann sogar die größten Sünder lieben, dem Trottel aber vergibt er nicht!

In alten Zeiten war Schlesien für die deutschen Wirtschaftsinteressen unentbehrlich, heute ist es für die frischvermählte Marktwirtschaft ein Klotz am Bein. Ein wahres Paradoxon der Geschichte! 75 Jahre lang hat man den Schlesiern einen Separatismus einreden wollen – und jetzt so ein Purzelbaum. Wir schaffen es schon. Alle Zeichen am Himmel und auf Erden deuten darauf hin, daß keine Kraft imstande sein wird, uns von der Europastraße wegzubugsieren und uns unser Bewußtsein von Ort und Zeit zu rauben. Doch Bewußtsein ist heute zu wenig. Heute muß man tätig sein.

ZEITTAFEL

nach 960 Die bäuerliche Dynastie der Piasten gründet unter ihrem Führer Mieszko in der Gegend von Gnesen eine erste polnische protostaatliche Struktur.

966 Mieszko I. wird anläßlich seiner Heirat mit der böhmischen Přemyslidentochter Dubrawa getauft. Die Christianisierung Polens erfolgte von Prag aus.

1000 Der Piastenfürst Bolesław I. Chrobry/der Tapfere trifft sich mit Kaiser Otto III. am Grabmal von Adalbert in Gnesen und gründet dort die erste christliche Metropolie in Polen. Breslau wird als Bistum der Metropolie in Gnesen unterstellt.

Auf dem Gebiet Schlesiens leben etwa 250.000 Menschen.

1038 Der böhmische Fürst Břetislav I. fällt in Schlesien und Polen ein.

1054 Im Quedlinburger Vertrag wird Schlesien wieder an den Piastenkönig Kasimir den Erneuerer/Kazimierz I. Odnowiciel zurückgegeben.

1138 Testament von Bolesław Krzywousty/Schiefmund. Polen wird nach dem dynastischen Prinzip in fünf Erbfürstentümer geteilt. Schlesien fällt an das Seniorat Krakau unter Władysław II. den Verbannten.

1159 Die Gründung der Teilherzogtümer Breslau, Glogau und Ratibor löst eine schlesische Sonderentwicklung aus. Damit spalten sich die schlesischen Piasten von der Hauptlinie ab.

1240/41 Der Feldzug der Mongolen verheert auch Schlesien.

1241 Nach der Schlacht auf der Wahlstatt/Legnickie pole ziehen sich die asiatischen Reiterheere trotz höchster Verluste, die sie den deutschen und polnischen Rittern zugefügt haben, nach Asien zurück. Der Sieg wird in der polnischen wie in der deutschen Historiographie mythologisiert.

1270 Das Klosterbuch von Heinrichau/Henrików enthält den ersten Satz in polnischer Sprache.

1335 Vertrag von Trentschin: Der Polenkönig Kazimierz III. Wielki/Kasimir der Große anerkennt den Verlust Schlesiens an die böhmische Krone.

1339 Der Luxemburger Johann von Böhmen wird vom römischen König Ludwig IV. mit Schlesien belehnt. Damit wird Schlesien erstmals Teil des römisch-deutschen Reiches.

1348 Karl IV. bestätigt als römisch-deutscher König die Lehensnahme Schlesiens durch den Luxemburger Johann von Böhmen. Schlesien wird böhmisches Kronland.

1370 Mit Kazimierz III. Wielki/Kasimir dem Großen stirbt der letzte Piast auf dem polnischen Königsthron.

1372 Ludwig/Ludwik von Ungarn aus dem Adelsgeschlecht der Anjou, Nachfolger Kasimirs, verzichtet in Visegrad endgültig auf Schlesien.

1415 In Konstanz wird der tschechische Priester und Universitätslehrer Jan Hus verbrannt, dessen Reformideen sich gegen die Ablaßwirtschaft der katholischen Kirche wandten. Die hussitischen Aufstände beginnen und halten bis 1435 Böhmen (und Schlesien) in Atem.

1417 Der Hohenzoller Friedrich, Burggraf von Nürnberg, wird mit der Mark Brandenburg belehnt; als Stammvater der brandenburgischen Hohenzollern legt er den ersten Baustein für die spätere Expansion.

1448 Der aus gemäßigt hussitischen Kreisen kommende Georg von Poděbrad wird böhmischer Oberherr. Breslau verweigert die Huldigung.

1466 Der Papst in Rom ächtet den Böhmenkönig Georg von Poděbrad wegen dessen hussitischen Ketzertums.

1469 Der ungarische König Matthias Corvinus wird in Olmütz zum böhmischen König gekrönt. Prachtvolle Huldigung in Breslau.

1474 Belagerung Breslaus durch den Jagellonen Kasimir IV.

1474/1479 Schlesien erhält unter Matthias Corvinus schrittweise eine neue Verfassung mit einem Generallandtag, die erstmals eine territoriale Einheit vorsieht.

1479 Friede von Olmütz. Die böhmischen Nebenländer Schlesien, Mähren und die Lausitz kommen unter die Oberhoheit von Matthias Corvinus. Das böhmische Kernland erhält der Jagellone Władysław; es bleibt im Pfandbesitz des ungarischen Königs.

1521/22 In Worms und Brüssel werden die habsburgischen Erbteilungen beschlossen, die Basis für die spätere Übernahme der böhmischen Krone durch Ferdinand.

1523 Als erster schlesischer Fürst nimmt der Herzog von Liegnitz die evangelische Religion an.

1526 Der Habsburger Ferdinand I., Erzherzog von Österreich, wird ungarischer und böhmischer König. Am 24. Oktober wird Ferdinand ohne die Anwesenheit schlesischer Fürsten als böhmischer König inthronisiert.

1537 Versuch eines Erbverbrüderungsvertrages zwischen schlesischen Piasten- und Hohenzollerngeschlechtern, der gegen die Habsburger gerichtet ist, jedoch scheitert.

1545-1549 Steuergesetzgebungen, Münzprägeverbot für die Stadt Breslau und die Einführung landesfürstlicher Zölle binden Schlesien enger an Wiens wirtschaftliche Vorstellungen.

ca. 1550 Die Mehrheit der schlesischen Fürsten und Untertanen ist evangelisch.

1553 Eine landesherrliche Verordnung ermöglicht es dem Adel, entflohene Untertanen „in Ketten einzubringen".

1555 Augsburger Religionsfriede. Ferdinand I. garantiert den Reichsständen die Ausübung des Augsburger Bekenntnisses. Gleichzeitig wird der Grundsatz „cuius regio, euis religio" bekräftigt.

1558 Einrichtung einer Kammer für Schlesien in der Breslauer Burg.

1575 Der Habsburger Rudolf II. wird böhmischer König und übernimmt damit die Landshoheit über Schlesien.

1600 In Niederschlesien boomt die Leinenweberei. 280 Meister allein in Schweidnitz/Świdnica.

1609 (20. 8.) Majestätsbrief Rudolfs II., der protestantischen Schlesiern religiöse Gleichstellung mit ihren katholischen Landsleuten garantiert.

1618 Ein Aufstand der böhmischen Stände – der Fenstersturz des kaiserlichen Statthalters – führt in der Folge zum Dreißigjährigen Krieg. Die schlesischen Stände stehen anfangs mehrheitlich auf seiten des Kurfürsten Friedrich von der Pfalz.

Das Herzogtum Preußen, aus Restgebieten des Deutschen Ordens hervorgegangen, wird mit der Mark Brandenburg vereinigt.

1621 (28. 2) Dresdner Akkord. Schlesiens Landesherr Ferdinand II. erläßt gegen eine Geldstrafe von 300.000 Gulden ein weitgehendes Amnestiegesetz für die schlesischen Adeligen, die sich – halbherzig – am böhmischen Aufstand beteiligt haben.

1626 Graf Mansfeld fällt in Schlesien ein, kaiserliche Truppen unter Wallenstein stellen sich ihm entgegen. Eine erste Auswanderungswelle evangelischer Schlesier beginnt.

1630/1632 Schwedische Heere rücken nach Mitteleuropa vor. 1632 stehen sie in Schlesien. Zusätzlich fordert eine Pestepidemie hohen menschlichen Tribut.

1634 (25. 2.) Albrecht von Wallenstein, auch schlesischer Fürst von Sagan und Glogau, fällt einer innerhabsburgischen Intrige zum Opfer.

1639/1644 Sowohl schwedische als auch österreichisch-kaiserliche Heere verwüsten das Land. Ganze Städte werden entvölkert. Der Dreißigjährige Krieg befindet sich auf seinem Höhepunkt.

1648 Im Westfälischen Frieden setzen Frankreich, Österreich, Schweden, Preußen und die anderen europäischen Mächte einen Schlußpunkt unter den Dreißigjährigen Krieg.

1670 Die Jesuiten erhalten die Breslauer Kaiserburg als Colleg zugesprochen und errichten die erste Hochschule.

1675 Die letzte schlesische Piastenlinie stirbt mit Herzog Georg Wilhelm von Liegnitz/Legnica im Mannesstamm aus.

1683 Auf ihrem Weg zum Entsatz Wiens von den Türken durchqueren die Heere des Polenkönigs Jan Sobieski Schlesien.

1705 Einführung der Akzise, einer Verbraucher- und Umsatzsteuer, in Österreich und damit auch in Schlesien.

1707 Altranstädter Konvention. Karl I. von Österreich und Karl XII. von Schweden kommen überein, sämtliche Kirchen zurückzugeben, die den Protestanten seit dem Westfälischen Frieden von der habsburgischen Gegenreformation weggenommen wurden. Sogenannte protestantische „Gnadenkirchen" entstehen.

1709 Der Übertritt zum Protestantentum wird in Schlesien mit Vermögensentzug geahndet.

1718 Frieden von Passarowitz. Österreich erhält Territorien vom Osmanischen Reich sowie handelspolitische Vorteile Richtung Orient eingeräumt, was eine Orientierung nach Osten erleichtert.

1719 Privilegierung der Orientalischen Handelskompagnie für Geschäfte mit dem Osmanischen Reich durch Kaiser Karl VI. Brieg/Brzeg und Neustadt/Prudnik dürfen daraufhin Textilmanufakturen für den Export errichten.

1731 Der Habsburger Karl VI., dem kein männlicher Nachfolger gelungen ist, erläßt die „Pragmatische Sanktion", die seine Tochter Maria Theresia vor den Nachfahren seines Bruders erbberechtigt macht.

1740 (31. 5.) Der Hohenzoller Friedrich II. übernimmt die Regentschaft in Preußen.

1740 (20. 10.) Der Habsburger Karl VI., römisch-deutscher Kaiser, König von Böhmen etc., stirbt ohne Sohn. Erzherzogin Maria Theresia soll seinen Platz einnehmen.

1740 (16. 12.) Friedrich II., der Große, fällt in Schlesien ein. In drei Kriegen ringt er das Land den Habsburgern ab.

1741 (21. 2.) Breslau huldigt dem neuen Landesherrn Friedrich II.

1742 (24. 1.) In Frankfurt am Main wird der Bayernfürst Karl Albrecht als Karl VII. zum römisch-deutschen Kaiser gewählt. Er stirbt drei Jahre später, womit der Thron für Habsburg-Lothringen frei wird.

1742 (28. 7.) Frieden von Berlin. Der allergrößte Teil Schlesiens fällt an die Hohenzollern.

1744 (7. 8.) Friedrich II. rückt in Böhmen ein.

1756 Dritter Waffengang um Schlesien. Als „Siebenjähriger Krieg" nimmt er Dimensionen eines Weltkrieges an.

1757 (16. 10.) Für einen Tag stoßen österreichische Truppen in die preußische Hauptstadt Berlin vor und besetzen sie.

1763 Im Frieden von Hubertusburg anerkennt Wien endgültig die Zugehörigkeit Schlesiens zu Preußen. Ein kleiner Teil des südlichen und südöstlichen Schlesien – Troppau/Opava, Teschen/Cieszyn/Český Těšín und Bielitz/Bielsko – bleibt bei Österreich und bildet, mit verwaltungstechnischen Unterbrechungen, bis 1918 das Kronland Österreichisch-Schlesien.

1772 Die erste Teilung Polens zwischen Rußland, Preußen und Österreich.

1788 In Schlesien wird die erste Dampfmaschine des europäischen Kontinents in Betrieb genommen.

1793 Die zweite Teilung Polens zwischen Rußland und Preußen. Erster Weberaufstand in den Dörfern entlang des Riesengebirges.

1795 Die dritte Teilung Polens zwischen Rußland, Preußen und Österreich.

1807 Tilsiter Friedensvertrag zwischen Frankreich und Rußland sowie Frankreich und Preußen. Napoleon etabliert ein „Warschauer Herzogtum", dem er den östlichen Teil Schlesiens zuschlagen will.

1813 In Schlesien werden sogenannte „Jägercorps", u.a. das Lützowsche Freikorps, gegen den in Rußland geschlagenen Napoleon gebildet. In Taurogen wechselt der preußische General York die Front von der französischen auf die russische Seite.

1814/15 Der Wiener Kongreß hält an der Nichtbeantwortung der polnischen Frage fest. Preußen, Österreich und Rußland sind sich einig darüber, daß eine polnische Staatswerdung nicht auf der Tagesordnung steht.

1815 Die Oberlausitz wird der preußischen Provinz Schlesien einverleibt.

ca. 1820 Auf dem Gebiet Schlesiens leben etwa 1,9 Millionen Menschen.

1830er Jahre Die Pest sucht die BewohnerInnen Schlesiens dreimal heim.

1839 Ein Verbot von Kinderarbeit wird offiziell verhängt. Die soziale und wirtschaftliche Situation der Weberfamilien bessert sich indes nicht.

1844 In Langenbielau/Bielawa, Peterswaldau/Pieszyce und anderen Orten kommt es zu Weberaufständen, die durch Gerhart Hauptmann und andere Autoren in die Weltliteratur eingehen.

1848 In Breslau revoltiert das Volk, auf dem Land erheben sich die Bauern.

ca. 1870 Auf dem Gebiet Schlesiens leben etwa 3,7 Millionen Menschen.

1871 Im Gefolge des deutsch-französischen Krieges einigt der preußische Ministerpräsident Otto Graf von Bismarck mittels einer Reichsverfassung das Deutsche Reich. Schlesien gehört nun zum Deutschen Reich.

1873 Mit den Maigesetzen will sich Bismarck Einfluß auf Schulfragen sichern und mischt sich damit in kirchliche Angelegenheiten.

1885/86 Eine Kolonisierungskommission wird von Berlin beauftragt, in den „Ostmarken" – also auch in Schlesien – das Deutschtum zu fördern.

1894 Gründung des „Vereins zur Förderung des Deutschtums in den Ostmarken" und der „Hakate".

1896 Als Antwort auf die Gründung der „Hakate" tritt die polnische „Liga Narodowa", bereits 1893 als Geheimzirkel gegründet, an die Öffentlichkeit.

1904 Ein neues „Siedlungsgesetz" beschränkt die Baurechte von polnischsprechenden Schlesiern.

1919 (28. 6.) Im Artikel 88 des Versailler Vertrages wird eine Volksabstimmung über die staatliche Zugehörigkeit Oberschlesiens beschlossen. Kleine Teile des Bezirkes Breslau (Namslau) kommen an Polen, das Hultschiner Ländchen an die Tschechoslowakei.

1919 (17. 8.) Aus einer Streikbewegung entwickelt sich der erste oberschlesische Aufstand.

1919 (10. 9.) Mit dem Vertrag von Saint-Germain fällt der größte Teil Österreichisch-Schlesiens an die Tschechoslowakei.

1920 (18. 8.) Zweiter Aufstand der polnischen Oberschlesier unter Korfanty.

1921 (20. 3.) Abstimmung in Oberschlesien über die staatliche Zugehörigkeit. Grenzüberschreitend stimmen 60% der Befragten für den Verbleib bei Deutschland, 40% für die Zugehörigkeit zu Polen.

1921 (3. 5.) Dritter Aufstand für einen Anschluß Ostoberschlesiens an Polen.
1921 (30. 5.) Mit der Schlacht am Annaberg/Góra Św. entscheidet sich die Zugehörigkeit Ostoberschlesiens zu Polen. Die Alliierten verfügen eine Teilung des oberschlesischen Abstimmungsgebietes in einen westoberschlesischen deutschen und einen ostoberschlesischen polnischen Teil.
1921 (20. 10.) Der Oberste Rat der Alliierten beschließt die Teilung des oberschlesischen Abstimmungsgebietes in einen polnischen und einen deutschen Teil.
1922 Die Oberschlesische Konvention regelt den Status der Polen in Deutschland und den der Deutschen im polnischen Śląsk.
1926 General Józef Klemens Piłsudski übernimmt mit einem Staatsstreich die Macht in Warschau.
1933 Adolf Hitler übernimmt die Macht in Berlin.
1934 (Januar) Ein polnisch-deutscher Nichtangriffspakt, der zehn Jahre gelten soll, wird unterzeichnet.
1939 (1. 9.) Der deutsche Überfall auf Polen wird mit einer Attacke angeblicher polnischer Kämpfer auf den deutschen Reichssender Gleiwitz gerechtfertigt, der direkt an der deutsch-polnischen Grenze liegt.
1940 (April) Einrichtung des Konzentrationslagers Auschwitz.
1941 (März) Die Einführung der „Deutschen Volksliste" kategorisiert die BewohnerInnen Schlesiens nach rassischen Kriterien.
1944 (August) Die deutschen Städte im Osten werden von der deutschen Reichsführung zu Festungen erklärt. Auch Breslau erleidet dieses Schicksal.
1945 (17. 1.) Warschau wird von der Roten Armee befreit.
1945 (Januar/Februar) Etwa 700.000 Menschen werden auf Befehl von Gauleiter Karl Hanke aus Breslau in Richtung Autobahn getrieben.
1945 (6. 5.) Breslau ist die letzte deutsche Stadt, die vor den Alliierten – der Roten Armee – kapituliert.
1945 (Juli) Die wilden Vertreibungen von Angehörigen der deutschen Volksgruppe durch polnische Milizen und Soldaten beginnen.
1945 (2. 8.) Das Potsdamer Abkommen der drei alliierten Mächte USA, Sowjetunion und Großbritannien, dem kurz darauf auch Frankreich mit Vorbehalt beitritt, stellt Schlesien mit Ausnahme eines kleinen Gebietes westlich der Lausitzer Neiße um Hoyerswerda und Görlitz unter polnische Verwaltung und bestätigt die Rechtmäßigkeit der Aussiedlung der Deutschen. Zirka 1,3 Millionen Deutsche werden vertrieben bzw. ausgesiedelt.
1946 (30. 6.) Volksbefragung in ganz Polen. Die dritte Frage lautet: Bist Du für die Eingliederung der wiedergewonnenen Gebiete nach Polen?
1947 (19. 1.) Bei den ersten polnischen Parlamentswahlen setzt sich die Polnische Arbeiterpartei (PPR, später PZPR) als Führungskraft des „Demokratischen Blocks" gegen die vom Londoner Exil aus geführte Bauernpartei (PSL) durch. Die Wahlergebnisse gelten als gefälscht.

1950 (6. 7.) Görlitzer Abkommen. Zwischen Polen und der DDR wird ein Grenzvertrag geschlossen, der die Oder-Neiße-Linie als Staatsgrenze anerkennt.

1957 Unter dem Kürzel „Familienzusammenführung" wandern in den nächsten 25 Jahren zirka 420.000 Deutsche aus Schlesien in Richtung BRD aus.

1970 (7. 12.) Warschauer Vertrag. In einem Vertrag zwischen der BRD und Polen wird die Oder-Neiße-Linie als Westgrenze Polens anerkannt, vorbehaltlich der Entscheidung über einen künftigen Friedensvertrag.

1979 (Juni) Der polnische Papst Karol Wojtyła fährt im Triumphzug durch sein Heimatland Polen.

1980 (4. 9.) Vereinbarung der polnischen Regierung mit dem Solidarność-Streikkomitee der oberschlesischen Bergleute in Jastrzębie über die Arbeitsbedingungen im Bergbau.

1981 (13. 12.) Der polnische Ministerpräsident General Wojciech Jaruzelski ruft das Kriegsrecht aus.

1981 (16. 12.) Polizeiliche Erstürmung der „Wujek"-Grube. Im Kugelhagel sterben neun Kumpel.

1989 (Februar-April) Beratungen des „Runden Tisches" in Warschau.

1989 (6. 6.) Bei den Parlamentswahlen erleidet die kommunistische Arbeiterpartei eine Niederlage.

1990 Johann Kroll beginnt mit der Sammlung von Unterschriften für die Anerkennung einer deutschen Minderheit in Schlesien.

1991 Die Bundesrepublik Deutschland anerkennt formal die polnische Territorialität in Hinblick auf Schlesien.

1992/1994 Mehrere sogenannte „Kohlekontrakte" der liberalen Regierungen setzen staatlich regulierte Preise für Kohle unter deren Gestehungskosten fest, was in der Folge die Krise der Bergwerksgruben und der oberschlesischen Gemeinden verschärft.

1993 In Opole/Oppeln finden antideutsche Sprayaktionen statt, die – wie sich nachträglich herausstellt – wahrscheinlich eine Provokation von Angehörigen der deutschen Minderheit waren.

1997 Ein ökonomischer „Generalplan" setzt für die Jahre bis 2003 Grubenschließungen und Massenentlassungen fest.

1998 (November) Kreisrats- und Gemeinderatswahlen in der Woiwodschaft Opolskie bringen Vertreter der Deutschen Liste in kommunal einflußreiche Positionen.

1999 (1. 1.) Die große polnische Verwaltungsreform des Jahres 1998 konstituiert drei Woiwodschaften auf dem Gebiet des historischen Schlesien: Dolnośląskie/Niederschlesien; Opolskie/Oppeln; Śląskie/Kattowitz.

1999 Mit einem speziellen Bittgang zur Weltbank werden von der Warschauer Regierung 15.000 arbeitslose Kumpel ausgesteuert.

Literatur

Adamy Heinrich: Leitfaden für den Unterricht (Heimatkunde). Breslau 1850
Aubin Hermann/Petry Ludwig/Schlesinger Herbert (Hg.): Geschichte Schlesiens. Band 1. Stuttgart 1961
Aubin Hermann: Grundlagen und Perspektiven geschichtlicher Kulturraumforschung. Bonn 1965
Baumgart Peter: Schlesien als eigenständige Provinz im altpreußischen Staat (1740-1806). In: Conrads Norbert (Hg.): Schlesien. Deutsche Geschichte im Osten Europas. Berlin 1994
Bednara Ernst: Geschichte Schlesiens. Aschaffenburg 1953
Bein Werner: Schlesien in der habsburgischen Politik. Ein Beitrag zur Entstehung des Dualismus im Alten Reich. Sigmaringen 1994
Benedikt Heinrich: Monarchie der Gegensätze. Österreichs Weg durch die Neuzeit. Wien 1947
Bienek Horst: Septemberlicht. Wrześniowe słońce. Gliwice 1994 (zweisprachig)
Blacheta Walter: Das wahre Gesicht Polens. Berlin 1940
Blaich Fritz: Die Epoche des Merkantilismus. Wiesbaden 1973
Borngräber Joachim: Schlesien. Ein Überblick über seine Geschichte. Bad Reichenhall o.J. (ca. 1956)
Brentano Lujo: Über den grundherrlichen Charakter der hausindustriellen Leinenweberei in Schlesien. In: Zeitschrift für Social- und Wirtschaftsgeschichte 1 (1893)
Broszat Martin: Nationalsozialistische Polenpolitik 1939-1945. Stuttgart 1964
Broszat Martin: 200 Jahre deutsche Polenpolitik. München 1963
Büchner Heinz: Deutsche Geschichte. Frankfurt/M. 1968
Carlyle Thomas: Geschichte Friedrichs II. von Preußen. Berlin 1954
Cerman Markus: Proto-Industrialisierung und Grundherrschaft. Ländliche Sozialstruktur, Feudalismus und proto-industrielles Heimgewerbe in Nordböhmen vom 14. bis zum 18. Jahrhundert. Diss. Wien 1996
Cölln Friedrich von: Schlesien wie es ist. Von einem Österreicher. 3 Bde. Berlin 1806
Conrads Norbert: Abriß der Geschichte Schlesiens bis 1945. In: Katalog einer Ausstellung „Wach auf, mein Herz, und denke". Berlin – Opole 1995
Conrads Norbert (Hg.): Schlesien. Deutsche Geschichte im Osten Europas. Berlin 1994
Czaja Herbert: Ausgleich mit Osteuropa. Versuch einer europäischen Friedensordnung. Stuttgart 1969
Czarnecki Krzyszof: Świdnica-Schweidnitz. Ein Touristenführer. Świdnica 1998
Davis Norman: God's Playground. A History of Poland. Oxford 1981
Documenta occupationis Teutonicae. 13 Bände. Poznań 1948-1957
Dralle Lothar: Die Deutschen in Ostmittel- und Osteuropa. Ein Jahrtausend europäischer Geschichte. Darmstadt 1991
Drei Jahrhunderte Schlesien im Spiegel der Schlesischen Zeitung. Breslau 1925
Engelmann Bernt: Preußen. Ein Land der unbegrenzten Möglichkeiten. Köln 1973
Engels Friedrich: Der deutsche Bauernkrieg. Berlin 1946
Esser Heinz: Die Hölle von Lamsdorf. In: Herbert Hupka (Hg.): Letzte Tage in Schlesien. Gütersloh 1966
Fichte Johann Gottlieb: Reden an die deutsche Nation. Berlin 1902
Fischer-Fabian Siegfried: Preußens Gloria. Der Aufstieg eines Staates. Locarno 1979

Freytag Gustav: Bilder aus der deutschen Vergangenheit. Leipzig 1928

Friedrich Wilhelm II.: Die Werke Friedrichs des Großen. 10 Bände. Hg.: Gustav B. Volz. Berlin 1913

Fuchs Konrad: Beiträge zur Wirtschafts- und Sozialgeschichte Schlesiens. (Veröffentlichungen der Forschungsstelle Ostmitteleuropa an der Universität Dortmund, Reihe A, Nr. 44.) Dortmund 1985

Geier Wolfgang: Tausend Jahre Polen in der europäischen Geschichte. In: Kultursoziologie. Wissenschaftliche Halbjahreszeitschrift der Gesellschaft für Kultursoziologie Leipzig, 1/99. Leipzig 1999

Geiss Imanuel (Hg.): Geschichte griffbereit. Fünf Bde. Reinbek bei Hamburg 1983

Gentzen Wolfgang: Für Polens Freiheit. Leipzig 1959

Goldendach Walter/Minow Hans-Rüdiger von: Deutschtum erwache. Aus dem Innenleben des staatlichen Pangermanismus. Berlin 1994

Grawert-May Gernot von: Das staatsrechtliche Verhältnis Schlesiens zu Polen, Böhmen und dem Reich während des Mittelalters. Freiburg/Br. 1971

Gross Johannes: Die Deutschen. Düsseldorf 1967

Hänsel Carl/Strahl Richard: Außenpolitisches ABC. Ein Stichwörterbuch. Berlin 1938

Haffner Sebastian: Preußen und seine Legenden. Frankfurt/M. 1974

Hajduk Ryszard: Pogmatwane drogi. Warszawa 1976

Harten Hans Christian: De-Kulturation und Germanisierung. Die nationalsozialistische Rassen- und Erziehungspolitik in Polen 1939-1945. Frankfurt/M. 1996

Hasper Eberhard (Hg.): Volk – Welt – Wissen. Studienreihe aus allen Gebieten des Lebens und Wissens. Norhausen 1938/39

Heiß Friedrich: Schlesierbuch. Berlin 1938

Herzig Arno: Schlesien und Preußen im 18. und 19. Jahrhundert. In: Katalog einer Ausstellung „Wach auf, mein Herz, und denke". Berlin – Opole 1995

Hiemsch Horst: August 1945: Schlesienreise. Nürnberg 1998

Höfer Karl: Oberschlesien in der Aufstandszeit. Berlin 1938

Hoensch Jörg K.: Geschichte Böhmens. Von der slavischen Landnahme bis ins 20. Jahrhundert. München 1987

Hoensch Jörg K.: Geschichte Polens. Stuttgart 1998

Hofbauer Hannes/Komlosy Andrea: Das andere Österreich. Vom Aufbegehren der kleinen Leute. Geschichten aus vier Jahrhunderten. Wien 1987

Hofmann Andreas: Nachkriegszeit in Schlesien. Gesellschafts- und Bevölkerungspolitik in den polnischen Siedlungsgebieten 1945-1948. Köln – Weimar – Wien 2000

Hosoda Shinsuko: Położenie socjalne robotników w górnictwie węglowym w dobrach książąt pszczyńskich na Górnym Śląsku 1847-1870. Wrocław 1997

Hroch Miroslav/Petráň Josef: Das 17. Jahrhundert. Krise der Feudalgesellschaft? Hamburg 1981

Hupka Herbert (Hg.): Letzte Tage in Schlesien, Gütersloh 1966

Hupka Herbert: Unruhiges Gewissen. Ein deutscher Lebenslauf. München 1994

Irgang Winfried/Bein Werner/Neubach Helmut (Hg.): Schlesien. Geschichte, Kultur, Wirtschaft. Köln 1998

Jaeckel Georg: Die schlesischen Piasten (1138-1675). Ein Fürstenhaus zwischen West und Ost. In: Schlesien. Land zwischen West und Ost. Vorträge der Bundesgruppe Liegnitz und der Historischen Gesellschaft Liegnitz. o.O. 1985

Just Leo: Der aufgeklärte Absolutismus. In: Meyer-Brandt, Handbuch der deutschen Geschichte. Band II. Potsdam 1942

Kissinger Henry: Dyplomacja. Warszawa 1994

Koch Hannsjoachim W.: Geschichte Preußens. München 1980

Kolbe K.: Zur Geschichte der Eindeutschung Oberschlesiens. In: Oberschlesien, 1917

Korf Gottfried (Hg.): Preußen. Versuch einer Bilanz. Katalog in fünf Bänden. Eine Ausstellung im Gropiusbau. Berlin 1981

Koszyk Hartmut: „Euroregion Schlesien" – eine Brücke zwischen Deutschen und Polen. In: Trierenberg Heinrich (Hg.): Schlesien heute. Leer 1991

Koziełek Gerhard: Das Polenbild der Deutschen 1772-1848. Anthologie. Heidelberg 1989

Krasucki Jerzy: Stosunki polsko-niemieckie 1919-1925. Poznań 1962

Kriedte Peter: Spätfeudalismus und Handelskapital. Göttingen 1980

Krzyżanowski Julian: Historia literatury polskiej. o.O. o.J.

Kuhn Ekkehard: Schlesien: Brücke in Europa. Berlin 1996

Kuhn Walter: Der Bauerntumult auf den Teschener Kammergütern im Jahre 1736. In: Deutsche Wissenschaftliche Zeitschrift für Polen, Nr. 6/1925

Kurcz Zbigniew: Koniec wojny i okupacji na Górnym Śląsku wedle relacji i pamiętników. In: Górny Śląsk i Górnoślązacy w II wojnie światowej. Hg.: Wojciech Wrzesiński – Materialien einer wissenschaftlichen Konferenz im Muzeum Górnośląskie in Bytom 1995. Bytom 1997

Lesiuk Wiesław: Plebiszit und Aufstände in Oberschlesien. In: Katalog einer Ausstellung „Wach auf, mein Herz, und denke". Berlin – Opole 1995

Lucadou Emil: Strukturwandel Schlesiens. Berlin 1942

Marek Franciszek Antoni: Głos Śląska zniewolonego. Opole 1991

Marek Franciszek Antoni: Die unbekannte Nachbarschaft. Nieznane sąsiedztwo. Opole 1992 (zweisprachig)

Martel René: Deutschlands blutende Grenzen. Oldenburg 1930

Mayerdorfer Gerhard: Geschichte Schlesiens unter besonderer Berücksichtigung des 16.-18. Jahrhunderts. Diplomarbeit. Wien 1995

Meyer Waltraut: Gemeinde, Erbherrschaft und Staat vom 16. bis zum 19. Jahrhundert. Breslau 1944

Michael Ernst: Die Hausweberei im Hirschberger Tal. Jena 1925

Mittenzwei Ingrid: Friedrich II. Berlin 1980

Morcinek Gustav: Wyrąbany chodnik. Katowice 1935

Nipperdey Thomas: Nachdenken über die deutsche Geschichte. München 1986

Not der preußischen Ostprovinzen. Eine Denkschrift, Januar 1930. In: Serie „Swiadectwa niemieckie". Zeszyt 3. Warszawa 1958

Oertzen Friedrich Wilhelm von: Polen an der Arbeit. München 1932

Paeschke Peter: Schlesische Geschichte. In: Veröffentlichungen des Schlesischen Pestalozzi-Vereins. Breslau 1903

Petry Ludwig/Menzel Josef Joachim (Hg.): Geschichte Schlesiens. Bd. 2. Die Habsburger Zeit 1526-1740. Sigmaringen 1988

Pierenkemper Toni (Hg.): Industriegeschichte Oberschlesiens im 19. Jahrhundert. Wiesbaden 1992

Press Volker: Reich und höfischer Absolutismus. In: Ploetz – Deutsche Geschichte. Freiburg – Würzburg 1980

Popiołek O. St.: Bunty chłopskie na Górnym Śląsku do 1811 r. Warszawa 1954

Pozorny Richard: Das österreichische Schlesien. Wien 1977

Romer Eugeniusz: Pamiętnik Paryski 1918-1919. Wrocław 1987

Sawczuk Janusz: Łambinowice oskarżają. Opole 1983

Schlesien. Die Brücke zum Osten. o.O. o.J.

Schlesierbuch. Ein Zeugnis ostdeutschen Schicksals. Breslau 1938

Schmidt-Rösler Andrea: Polen. Vom Mittelalter bis zur Gegenwart. Regensburg 1996
Schoeps Hans-Joachim: Preußen. Geschichte eines Staates. Frankfurt/M. – Berlin 1981 (1966)
Schummel Johann Gottlieb: Reise durch Schlesien 1791. Berlin 1995
Steinberg Werner: Als die Uhren stehenblieben. Halle/Saale 1957
Stieve Friedrich: Das Werden der Deutschen. In: Hasper Eberhard (Hg.): Volk – Welt – Wissen. Bd. 3. Norhausen 1939
Thadden Rudolf von: Fragen an Preußen. Zur Geschichte eines aufgehobenen Staates. München 1981
Trierenberg Heinrich (Hg.): Schlesien heute. Eine Brücke zwischen Deutschen und Polen. Leer 1991
Ulitz Otto: Oberschlesien. Aus seiner Geschichte. Bonn 1971
Ullmann Klaus: Schlesien-Lexikon. Geografie, Geschichte, Kultur. Augsburg 1996
Urban Thomas: Deutsche in Polen. Geschichte und Gegenwart einer Minderheit. München 1993
Valentin Veit: Geschichte der Deutschen. Köln 1979
Wallerstein Immanuel: Das moderne Weltsystem. Die Anfänge kapitalistischer Landwirtschaft. Frankfurt/M. 1986
Wallerstein Immanuel: Das moderne Weltsystem II. Der Merkantilismus. Europa zwischen 1600 und 1750. Wien 1998
Weber Matthias: Das Verhältnis Schlesiens zum Alten Reich in der Frühen Neuzeit. Köln – Weimar – Wien 1992
Weck Christine de: Schlesien gestern und heute. Erinnerungen an ein verlorenes Land. Fribourg 1982
Weiss F. G.: Wie Breslau wurde. Breslau 1902
Worcel Henryk: Najtrudniejszy językświata. Die schwierigste Sprache der Welt. Wrocław 1964 (zweisprachig)
Ziekursch Johann: Hundert Jahre schlesische Agrargeschichte. Breslau 1915

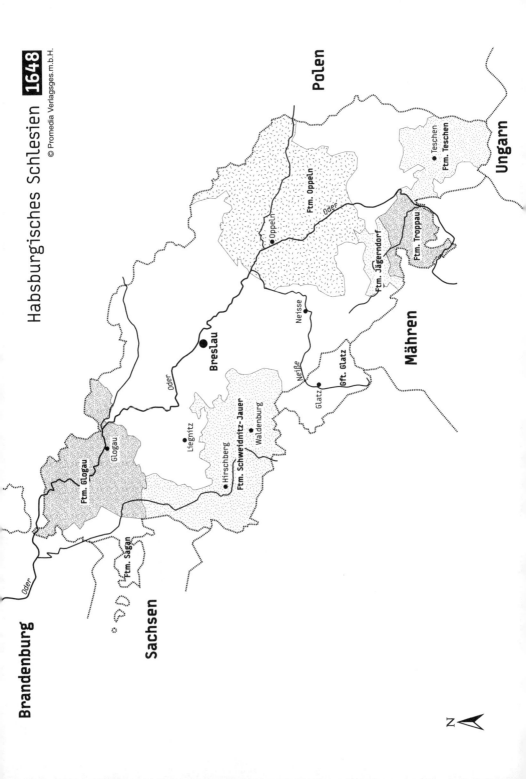

Hohenzollerisches Schlesien 1763

© Promedia Verlagsges.m.b.H.

Polen (bis 1772)

Österreich

- Glogau
- Liegnitz
- Hirschberg
- Görlitz
- Hoyerswerda
- Breslau
- Waldenburg
- Langenbielau
- Glatz
- Neisse
- Oppeln
- Troppau
- Gleiwitz
- Kattowitz
- Rybnik
- Teschen

Flüsse: Oder, Odra, Bober, Glatzer Neiße

Schlesien (Teschen)
Österreichisch Schlesien

Oberlausitz, kommt 1815 zur Provinz Schlesien

Österreichisch-Schlesien nach dem Siebenjährigen Krieg (1763)

N

Schlesien nach dem Ersten Weltkrieg 1918–1921

© Promedia Verlagsges.m.b.H.

Gebiete, die nach dem Ersten Weltkrieg zu Polen gekommen sind

Gebiete, die nach dem Ersten Weltkrieg an die Tschechoslowakei gekommen sind

Abstimmungsgebiet, März 1921

"Korfanty-Linie"

Staatsgrenzen 1921

Schlesien nach dem Zweiten Weltkrieg 1945

© Promedia Verlagsges.m.b.H.

- Glogów (Glogau)
- Legnica (Liegnitz)
- Jelenia Góra (Hirschberg)
- Wałbrzych (Waldenburg)
- Wrocław (Breslau)
- Bielawa (Langenbielau)
- Kłodzko (Glatz)
- Nysa (Neisse)
- Opole (Oppeln)
- Gliwice (Gleiwitz)
- Katowice (Kattowitz)
- Rybnik
- Cieszyn (Teschen)
- Zgorzelec
- Görlitz
- Hoyerswerda

Oder, Odra, Bober, Lausitzer Neiße, Glatzer Neiße

DDR

Tschechoslowakei

N

1945 an die sowjetische Zone in Deutschland, seit 1949 DDR

Mit dem Potsdamer Abkommen vom 2. 8. 1945 an Polen

Staatsgrenzen

Schlesien im Jahr 2000

© Promedia Verlagsges.m.b.H.

OSTEUROPA
im Promedia-Verlag

Hannes Hofbauer/ Viorel Roman:
„Bukowina – Bessarabien – Moldawien"
Vergessenes Land zwischen Westeuropa, Rußland und der Türkei
204 Seiten, 9 Landkarten, DM 34.-; sFr. 31,50; öS 248.-
ISBN 3-85371-126-X, 2. überarbeitete Auflage, erschienen: 1997

Roman Viorel/ Hannes Hofbauer:
„Transsilvanien – Siebenbürgen"
Begegnung der Völker am Kreuzweg der Reiche
240 Seiten, 9 Landkarten, DM 34.-; sFr. 31,50; öS 248.-
ISBN 3-85371-115-4, erschienen: 1997

Dardan Gashi/ Ingrid Steiner:
„Albanien"
Archaisch, orientalisch, europäisch
280 Seiten, DM 34.-; sFr. 31,50; öS 248.-
ISBN 3-85371-120-0, 2. überarbeitete Auflage, erschienen: 1998

Werner Pirker:
„Die Rache der Sowjets"
Politisches System im postkommunistischen Rußland
216 Seiten, DM 34.-; sFr. 31,50; öS 248.-
ISBN 3-900478-85-6, erschienen: 1995

Gerhard Melinz/ Susan Zimmermann (Hg.):
„Wien – Prag – Budapest"
Blütezeit der Habsburgermetropolen (1867 - 1918)
320 Seiten, DM 39,80; sFr. 37.-; öS 291.-
ISBN 3-85371-101-4, erschienen: 1996

Mary Edith Durham:
„Durch das Land der Helden und Hirten"
Balkan-Reisen zwischen 1900 und 1908
224 Seiten, geb., DM 39,80; sFr. 37,50; öS 291.-
ISBN 3-900478-90-2